在本书中，迈克尔·埃姆斯（Michael M. Ames）考察了博物馆与人类学在当代世界中的角色和责任。基于批判性社会理论的研究和多年博物馆工作的经验，埃姆斯挑战了博物馆世界中较为流行的观念与评论，并提供了一种博物馆研究的新视角。

第一版书的文章涉及如下议题：概述西方世界的博物馆发展轨迹；人类学家在如何尝试处理与公共利益背道而驰且互不相容的专业需求时所面临的问题；博物馆如何捏造表象与创造刻板印象的倾向；在博物馆、人类学家和土著民族之间建立互惠而非剥削关系的必要性。

较之于第一版，第二版书新增7篇文章，其核心观点认为：博物馆与人类学家必须具有自我情境化、自我批评的属性。具体而言，埃姆斯着眼于消费主义和市场经济对博物馆的影响，还包含世界博览会和麦当劳连锁店等现象，即所谓的“日常生活的博物馆（museums of everyday life）”趋势。与此同时，书中还讨论了由原住民艺术（艺术品还是人工制品）、审查制度（支持还是反对）、博物馆展览（务实的还是空洞的）和后现代主义（新理论还是旧观念）所引发的争议态度，及其相关的道德与理念分歧。

迈克尔·埃姆斯：英属哥伦比亚大学人类学系教授，自1974年起，一直担任该校人类学博物馆的馆长。

博物馆人类学经典译丛
中国民族博物馆　云南大学伍马瑶人类学博物馆　编
主编　关凯　执行主编　郑茜

博物馆、公众与人类学

博物馆人类学论集

〔加〕Michael M. Ames　编著
尹　凯　译

科学出版社
北　京

图字：01-2021-6048

内 容 简 介

本书是博物馆人类学领域的奠基之作，作为一位人类学家和博物馆馆长，迈克尔·埃姆斯（Michael Ames）兼具实践与理论、博物馆内外两种视野，既批判了传统博物馆的实践，又开展了有针对性的行动。在博物馆的管理过程中，埃姆斯将人类学视角带入到博物馆的收藏、研究、展示、教育、服务等各个环节，真正落实一种“在博物馆实践的人类学（anthropology practiced in museums）”。他结合新博物馆学、去殖民化和土著运动的最新思潮，将博物馆作为一个他者进行分析，真正发展出了一种基于批判与反思的“关于博物馆的人类学（anthropology of museums）”。

本书的研究主题包括博物馆民主化、公共服务与学术研究之间的关系，博物馆与第一民族之间的关系，以博览会和麦当劳为代表的“日常生活的博物馆（museums of everyday life）”的研究，文化表征与政治议题等。这些广泛话题关涉到人类学家和博物馆学家普遍谈及的博物馆认识论问题，充分揭露我们习以为常的文化观念和政策。

本书适合对人类学、博物馆学感兴趣的专家学者及社会人士参考、阅读。

图书在版编目（CIP）数据

博物馆、公众与人类学：博物馆人类学论集 /（加）迈克尔·埃姆斯（Michael M. Ames）编著；尹凯译．—北京：科学出版社，2021.10

（博物馆人类学经典译丛）

书名原文：Cannibal Tours and Glass Boxes: The Anthropology of Museums

ISBN 978-7-03-070074-2

Ⅰ. ①博… Ⅱ. ①迈… ②尹… Ⅲ. ①博物馆学－人类学－文集

Ⅳ. ① G260-53 ② Q98-53

中国版本图书馆 CIP 数据核字（2021）第 208144 号

责任编辑：张亚娜　郑佐一 / 责任校对：王晓茜

责任印制：赵　博 / 封面设计：翟跃飞

科学出版社出版

北京东黄城根北街 16 号

邮政编码：100717

http://www.sciencep.com

北京厚诚则铭印刷科技有限公司印刷

科学出版社发行　各地新华书店经销

*

2021 年 10 月第　一　版　开本：720 × 1000　1/16

2025 年　1　月第三次印刷　印张：13　3/4

字数：277 200

定价：98.00 元

（如有印装质量问题，我社负责调换）

“博物馆人类学经典译丛”总序

2021年，中央九部委联合发布《关于推进博物馆改革发展的指导意见》，提出了“推动研究型博物馆建设”，强调博物馆应深化与高等院校、科研院所合作。根据《指导意见》，博物馆不仅承担着保护优秀传统文化的重要作用，还需要融入经济与社会发展大局，发挥在文化传承与创新中的积极推动作用，回应、阐释并精准呈现国家文化及其发展方向，并作为中华文明与世界文明对话、促进人类文明交流互鉴的重要窗口，为全球博物馆事业发展贡献中国智慧与中国方案。

这份具有极强专业指导性的文件明确了博物馆建设是博物馆与大学等科研机构的共同责任，凸显了学术研究在博物馆业务工作链条上的核心意义。毫无疑问，中国博物馆与人类学相濡以沫、携手发展的黄金时代已经到来。

中国民族博物馆一直致力于以创新举措推动中华民族优秀传统文化的挖掘与传播，穿越传统与现代、都市与乡村、中心与边缘，以更为深入的实践、更为开放的对话和更为扎实的学术探索服务公众。

云南大学是社会科学中国化的重要发轫之所，始终以深耕边疆民族研究为己任。云南大学伍马瑶人类学博物馆历时十五个春秋，辅助民族学、人类学教学科研，亦向社会开放，普及人类学知识。

“博物馆人类学经典译丛”由中国民族博物馆与云南大学共同发起，这是一次修复或重振博物馆与人类学之间纽带的尝试。

博物馆与人类学渊源弥深。从一开始，博物馆几乎就是人类学学科机制形成的培养皿。斯特蒂文特（William C. Sturtevant）在其被广为引用的《人类学还需要博物馆吗》一文中，将19世纪40年代至19世纪90年代定义为“人类学的博物馆时代”。然而，学院人类学与博物馆之间的智识亲密关系自此之后似乎渐渐疏远，甚至有分道扬镳之嫌。当人类学越来越专业化，逐渐脱离对于体质测量与考古发掘的依赖后，几乎整整一代社会文化人类学者可以在毫不涉足博物馆的情况下完成其职业生涯；同时博物馆也另怀志趣，凭借其收藏品吸引观众，而不甚重视物与人的关联性。

许多人类学者为改变这种状态持续努力。有学者敦促博物馆用人类学理念和方法开展实践，包括以长期深入的田野调查，推动完整、系统化的收藏；或借助人类学视角理解与解释文物蕴含的历史与人文信息，实现从藏品到展品的知识建构与传播；更有学者将博物馆实践本身作为民族志对象，将其纳入人类学的批判与反思，由此形成“在博物馆实践的人类学”与“关于博物馆的人类学”两种取向，共同成为当前一般意义上所说的“博物馆人类学”。

而我们试图倡导的是，研究以物为基础的人类文化，并基于此进行公众教育及推动科学发展，本应且必须是博物馆与学院人类学的共同责任。显然，在世界范围内，人类学对现代博物馆的意义以及人类学与博物馆之间的知识关联性，在当下仍处于某种被低估、被轻视的状态，而在这个问题上中国并非例外。因此，这套丛书将选取并译介近年来一些西方博物馆人类学者的探索与努力，以期借他山之石促进中国博物馆人类学的建设，并回应当代博物馆发展面临的诸多与人类学有关的论题。

当然，这里也需特别强调，此刻重申“博物馆人类学”的重要性，并非要悖逆英戈尔德（Tim Ingold）的批判，继续在名目繁多的人类学分支领域中占据山头，另立旗帜。相反，这套译丛承载了对英戈尔德所呼吁的“具有贯通性”的人类学的渴望，试图对“走入人类世（Anthropocene）的博物馆应该如何发展”这个问题做出回应。我们试图倡导的是，接续博物馆与人类学由来已久的渊源以及加强二者之间从未中断的联系，在博物馆内外打开知识边界，消弭人与自然的鸿沟，在人类世的博物馆重新看到物与人之间不可隔离的关系。

总之，中国民族博物馆和云南大学民族学与社会学学院合作推出这套译丛，希望谋求一种共赢——一方面我们殷切期待这套译丛所秉持的人类学视野与关怀，能引领博物馆工作者对博物馆的发展目标与日常实践保持一种超越性认知；另一方面我们也殷切期待学院人类学能够通过博物馆这个媒介，帮助不同背景的观众更为深入地了解“他者”的文化及其对于每个人自身的价值。在这一点上，促成博物馆与观众之间更为充分的相互理解，是博物馆和人类学共同的雄心。

谨此希望这套译丛能够成为博物馆人类学在中国发展的一段路基，并在未来能够不断得到延伸与加固。

中国民族博物馆
云南大学民族学与社会学学院
2021年9月24日

第二版序言

1986年，作为兰契大学人类学系列丛书（Ranchi University Anthropology Series）之一，《博物馆、公众与人类学》（*Museums, the Public and Anthropology*）由康赛普出版社（Concept Publishing Company）出版。第二版的第二～六章和第九、十章即第一版的全部内容。在此前的编辑出版过程中，我的好友和同事、已故的拉利塔·普拉萨德·维迪亚希博士（Dr. Lalita Prasad Vidyarthi）付出良多。不幸的是，在准备进行此次修订之前，他意外离世。第一版得以出版离不开他的宽容与支持，这也为第二版的面世奠定了基础。同样，我向与拉利塔·普拉萨德·维迪亚希密切合作的新德里的兰契大学和康赛普出版社致以诚挚的谢意，没有他们的支持，第二版也不会问世。

本书的大部分内容涉及人类学与其所书写的群体（peoples）之间的关系，尤其体现在博物馆中。如何命名这些群体需要在此做一些解释。作为常用术语，出现在博物馆情境中的"他者"通常指的是"来源群体（originating populations）"（第十三章），也就是博物馆藏品来源的文化群体。有一系列更加具体的术语用于描述北美的来源群体，这显示了使用偏好的变化，有时这些变化来得非常迅速。当十几年前第一次写这样的论文时，"土著（Native）"和"印第安人（Indian）"是更容易接受的一些术语。在美国，"美洲原住民（Native American）"似乎仍然非常流行；在加拿大，"第一民族（First Nations）"、"土著居民（Aboriginal）"、"原住民（Indigenous peoples）"、"土著（Native）"（偶尔使用）和"第一民族（First Peoples）"（最近以来）正在成为首选的术语。

这些称谓意味着什么？克里族艺术家杰拉尔德·麦克马斯特（Gerald McMaster）在其首次作品展中问道："你们为什么叫我们印第安人？"（Ryan 1991）。对许多人来说，"印第安人"这个术语象征着一段自哥伦布时代以来欧洲人强加给第一民族的、充满成见与剥夺的历史。正如第七、八章所述，像世界各地被压迫的少数群体一样，北美原住民正在争取自我命名的权利。本书收录的文章有一定的时间跨度，因此，我在使用这些术语时也会出现前后不一致的情况，这在某种程度上也反映了惯常用法的变化。此外，虽然“印第安人（Indian）”、“因纽特人（Inuit）”和“梅蒂人（Metis）”等术语已被庄严地载入加拿大宪法，但是在学术作品、大众读物、公众话语中，这些术语的使用依然是带有某种目的性。

“西北海岸印第安的（Northwest Coast Indian）”这一术语仍被广泛使用，特别是指北太平洋海岸的土著艺术家和艺术。当引用其他文献资料，尤其是涉及西北海岸土著艺术家和艺术、加拿大宪法对群体的分类时，我的一些文章会使用“印第安的”一词。“土著”不仅仍然是加拿大媒体最常用的术语之一，而且也频繁出现在一些第一民族的组织名称中，比如土著兄弟会（Native Brotherhood）、加拿大土著世系艺术家协会（Society of Canadian Artists of Native Ancestry）。因此，本书也会偶尔使用这一术语。除此之外，本书在涉及此类术语的其他地方都根据目前更为合适的用法进行了相应地替换。

在此，我将充满感激地再次表达第一版序言中的谢意。尽管我们的观点并非总是一致，但是这些来自学生、同事的洞见深刻影响了我的写作。其中，有些名字会出现在接下来的章节和论文中。记住或引用每个影响我思想的人是不可能的，但是，我想特别提及那些经由讨论和写作而帮助我厘清某些学术议题的人：加拿大的多琳·詹森（Doreen Jensen）、大卫·詹森（David Jensen）、罗伯特·凯利（Robert Kelly）、希拉·斯蒂文森（Sheila Stevenson）、雷内·里瓦德（Rene Rivard）、多莉·瓦茨（Dolly Watts）和艾薇·惠特克（Elvi Whittaker），美国的阿尔多纳·乔纳提斯（Aldona Jonaitis）、詹姆斯·内森（James Nason）和露丝·塔姆拉（Ruth Tamura），英国的大卫·洛文塔尔（David Lowenthal），以及我在加拿大和两次访问新西兰（1988 年访问新西兰艺术馆和博物馆协会；1990 年访问文化保护咨询委员会）时遇到的新西兰人：其中包括谢丽尔·布朗（Cheryl Brown）、理查德·卡塞尔（Richard Cassells）、特·阿夫·戴维斯（Te Ave Davis）、瓦纳·戴维斯（Waana Davis）、乔纳滕·丹尼斯（Jonathen Dennis）、詹姆斯·麦克（James Mack）、格雷格·麦克马纳斯（Greg McManus）、马乔里·劳·库帕（Marjorie Rau Kupa）、米莉娅·辛普森（Miria Simpson）、基思·汤普森（Keith Thompson），特别是米娜·麦克肯齐（Mina McKenzie）。

特别感谢英属哥伦比亚大学人类学博物馆的安妮－玛丽·芬格（Anne-Marie Fenger）对所有新章节的有益评论，再次感谢桑德拉·霍克斯（Sandra Hawkes），她的鼓励促成了本书的完成。感谢艾琳·奥特维格（Eileen Oertwig）和詹妮弗·韦伯（Jennifer Webb）协助准备手稿，感谢英属哥伦比亚大学社会科学与人文研究委员会（University of British Columbia Social Sciences and Humanities Research Committee）提供的资金支持；也感谢给予我机会表达本书中观点的各类研讨会、会议和机构。

此外，我想特别感谢为本书出版做出贡献的朋友：海斯拉（Haisla）艺术家莱尔·威尔逊（Lyle Wilson）和英属哥伦比亚大学人类学博物馆设计师比尔·麦克伦南（Bill McLennan）共同绘制了本书的封面插图；乔治·瓦伊图纳斯（George Vaitkunas）设计了本书封面；劳拉·霍尔（Laura Houle）为本书编制索引；艾玛–伊丽莎白·皮尔斯特里特（Emma-Elizabeth Peelstreet）、霍利·凯勒–布罗曼（Holly Keller-Brohman）和英属哥伦比亚大学出版社其他工作人员提供的编辑和帮助。

英属哥伦比亚大学人类学博物馆的首位研究员奥黛丽·霍桑（Audrey Hawthorn）和她的丈夫、人类学博物馆的首位馆长哈利·霍桑（Harry Hawthorn）凭借他们颇具启发性的工作和教学，让该博物馆走上了卓越发展之路。博物馆的工作总是充满乐趣，因为处处有人与物相伴。本书收录的 14 篇文章记录了我在这段饶有趣味的岁月中所走过的不凡历程。

迈克尔·埃姆斯

1992 年 4 月

温哥华

第一版序言

人类学博物馆提供了观看其他世界文化的窗户，如果更仔细地体察，可以发现它还是一面镜子，折射了人类学自身的成就和不足。在本书的文章中，我将试图以一种谦逊的方式探索作为窗户和镜子的博物馆，来看看关于博物馆和人类学我们能够发现些什么。这些研究是在我最为熟悉的北美语境下开展的，尤其是加拿大。本书中的具体案例可以归纳为更普遍的问题，鼓励其他学者在此基础上拓展比较研究。

有人认为，博物馆和人类学都处于危机之中。如果想在当代民主社会中继续发挥价值，那么博物馆就需要有所变革，至少为了生存，人类学也不得不做出改变。作为社会现代化的组成部分，民主化进程是促成变革的主要力量。当遭遇民主思想，尤其是那种认为普通公众有权利自由获取与使用知识的革命性平民主义观念时，博物馆和人类学将何去何从?

第一章（也就是第二版的第二章）将这一问题置于西方世界公共博物馆发展的历史情境中予以思考。一些章节探讨了与博物馆和人类学有关的具体议题，同时，另外一些章节则回到问题起点，重新探究北美博物馆和人类学的目前境况——是会开创一个光明的未来，还是继续深陷于传统特权的泥潭之中？因此，博物馆和人类学已然和应然的存在价值是我始终关注的话题。另一个同样值得关注的话题是对人类学理论与方法的普遍不满，这种感受零星地散落在本书的一些章节中。

自 1974 年以来，我有幸担任英属哥伦比亚大学人类学博物馆馆长一职，第一版所收录的所有论文是在 8 年左右时间里管理、教学与反思的成果。此外，我从其他人的作品与思想中受益良多，并对此表示深深的谢意。本书中的任何闪光点都源于他们的真知灼见，而那些错误、遗漏和曲解则由我一力承担。

我要特别感谢以下个人和机构：感谢兰契大学人类学系系主任、国际知名学者拉利塔·普拉萨德·维迪亚希博士，他邀请我在兰契大学人类学系作报告，并介绍我参加了 1984 年 1 月在兰契举行的第 71 届印度科学大会（the LXXI Indian Science Congress）。我荣幸地成为兰契大学人类学系和科学大会的访问嘉宾，并在此期间完成了第一版书的写作。在这段时间里，我从印度人类学的发展中学到很多，它向西方社会展示了如何利用学术来更好地服务公众利益。

在第一版书中，第六章是之前原封不动刊发或出版过的，第四、五、九章的早期版本曾经提交给加拿大和英国的各种学术协会。其中，第五章已经发表在《加拿大皇家学会会刊》（*Proceeding of Royal Society of Canada*）上，第九章即将在联合国教科文组织的期刊《博物馆》（*Museum*）上发表。尽管如此，这些文章将在维迪亚希博士的编辑下共同出版。正是在他的协调与支持下，这项关于北美地区博物馆与人类学的研究才能率先在印度面世。我在北美地区发表的第一篇论文是关于南亚研究的（1958～1959 年和 1963 年研究斯里兰卡人类学，1967～1968 年研究印度人类学），从这个意义上来说，这本书的出版构成了我生命历程的一个循环。

我非常怀念与兰契大学师生进行的广泛讨论，它加深了我的思考。在此期间，我也明显感觉到像印度这样的发展中国家和所谓的西方发达国家，都需要一种能够更加有效、更富创造性地应对当代问题与机遇的新型博物馆。相应的，新型的人类学家也是不可或缺的。尽管有证据显示传统博物馆在服务目的和服务对象上（受过高等教育的阶层）存在很大的局限性，但是它们凭借精致而昂贵的展览构造、更加纯粹而优雅的迪士尼化形式依然在当今社会大行其道。在我看来，与其说大型博物馆标榜其为公众服务的职能，不如说这集中反映了博物馆专业的利益和愿望。然而，要想摆脱这一标准或主流模式，或者在不丢弃“博物馆”一词的前提下打破这种既有模式是非常困难的。然而，这是不得不做的事情。博物馆的问题是由其“博物馆”的称谓所引发的，即“被称之为博物馆（they are called museums）”这个事实就自动、预先设定了机构的任务。

在加拿大英属哥伦比亚省，由一些夸扣特尔印第安部落（Kwakiutl Indian Tribes）组成的夸扣特尔－乌米斯塔文化协会（Kwakiutl U’Mista Cultural Society）更喜欢将类似机构称之为“文化中心”而非博物馆。这些机构不仅保存和展示藏品，而且还负责组织其他文化活动——这与我们在兰契深入思考“像印度这样的发展中国家需要什么样的博物馆”这一问题时所得出的结论不谋而合。当然，印度有足够的财政资源支持各种类型博物馆的建立，但是最吸引人的似乎是一个“传统与当代表演与视觉艺术中心（Cultural Centre of Traditional and Contemporary Performing and Visual Arts）”的理念，即融合了神圣情结（sacred complex）、文化展演、行动人类学和博物馆民族学等人类学概念。在理想状态下，人类学家应该积极使用社会文化的整体论路径倡导与管理这样的文化复合体（cultural complex），从而促进文化的传播与重建。对于因急速变迁、错位、统治或剥削而自身生活方式面临风险的“高危人群”来说，上述倡议更是迫在眉睫。保护过去固然重要，但绝非是将过去陵墓化或迪士尼化，文化中心和人类学家应该通力合作，以一种更加有效、更加积极的态度来建立过去与现在的相关性，进而改善当下人们的生活品质。这些新方向是一项雄心勃勃但却困难重重的事业，尤其是在标准模式中既定利益非常强大的情况里。或许，我们可以通过着眼于少数群体、原住民、小型社区和发展中国家来寻求创新之道。这就是我在兰契的所思所想，以及最终得出的结论。

乔治·阿佩尔（George Appell）、纳尔逊·格雷本（Nelson Graburn）、哈利·霍桑（Harry Hawthorn）、奥黛丽·霍桑（Audrey Hawthorn）、汤姆·麦克费特（Tom McFeat）、弥尔顿·辛格（Milton Singer）、威廉·斯特蒂文特（William Sturtevant）和威尔科姆·沃什伯恩（Wilcomb Washburn）的著述深刻影响了我对博物馆的理解，很高兴能借此机会表示感激之情。

与加拿大国家博物馆援助项目（Museums Assistance Programme of the National Museums of Canada）的官员们、加拿大文明博物馆（Canadian Museums of Civilization）的人类学家们、设计师大卫·詹森（David Jensen）和鲁迪·科瓦奇（Rudy Kovach）的数次讨论，让我受益匪浅。

感谢英属哥伦比亚大学人类学博物馆的学生们，他们对我教学内容的极大兴趣和批判性回应促使我更加努力地思考。特别感谢人类学博物馆的同仁们——员工、志愿者和学生——的耐心、鼓励和灵感。我们经常一起讨论问题、碰撞观点，这在一定程度上营造了一个热闹而民主的作为文化中心的博物馆（museum-as-a-cultural-centre）。感谢桑德拉·霍克斯（Sandra Hawkes）的编辑工作，以及露西·杜弗雷斯内（Lucie Dufresne）的索引编制。

感谢加拿大博物馆协会、英属哥伦比亚大学社会科学与人文研究资助委员会和加拿大艺术、社会科学与人文研究委员会为调查与研究提供的经费支持，这为本书的出版奠定了基础。感谢社会科学与人文研究委员会在1983～1984年间对我访学的支持，为我的写作提供了一个安静的空间。

感谢加拿大民族学协会、国际博物馆协会博物馆民族学、建筑和博物馆技术委员会、加拿大皇家学会和国际人类学与民族学联合会为我提供介绍一些论文早期版本的机会。

最后也是最重要的，特别感谢我的家人多年来对我的关爱与宽容。

迈克尔·埃姆斯

1984年1月

兰契与温哥华

译者导读：迈向批判与反思的博物馆人类学

较之于那些鼎鼎大名的学者和耳熟能详的理论学说，迈克尔·埃姆斯（Michael M. Ames）及其相关研究对于国内博物馆学界和人类学界来说显得比较陌生。考虑到这点，我打算在正文开始之前做一个简单的导读，就本书可能涉及的背景信息做一个交代。第一，我将简单勾勒一下博物馆人类学的基本图景。有关博物馆人类学的论述既能够帮助我们梳理埃姆斯的问题意识和学术脉络，也能够帮助我们重新发现他在20世纪90年代前后所进行的一系列开创性研究。第二，我会根据已有研究梳理埃姆斯的生平与学术经历，他跨越南亚研究、博物馆管理与实践、批判理论与博物馆人类学、人类学与加拿大社会的研究兴趣与领域，有助于我们从整体上理解其学术成就。第三，我会简单介绍本书的主要内容，即博物馆与人类学之于当代世界的角色与责任。埃姆斯以北美地区，尤其是加拿大的博物馆为例，深入探讨了围绕博物馆与人类学所出现的一系列充满张力的关系结构，比如博物馆人类学和学术人类学、专业化与民主化、学术研究与公共服务、流行文化与消费主义等。埃姆斯认为，以批判与反思的立场来考虑现象的复杂性和文化的互惠性方能走出结构性的困境。第四，我会以自己的视角讲述本书诞生的故事，其中穿插着我对诸多机构、个人的感谢。他们无私地奉献自己的时间与精力，帮助我高质量地完成本书的翻译、校对工作。

一、何为博物馆人类学？

从数量上来说，现阶段国内博物馆人类学的研究并不多见，其原因主要有两个方面：其一，人类学家仍然奉行科学民族志的方法论、执着于学术导向的理论建构，对基于博物馆藏品的物质文化研究和应用导向的人类学兴趣不大；其二，从事博物馆实践与理论的博物馆学家要么因为繁杂的日常工作而无法真正将实践工作问题化，要么因为缺乏跨学科的视野而忽视了人类学视野的价值。从质量上来说，目前国内博物馆人类学的研究情况也并不乐观。2008 年，庄孔韶教授主编的《人类学经典导读》一书收录了弗洛拉·卡普兰（Flora Kaplan）的一篇文章——《博物馆人类学的理论要义》[①]。该文章大致勾勒了博物馆人类学的定义、历史、方法和困境等内容，可以算作国内首篇系统介绍博物馆人类学的文章。原本以为这篇文章会开启国内博物馆人类学研究的新篇章，没想到这竟然是国内博物馆人类学发展的高潮。

十几年时间转瞬即逝，博物馆人类学研究却依然在原地踏步。很多研究都是以博物馆人类学为旗号来讨论一些无关的内容，真正有助于我们去深入理解博物馆人类学的研究几乎没有。如果换一个角度来看，情况可能也没有那么悲观。很多新博物馆学、博物馆理论化、批判博物馆学的相关研究在文化研究、去殖民化、后现代主义等思潮影响下都不同程度地涉及博物馆人类学的相关议题。这些零零散散的认识不至于让我们过于焦虑，但是在聊以自慰的同时，我们是不是也应该去严肃地思考博物馆人类学了呢？博物馆是否还需要人类学？人类学是否还需要博物馆？博物馆人类学究竟能够为博物馆或人类学带来什么？在接下来的部分，我想谈一下现阶段我对博物馆人类学的理解。

卡普兰认为："从历史上看，博物馆人类学是在美国和欧洲分别发展起来的，其发展的动力是美洲大陆和欧洲自从 19 世纪以来的资本主义和全球殖民扩张，博物馆人类学就是立足于后殖民、后现代的全球新事业而对博物馆体系进行的理论反思。"[②] 这句话不仅点明了博物馆人类学的新旧之别，而且还隐含着博物馆人类学的发展轨迹。旧博物馆人类学指的是博物馆作为人类学的"制度性家园"的维多利亚时代，人类学对他者之物的兴趣、博物馆对科学探险的支持、博物馆之于殖民事业的价值等共同催生了博物馆人类学的发展。20 世纪 20 年代，随着人类学的研究方法——田野工作的出现和大量人类学家进入大学，以博物馆为根基的物质文化研究和以大学为根基的社会文化研究分道扬镳，博物馆逐渐被人类学家所遗忘。20 世纪 50 年代前后，博物馆在人类学中的地位降至冰点。1969 年，

---

① 弗洛拉·卡普兰：《博物馆人类学的理论要义》，牛菊奎、王军杰译，潘守永校，庄孔韶主编：《人类学经典导读》，北京：中国人民大学出版社，2008 年，第 206-215 页。

② 弗洛拉·卡普兰：《博物馆人类学的理论要义》，牛菊奎、王军杰译，潘守永校，庄孔韶主编：《人类学经典导读》，北京：中国人民大学出版社，2008 年，第 207 页。

人类学家威廉·斯特蒂文特（William Sturtevant）在其经典文章[①]中发问：人类学是否需要博物馆？20世纪80～90年代，新博物馆人类学在物质文化研究复归、批判博物馆学、包容与合作实践、人类学表征危机等因素的影响下逐渐兴起。近些年来，博物馆人类学在世界范围内，尤其是北美地区已经逐渐成熟。

虽然博物馆人类学可以有多重阐释，但是卡普兰有关博物馆人类学的定义还是具有广泛的影响力：博物馆人类学指的是“在博物馆实践的人类学（anthropology practiced in museums）”和“关于博物馆的人类学（anthropology of museums）”[②]。

“在博物馆实践的人类学”指的是将人类学理论、方法和视角应用到博物馆收藏、研究、展示和教育等各个环节。从根本上来说，“在博物馆实践的人类学”聚焦的是人类学藏品及其背后的文化，因此，“在博物馆实践的人类学”广泛出现在自然史博物馆、人类学博物馆、艺术博物馆中。其中，“在博物馆实践的人类学”与人类学博物馆之间的关系最为紧密，人类学博物馆不仅是保管、研究与展示他者文化的场所，而且是生产、实践与传播人类学理论的空间。熟悉美国人类学史的读者知道，著名的人类学家弗朗兹·博厄斯（Franz Boas）和玛格丽特·米德（Margaret Mead）都曾经在博物馆中工作过。最近，美国的期刊《博物馆人类学》（*Museum Anthropology*）连续刊登四篇“博物馆人类学的对话（Museum Anthropology: Conversations in the Field）”，以访谈的形式让多位博物馆学家讲述“在博物馆实践的人类学”的具体做法和成效[③]。

“关于博物馆的人类学”大概兴起于20世纪80年代，与后殖民主义、后现代主义和土著运动等思潮密切相关，批判与反思博物馆与人类学的传统做法和思维是“关于博物馆的人类学”的核心所在。具体而言，“关于博物馆的人类学”

---

① William Sturtevant. Does Anthropology Need Museums? . *Proceedings of the Biological Society of Washington*, 1969, Vol.82: 619-649.

② 弗洛拉·卡普兰：《博物馆人类学的理论要义》，牛菊奎、王军杰译，潘守永校，庄孔韶主编：《人类学经典导读》，北京：中国人民大学出版社，2008年，第206页。

③ Lillia McEnaney, Jennifer Shannon. Museum Anthropology: Conversations in the Field, *Museum Anthropology*, 2014, 37(2): 87-101; Antonio Chavarria, Maxine McBrinn. Museum Anthropology: Continued Conversations in the Field, *Museum Anthropology*, 2015, 38(1): 3-14; Lillia McEnaney, Maxine McBrinn and Antonio Chavarria. Museum Anthropology: Continued Conversations in the Field, Part 3, *Museum Anthropology*, 2015, 38(2): 69-87; Lillia McEnaney, Maxine McBrinn and Antonio Chavarria. Museum Anthropology: Continued Conversations in the Field, Part 4, *Museum Anthropology*, 2017, 40(2): 99-110.

是批判博物馆学和应用人类学交汇的产物。在时间维度上，博物馆与表征政治、认同建构、博物馆与社区关系、文化生产与消费本质联系在一起[①]；在空间维度上，从欧洲中心主义的博物馆学体系中解放出来，重新发现包容的、复数的博物馆与博物馆学行为[②]。在方法论层面，“关于博物馆的人类学”利用人类学田野调查的方法——博物馆民族志（museum ethnography）——来研究博物馆之于特定社会的价值，博物馆的机构历史，文化生产、消费与行动的实践和过程[③]。在这个过程中，博物馆不再是一个客观中立的场所，而是一个可以进行人类学调查的田野点、一个可以研究与分析的对象、一面映射自我意识形态的镜子。

从表面来看，“在博物馆实践的人类学”更加偏重博物馆的实践与操作，“关于博物馆的人类学”更加偏重博物馆的理论与批判，但实际上两者之间并非截然对立的二分关系。“在博物馆实践的人类学”是在行动中不断自我反思的探究，是带着理论与意识的解放。“关于博物馆的人类学”指的是重新定义、审视、探索操作博物馆学（operational museology）的常识与惯性，继而将博物馆实践作为嵌入到社会关系和社会维度中的社会实践来予以研究。就此而言，博物馆人类学兼具理论与实践、博物馆内外、学术与应用、标准与批判双重视角，进而凭借实践导向（praxis-oriented）的辩证关系促成改变的发生。在交汇与融合的过程中，我们看到越来越多的博物馆专家开始拥有或采纳人类学的视角来追问传统实践的合理性，我们也看到越来越多的学院派教授开始策划展览和教育项目、开展与社区之间的合作。这是一个很好的现象：走出自己的舒适区，进而站在他者立场来理解行动与批判的缘由，然后，自由地穿梭于理论与实践的边界，真正在同情之理解的基础上进行实践、批判与反思。玛丽·布凯（Mary Bouquet）也注意到了博物馆人类学的灰色地带的潜力。她认为，处于博物馆和大学中间地带的博物馆人类学可以有效地打破学术人类学和应用人类学之间的藩篱[④]，进而促成彼此

---

① Christina Kreps. *Museums and Anthropology in the Age of Engagement*. London and New York: Routledge, 2020:39.

② Christina Kreps. *Liberating Culture: Cross-Cultural Perspectives on Museums, Curation, and Heritage Preservation*. London and New York: Routledge, 2003: 1-19.

③ Christina Kreps. *Museums and Anthropology in the Age of Engagement*. London and New York: Routledge, 2020: 6.

④ Mary Bouquet. Introduction: Anthropology and Museum: Back to the Future, Mary Bouquet, ed. *Academic Anthropology and the Museum: Back to the Future*, New York and Oxford: Berghahn, 2001:4.

之间的协商与对话，进而达到互惠的效果。

二、其人：迈克尔·埃姆斯的生平与学术 ①

1933 年 6 月，迈克尔·埃姆斯出生于温哥华。就读于阿尔伯尼港中学（Port Alberni Secondary School）期间，埃姆斯喜欢打篮球，还担任了班长。之后，他进入了英属哥伦比亚大学。在那里，他遇到了哈利·霍桑（Harry Hawthorn）和为之迷恋的人类学。1954、1955 年夏天，他在霍桑的指导下与其他本科生开展对英属哥伦比亚省第一民族社区的民族志调查。在这个过程中，埃姆斯对霍桑的主张——发展“有用的人类学（useful anthropology）”——产生兴趣，并最终将之贯彻于学术研究、教学工作和博物馆管理中。1956 年，埃姆斯获得学士学位之后直接进入哈佛大学攻读博士，并于 1961 年获得社会人类学博士学位。他的博士委员会主席是著名的人类学家科拉·杜波依斯（Cora DuBois），其他博士生导师还包括人类学家克莱德·克拉克洪（Clyde Kluckhohn）、克利福德·格尔茨（Clifford Geertz）和埃文·沃格特（Evon Vogt），社会学家塔尔科特·帕森斯（Talcott Parsons），人格心理学家高尔顿·奥尔波特（Gordon Allport），社会心理学家大卫·麦克利兰（David McClelland），建筑学家威廉·考迪尔（William Caudill）。1961～1962 年，埃姆斯进入芝加哥大学从事关于南亚研究的博士后工作。1962 年，埃姆斯在麦克马斯特大学（McMaster University）以社会学助理教授身份开始了他的教学生涯。1964 年，他回到家乡温哥华，进入英属哥伦比亚大学，直至退休。1974～1997 年，埃姆斯担任英属哥伦比亚大学人类学博物馆的馆长，2002～2004 年间，他在退休之后还曾短暂担任该馆的执行馆长。2006 年 2 月，埃姆斯去世，享年 72 岁。

凭借其广泛的学术兴趣和实践行动，埃姆斯在国际学界尤其是加拿大获得广

① 该部分的主要参考资料包括：Elvi Whittaker. Michael McClean Ames (1933-2006), *American Anthropologist*, 2007, 109(3): 589-592; Sue Rowley, In Memoriam: Michael Ames, The Midden, 2006, 38(1):5; University of British Columbia Archives, Michael M. Ames Fonds, 详见：https://www.library.ubc.ca/archives/u_arch/ames_michael.pdf; Archival Holdings at the Museum of Anthropology, University of British Columbia, Michael M. Ames, 详见：https://atom.moa.ubc.ca/index.php/michael-ames；Courtesy UBC Museum of Anthropology, In Memoriam: Michael Ames, February 12, 2007, 详见：https://maltwood.uvic.ca/cam/archived_news/20070212_memoriam_ames.html.

泛的认可，可谓是荣誉等身。1979 年，埃姆斯当选加拿大皇家协会会员；1994 年，加拿大人类学协会授予他“韦弗－特雷布雷奖（Weaver-Tremblay Award）”，以表彰他“对加拿大应用人类学的杰出贡献”；1996 年，他当选应用人类学协会会员；1998 年，他被授予“加拿大勋章（Order of Canada）”。

埃姆斯的人生精彩非凡，在国际学界颇有影响力。他不仅是一位受人爱戴的导师、著名的学者、负责的管理者，而且还是一位不懈的创新者、批评家和探索者。总体而言，埃姆斯的学术成就大体包括如下几个方面：南亚研究、博物馆管理与实践、批判理论与博物馆人类学、人类学与加拿大社会研究。

埃姆斯对南亚社会、宗教、社会组织的人类学研究始于 1959～1960 年间关于斯里兰卡宗教融合的博士论文。他还曾对印度的工人、非政府组织的活动和意识形态等内容进行过调查，除了在斯里兰卡和印度等地的实地调查外，他还特别关注加拿大英属哥伦比亚地区的南亚移民。可以说，南亚研究贯穿于他的整个学术生涯，主要涵盖的主题包括斯里兰卡的社会与意识形态变化、佛教的仪式与结构、西方现代化对南亚地区的影响、南亚社会的变化与发展、印度种姓制度、南亚移民在加拿大的经历等。

1974 年，埃姆斯接替霍桑成为英属哥伦比亚大学人类学博物馆的第二任馆长。在任期间，他发展与扩充了博物馆的藏品，尤其是增加了来自北美西北海岸的人工制品。除此之外，埃姆斯还敏锐地意识到，博物馆几乎无法讲述第一民族的故事，其主要原因在于，博物馆在展示与教育环节中完全使用人类学理论和制度性阐释。为此，埃姆斯将博物馆事务的合作、文化事务的赋权、决策制定的参与视为一项坚定不移的机构使命。他率先尝试与第一民族社区开展合作，就人工制品的妥善保管、表征和可及性进行咨询、协商。任职期间，埃姆斯共举办了百余场展览，其中 19 场是考古展览，展示了加拿大第一民族、日本、秘鲁和古典世界的文化。在他的领导下，英属哥伦比亚大学人类学博物馆成为加拿大最大的教学型博物馆（teaching museum），并因其以实验性路径向公众传播文化多样性而获得广泛的国际声誉。

对于身为人类学家的埃姆斯来说，博物馆的管理与实践经历犹如一次民族志田野工作。在认清传统博物馆的操作规范与行动逻辑之后，埃姆斯开始利用人类学视角来批判与反思博物馆的发展：我们应该如何看待博物馆？博物馆的价值体现在什么地方？博物馆应该如何处理与第一民族、多样化公众、艺术家、学术研究者之间的关系？围绕博物馆的两级化话语促使埃姆斯著书立作，研究主题包括博物馆民主化、公共服务与学术研究之间的关系、博物馆与第一民族之间的关系、以博览会和麦当劳为代表的“日常生活的博物馆（museums of everyday life）”、文化表征与政治等。这些广泛发表的著述关涉到人类学家和博物馆学家普遍谈及的博物馆认识论问题，充分揭露我们习以为常的文化观念和政策。博物馆学家与人类学家、实践与理论的双重视角让埃姆斯走上了批判与反思的博物馆人类学道路。

埃姆斯对人类学的热爱是持之以恒的。他在不断思考人类学的文化阐释、学术研究的合法性、人类学学科的有用性的过程中发展出了一种极具反身性的路径，即“一种自我的民族志（an ethnography of ourselves）”。这种自我转向的“关于人类学与人类学家的人类学（anthropology of anthropology and anthropologists）”研究促使埃姆斯关注一系列内生于人类学哲学、精神和世界观的问题。其一是他积极参与 20 世纪 70 年代发展起来的学术知识在加拿大的本土化运动。当时很多在加拿大任教的社会科学家接受的是美国的教育，研究的是美国的问题。因此，如何对加拿大的本土问题开展研究不仅需要一个明确的方向，而且还需要一个有力的推动。埃姆斯在此过程中发挥了重要作用，通过撰写加拿大本土化的研究文章，积极传播这些想法，真正推进了社会科学本土化的走向。其二是他积极在加拿大主流社会和第一民族之间进行斡旋，实现两种文化之间的相互理解。有感于加拿大第一民族在博物馆和加拿大社会中的“民族学命运”，埃姆斯积极参与多项支持第一民族权利和愿景的倡议。埃姆斯不仅通过咨询委员会等中介组织推进第一民族语言项目、制定相关的伦理准则、维护第一民族的权利，而且还坚信博物馆还应该以实践合作、返还人工制品等多种路径服务第一民族社区。

在我看来，埃姆斯的最大遗产当属基于批判与反思的博物馆人类学研究。在博物馆的管理过程中，埃姆斯将人类学视角带入到博物馆的收藏、研究、展示、教育、服务等各个环节，真正落实一种“在博物馆实践的人类学”；此外，他结合新博物馆学、去殖民化和土著运动的最新思潮将博物馆作为一个“田野点”进行分析，发展出了一种基于批判与反思的“关于博物馆的人类学”。值得称道的是，埃姆斯兼具实践与理论、博物馆内外两种视野，既批判了传统博物馆的实践，又开展了有针对性的行动。正如埃姆斯在英属哥伦比亚大学人类学博物馆的继任馆长——安东尼·谢尔顿（Anthony Shelton）所说，“他不仅为后人留下了一个充满活力、具有社会责任感和相关性的机构，而且还留下了如何解决批判博物馆学和合作博物馆学之间关系的知识谜题”[①]。在 2020 年出版的《参与时代的博物

① Elvi Whittaker. Michael McClean Ames (1933-2006), *American Anthropologist*, 2007, 109(3): 591.

馆与人类学》(*Museums and Anthropology in the Age of Engagement*)[①]一书中，克里斯蒂纳·克瑞普斯（Christina Kreps）明确表示，这本书即是向埃姆斯的遗产致敬。所有这些盛赞都足以显示埃姆斯在博物馆人类学领域的不凡造诣。

近些年来，埃姆斯的学术遗产逐渐得到重视，但总体而言还远远不够。从这个角度来说，本书中译本的出版面世更显得意义重大。虽然迟到，但并未缺席。

三、其书：博物馆、公众与人类学

在正式介绍本书的主要内容之前，我先交代一下本书的书名翻译问题，以免造成一些不必要的误解与争论。

本书共有两个版本：第一版是出版于 1986 年的《博物馆、公众与人类学：关于人类学的人类学研究》[②]；第二版是出版于 1992 年的《食人族之旅与玻璃展柜：关于博物馆的人类学》[③]。中译本是根据 1992 年的版本翻译而成。1992 年英文书名是“Cannibal Tours and Glass Boxes: The Anthropology of Museums”，直译过来就是“食人族之旅与玻璃展柜：关于博物馆的人类学”。其中，“食人族之旅和玻璃展柜”隐喻的是西方社会如何利用人类学学科或博物馆机构来分类与挪用他者文化，以满足自己研究与阐释之用。但是考虑到这样的表述可能存在模糊不清的语义和哗众取宠的嫌疑，因此，出版社建议直接使用本书第一版的主标题，即 Museums, the Public and Anthropology。与此同时，中译本继续沿用 1992 年英文书目的副标题，不过将其翻译成为“博物馆人类学论集”。正如上文所述，“The Anthropology of Museum”严格来说指的是“关于博物馆的人类学”，即一种抽身于博物馆具体工作之外的反思与批判意识。那是不是说将其翻译成“博物馆人类学论集”是不恰当的，甚至存在人为扩大本书研究旨趣的嫌疑呢？其实也不尽然。卡普兰有关博物馆人类学的定义明显晚于埃姆斯的写作时代，而且埃姆斯在本书中也广泛谈及“在博物馆中实践的人类学”。因此，我认为将副标题翻译成“博物馆人类学论集”是比较妥当的。最终，本书的中译本将以“博物馆、

---

① Christina Kreps. *Museums and Anthropology in the Age of Engagement*. London and New York: Routledge, 2020.

② Michael Ames. *Museums, the Public and Anthropology: A Study in the Anthropology of Anthropology*. Vancouver: University of British Columbia Press, 1986.

③ Michael Ames. *Cannibal Tours and Glass Boxes: The Anthropology of Museums*. Vancouver: University of British Columbia Press, 1992.

公众与人类学：博物馆人类学论集”的书名与各位读者见面。

克瑞普斯经过考证[①]指出，在世界范围内，第一本博物馆人类学的研究来自于荷兰博物馆学家弗雷塞（H. H. Frese）。弗雷塞基于欧洲、北美、澳大利亚、新西兰等地的人类学博物馆的调查与研究完成了他的博士论文，并在此基础上出版了《人类学与公众：博物馆的角色》（*Anthropology and Public: The Role of Museums*）[②]一书。弗雷塞以文化人类学的视角来审视博物馆教育，主张在研究与展示非西方文化时应当奉行“尊重文化起源和类型多样”“保持与人类学理论学派的互动”和“向西方公众传递人类学”等原则[③]。在弗雷塞看来，博物馆之于社会的价值应当是如何扮演好“从中协调”的中介角色。从1986年版本的书名和1992年版本对弗雷塞的大量引用就可以看出弗雷塞对埃姆斯的影响。相较之下，埃姆斯的这本书（1992年版）更加系统与全面，尤其是将20世纪60年代以来的社会、经济、文化变化以及人类学、博物馆学的趋势、困境纳入到论述的图景中。作为博物馆人类学和博物馆批判理论研究的奠基之作，本书在“将个人体验与批判反思、行动实践联系在一起”这一点上意图更加明确。

罗纳德·韦伯（Ronald Weber）在评析本书时认为，这本书在各章节之间并没有一个很好的串联与线索[④]。事实上情况并没有他说的那么糟糕。为此，我将尝试从“民主化的主张与困境”“分类、挪用与回应”“基于重建的批判与反思”三个方面来介绍一下本书的主要内容。

（一）民主化的主张与困境

在追溯西方博物馆演变轨迹时，埃姆斯阐释了博物馆从私人所有到公共开放的过程。在这个民主化的进程中，保护、分类、阐释藏品的专业化管理与控制也随之出现。较之于私人收藏来说，公共博物馆承诺允许更多的公众获得参观博物馆的机会，以此来保证公共所有的藏品对公众来说是有意义的。但是从实际的效果来看，为了达成此目的的博物馆专业化却因其与官方价值、国家认同和既有观念之间的共谋而让博物馆民主化成为一句空谈。在20世纪的大部分时间里，博

---

① Christina Kreps. *Museums and Anthropology in the Age of Engagement*. London and New York: Routledge, 2020:38.

② H.H. Frese. *Anthropology and Public: The Role of Museums*. Leiden: E.J. Brill, 1960.

③ H.H. Frese. *Anthropology and Public: The Role of Museums*. Leiden: E.J. Brill, 1960:3.

④ Ronald Weber. Book Review, *American Indian Quarterly*, 1996, 2(1): 126-128.

物馆是以“神庙”的面貌而出现，博物馆通过直接和间接的方式来巩固与合法化某些社会群体的价值观与认识论。一方面，博物馆强调公共教育的功能，这种自上而下、畅通无阻的传输与控制实际上是为了进一步宣传和确立主流价值；另一方面，博物馆经由学科体系来收藏、分类、展示自然与历史之物，进而通过贬抑或拒绝他者价值的方式来提升自我的地位。

20 世纪 70 年代以来，民主化概念日益拓展，博物馆服务公众的范围和深度开始有明显的改善，甚至出现了去制度化（de-schooling）和开放存储（open storage）的尝试。随之，我们看到几组关系之间的张力与矛盾日渐突出，同时我们也在这种两难的困境中发现了变革的潜力，即处于中间地带的博物馆人类学的价值。需要指出的是，专业化与权威的价值观之间的关系并非是固有的、天然的，而是带有很大的社会—历史情境的任意性。因此，当专业化逐渐成熟，并通过诉诸标准化操作而企图建立和维护相对独立的地位时，民主化导向的博物馆不得不一边对抗专业化与学术化的拉扯，一边对权威的价值观保持警惕。更为艰难的是，民主化导向的博物馆还需要防止跌入娱乐化的深渊。我认为对上述关系要素的剖析与细分是非常必要的，这起码让我们在谈论博物馆公共服务或观众议题时明白潜在的敌手究竟是谁。在接下来的部分，我将从关系主义的视角来简单描绘一下博物馆民主化的困境，其中可能会涉及博物馆人类学居于其中的价值与潜力。

自公共博物馆诞生以来，博物馆一直在学术研究和公众服务之间追求平衡，处于夹缝中的研究员究竟何去何从是最直观的外显症状。为了化解研究员的困境和分裂症，博物馆世界存在两种解决之道：放弃所有无关的研究，仅保留与展览和藏品有直接关系的研究；延续 19 世纪晚期的“二分组织结构”，以隔绝的方式增加研究的机会。埃姆斯用盖登博士的案例论证了现实世界的复杂性，对于博物馆研究员来说，隐匿在自我学术世界或投身于日常工作都不是可取之策。埃姆斯认为，直面冲突与矛盾，将学术研究和公共服务结合起来才能探寻迈向未来的道路。面对此种困境，人类学家能够做些什么？埃姆斯主张要“在我们的后花园开展实践人类学”，具体而言，将博物馆作为我们社会的人工制品来进行研究，利用博物馆民族志的方法探寻日常工作、活动和项目背后的无意识性信息；重新审视物件的社会生命史，通过“再情境化”的过程追溯，揭示依附在物件上的“铜锈”及其背后的知识史发展。

即便是在民主化概念日益拓展的当下，埃姆斯依然充满警惕地指出，允许更广泛的公众参观博物馆在某种程度上意味着公共控制程度的升级。也就是说，从“立法者”到“阐释者”的博物馆转型并没有看起来那么直接与简单，即便是在民主化呼声高涨的今天，权威的价值观依然随处可见。这时，权威的价值观在某种程度上告别了专业化这个盟友，而开始与商业化、消费主义建立隐秘的合作关系。关于这一点，埃姆斯并未将眼光局限于传统意义上的博物馆，而是通过博览会、购物中心、麦当劳等流行文化机构所代表的“日常生活的博物馆”来揭示文化机构在形塑、引导和强化意识形态和社会形象等方面发挥的作用。以博览会和麦当劳为代表的流行文化机构经由不断的简化、重复与宣传，从而将那些源自于部分共同体的思想符号化、意象化，促使其以常识的面貌融入到日常认知与习惯结构中。基于此，一种局部的、特殊的意识形态就会被所有社会阶层所接纳，进而通过控制的特权而成为一种总括性的世界观。当这种权威的价值观披上消费主义的外衣时，公共领域的成功与衡量标准就由数量、受欢迎、满意度、服务来衡量。反观博物馆世界，博物馆是不是也走上了“人人都将商品化”的道路呢？

在传统的博物馆思维中，好玩或娱乐要么是为了摆脱严肃而枯燥的博物馆形象，要么是以一种狂欢的形式反叛规训与治理①。因此，博物馆的娱乐功能自然而然被认为是一个相对晚近的现象。实际上，在博物馆的历史谱系中不乏与博物馆有关的娱乐机构、娱乐导向的博物馆形态、带有娱乐和休闲意味的参观行为②。这种表征惊奇、混乱和娱乐的反结构模式对于博物馆来说是一个挥之不去的幽灵，在不同时代情境下会以市集、露天游乐区、巴纳姆的美国博物馆、迪士尼乐园等不同形式出现。需要指出的是，娱乐看似是一种最为民主的样态，实际上博物馆的娱乐功能有时候会成为权威价值观的侍从；与此同时，娱乐也会威胁到博物馆真正公共性的发挥。在埃姆斯的基本设想中，博物馆实际上是居于大学与主题公园之间的中间地带③，唯有时刻保持反思与批判，才能在夹缝中走出一条社会相关、公众参与和负有责任的机构道路。

（二）分类、挪用与回应

克劳德·列维－斯特劳斯（Claude Levi-Strauss）认为，食人行为可以是食物

① Timothy Luke. *Museum Politics: Power Plays at the Exhibition*. Minneapolis and London: University of Minnesota Press, 2002.

② Andrea Witcomb. *Re-Imagining the Museum: Beyond the Mausoleum*. London and New York: Routledge, 2002.

③ Michael Ames. Counterfeit Museology, *Museum Management and Curatorship*, 2006, 21(3): 171-186.

性的、政治性的、巫术性的、仪式性的、疗愈性的[①]。如果将博物馆视为一种文明社会的食人形式，那么食人的行为也有可能是机构性的。驱散食人的神秘色彩之后，这一概念就显得相当平常，即一个群体或文化为了驯服异己的他者、获得他者的认同、保持自我内部团结和优越性的最简单办法就是把他者“吃”了。

作为机构的博物馆和作为学科的人类学实际上都在以直接或间接的方式吞噬他者，即通过文化的命名、分类与挪用来建构他者，进而影响我们思考他者的方式。埃姆斯在书中描述了博物馆思考物件及其展示意义的几种路径：作为好奇之物的物件、作为自然标本的物件、作为情境主义元素的物件、作为艺术品的物件和作为本土观点之碎片的物件。由此可以发现，他者文化世界的“客观知识”是不存在的，博物馆所在的知识话语、权力关系、时代情境通过分类和挪用的策略建构与想象了他者文化。随着土著运动的兴起，我们开始看到土著以局内人的身份开始出现在博物馆空间中，但是即便是“本土观点”也不是万全之策，埃姆斯提醒我们，局外人或局内人都无法真正垄断文化的话语权，重要的是不同视野之间的持续对话和互动。长久以来，人类学也通过群体命名、物件分类和人类学理论来创造性的建构土著群体和土著文化。令人意想不到的是，土著群体并未在殖民主义、帝国主义和同化政策中消亡，反而以复兴的姿态要求从“民族学命运”中解放出来。在这个过程中，我们看到了一幅超越二元关系的复杂性图景：人类学家不断重构土著群体的物质文化和社会文化，而且也积极参与到印第安艺术的推广中。

其中，最有争议性的当属“土著艺术”所引发的讨论，这同时也是艺术人类学在讨论原始艺术时所广泛涉及的议题[②]。长久以来，人类学家和艺术史学家都认为土著社会因为种种原因并不存在艺术，他们继承了传统美学的艺术观，将艺术与审美关联在一起。在这种情况下，土著社会的物件往往以人工制品的面貌出现在西方博物馆中，以满足科学分类、文化研究之用。20世纪初，现代主义将“原始主义”的灵感性作品视为普遍审美的范例，在将人工制品视为艺术的同时，也主张将艺术品从文化语境中解放出来。虽然这一认识并未得到人类学家的认可，但是我们看到一种趋势，即土著艺术开始进入艺术博物馆，并获得了与西

① 克劳德·列维－斯特劳斯：《我们都是食人族》，廖惠瑛译，上海：上海人民出版社，2016年，第134页。

② 李修建编：《国外艺术人类学读本》，北京：文化艺术出版社，2021年；李修建编译：《国外艺术人类学读本续编》，北京：中国文联出版社，2020年。

方艺术平起平坐的机会。相应地，很多土著手工艺人开始以“雕刻家”“艺术家”而自居。很显然，关于如何理解与展示土著艺术始终存在分歧：一种观点认为土著艺术的意义是由其情境所决定的，因此抽离情境的艺术展示是不道德的；另一种针锋相对的观点则指出，土著艺术可以凭借其创造性而独立存在，并以自己的方式来直接表达自己、传递信息。这显然是一个两难的困境，将艺术与社会—历史情境捆绑在一起会阻碍艺术的革新与发展；坚持艺术的自主性并不意味着就能摆脱艺术的附庸性。

20 世纪 70 年代以来，体验经济、土著运动、艺术市场、博物馆人类学家共同促成了西北海岸印第安艺术的复兴。其中博物馆人类学家至少以三种方式影响了土著艺术：重构西北海岸印第安艺术和手工艺的意义；推销印第安艺术与艺术家，并使之得到认可；重新定义人类学家和博物馆的角色。以博厄斯、霍尔姆为代表的人类学家通过关注土著艺术形式和改变分类标准使土著艺术得到广泛的承认。在这个过程中，人类学家和印第安人之间的关系发生了逆转，博物馆越来越多地利用自己的资源来满足印第安人的文化需求，一些人类学家甚至自告奋勇前往印第安社区做顾问。

虽然以重新占有与复兴过去为己任的土著群体的确在自我形象塑造和控制阐释权方面取得了一定的进展，但是我们需要进一步追问的是，土著艺术得到广泛承认就意味着土著群体摆脱民族学命运了吗？恐怕也没有这么简单。埃姆斯在书中用一连串的问句来讨论了这个问题，即什么才是真正的土著艺术？传统或艺术形式是可以改变的吗？土著身份如何来界定？艺术质量的评价标准是什么？土著艺术应当与社区保存何种关系？……埃姆斯呼吁我们跳出土著文化的本质陷阱，进而以一种变动的、关系的视角来不偏不倚地看待土著艺术和文化的变迁与复兴。

（三）基于重建的批判与反思

面对种种挑战与困境，博物馆与人类学该何去何从呢？所谓的有价值的批判与反思应当如何开展？人类学能够为博物馆做点什么？博物馆又能够为人类学做点什么？基于重建的批判与反思是否可能？埃姆斯对上述问题也给出了自己的回应，我将在下文中尝试整合这些散落在全书中的真知灼见。

弗雷塞在 1960 年的书中指出，人类学博物馆的本质是相当矛盾的：

> 从根本上来说，作为西方机构的人类学博物馆利用西方社会发展起

> 来的科学阐释手段，为西方公众服务。博物馆尽职尽责保存的非西方文化遗产就是为了满足上述目的。虽然博物馆与人类学有责任收藏与保护人工制品及其信息，但是西方机构所拥有的这些东西却是来自于其他文化。就此而言，人类学博物馆实际上是西方社会文化中非西方世界的前哨。简而言之，人类学博物馆是不同文化传统的聚会场所。[①]

由此可见，人类学博物馆负有对社会公众和他者民族的双重责任。较之于自然史博物馆、科学博物馆、考古学博物馆来说，人类学博物馆因其对他者文化的收藏、保护与展示而面临更多的争议。与此同时，人类学博物馆的这种困境也始终困扰着博物馆人类学的发展。简单来说，一般类型的博物馆只需考虑博物馆所在社会的公众群体，即如何获得他们的人力、财力、物力支持，又如何满足公众群体内部的多样化需求。人类学博物馆除了应对博物馆所在社会的公众群体外，还需要考虑被展示物件的来源文化和群体，即是否充分表征了他者文化、展示的文化属于谁、谁有权决定阐释权。

在本书中，埃姆斯讨论了韦尔什对博物馆公众的划分：他将那些前来博物馆的观看者称为“参观观众”；那些文化正在被观看者称为“被选定的文化群体”，其分别对应的是埃姆斯所说的“参观博物馆的观众”和“博物馆收藏的来源群体”。这两种公众群体不能混为一谈，因为他们对博物馆的兴趣是截然不同的：参观博物馆的观众热衷于通过观看呈现他者文化与遥远过去的展览来获得知识与娱乐；来源群体则更关心自己的文化和历史是如何被制作成异国情调的娱乐之物供人消费。如果分别将其转化为博物馆学问题的话，那么前者对应的是教育和传播，后者则与阐释权力和表征政治密切相关。

在我看来，这种对博物馆公众群体的划分意义重大。因为关于博物馆公众的诸多研究往往只关注博物馆所在社会的公众群体，即便对其内部的差异性和多样性有再深入研究，也面临着忽视另一种公众群体的风险。尤其是当来源群体因为土著运动、去殖民化等社会思潮而要求重新占有自己的历史与文化时，这种忽视就显得更加致命。在呼吁为了明天而收藏今天的时代情境中，社区博物馆、生态博物馆等新博物馆类型将关注的焦点放在当下正在发生变化的日常生活中，居于其中的居民应该如何处理？我想，博物馆人类学有关来源群体的讨论对此将有所启发。

---

① H.H. Frese. *Anthropology and Public: The Role of Museums*. Leiden: E.J. Brill, 1960:97.

如果我们在此基础上将两种公众群体所在的社会文化纳入到考虑范围的话，那么一种跨文化比较的议题就浮出水面。两种抱持不同宇宙观、物质观、价值观的文化体系相遇会碰撞出怎样的火花？埃姆斯在书中指出，我们可以受惠于他者的历史，即如果我们的知识流向他者，那么也需要同等关注他者知识流向我们的过程。这个说法看似简单，实则充满挑战。首先是要走出等级结构的桎梏，进而在两种文化之间建立一种平等关系。埃姆斯遗憾地指出，土著群体难以获得一种真正的平等身份，要么是以需要被表征和帮扶的原始人形象出现，要么是以替代性方案的"高贵的野蛮人"形象出现。其次则需要通过诸多方式进行合作，比如倾听土著群体的声音、给予土著群体在博物馆工作的机会、与土著群体合作策划展览、为土著群体的博物馆建设提供咨询等。这种以他者视角反观自我的策略显然对于博物馆与人类学具有启发，但是这种看似具有革新性的互动、交流与合作在现实操作中也不是一帆风顺，一些不可预测的事件会导致与最初设想背道而驰的结果的出现。再次则是一种知识的回流，即从他者文化中觅得实践与思想上的滋养。最近，里约热内卢的印第安文化馆决定采纳当地知识，用切碎的香蕉茎来解决民族志藏品的虫害问题①。罗德尼·哈里森（Rodney Harrison）受到澳大利亚土著本体论的启发，探讨了对话遗产模式的可能性②。从贬抑到合作，再到学习，博物馆与遗产的跨文化比较研究正在以重建的姿态寻求迈向未来的可能性。

在谈及埃姆斯的生平与学术时，我曾经指出，"有用的人类学"信念贯穿于他的整个学术生涯。在博物馆人类学领域，"有用性"意味着博物馆与人类学应当积极回应社会议题，始终保持一种对人类与社会的人文关切。在我看来，埃姆斯的"有用性"哲学突出体现在他的批判与反思意识中，即将自我作为传统意义上的他者来进行重新的审视，并以此为基础来进行有的放矢的行动。对于批判与反思而言，博物馆人类学是一个最好不过的领域，埃姆斯期冀处于人类学学科边缘的博物馆人类学能够诊断人类学与博物馆的弊病，进而提供重建的可能性。在书中，埃姆斯从应用人类学的视角提出了对人类学学科、文化机构和现代社会来说都颇有启发的两条路径。其一是"反身人类学"的路径，该路径不仅要重新检视人类学的写作与理论的建构，而且还要将人类学知识和技术运用到管理工作

① Bruno Brulon Soares. Introduction: Rupture and Continuity: The Future of Tradition in Museology, ICOMFOM.ed. *The Future of Tradition in Museology*, 2020, 48(1):15.

② 罗德尼·哈里森：《文化和自然遗产：批判性思路》，范佳翎、王思渝、莫嘉靖，等译，上海：上海古籍出版社，2021 年。

中，从而进行一种工作人类学的研究。其二是将人类学作为一种社会批判形式，很显然，这种社会批判的任务落在了人类学家的身上。人类学家要敢于表达令人不安的社会观点，与此同时，博物馆研究员也应当扮演社会预警信号灯的角色，做一位有社会良知的研究员。

埃姆斯在书中不断重申一个观点，即博物馆人类学的批判与反思不是简单的批评博物馆，而是尝试将博物馆及其相关批评置于社会、政治和经济情境中。因此，有价值的批判与反思不仅需要结合基于实际情况的实证评估研究，而且还要认识到所涉及利益的复杂性和混杂性、个体与社会之间的关系及其机构运作的现实条件。从这一点来看，批判与反思不是站在博物馆之外的指指点点，而是要以对博物馆内部实践与运作有所了解为前提。要想理解博物馆内部实践与运作，要么需要博物馆工作者将自己的工作问题化、学术化，要么则需要人类学家以博物馆为田野点开展博物馆民族志研究。对内与外、实践与理论的双重理解与共情才能保证带有问题意识的实践和诉诸行动的反思，这正是博物馆人类学的研究旨趣所在。

四、出版的幕后与致谢

作为国家级博物馆，中国民族博物馆深感民族类博物馆的收藏、研究、展示与教育工作的开展离不开人类学的介入。为此，自 2017 年以来，中国民族博物馆开始以每两年一次的频率组织“博物馆人类学研讨会”，以此来推进博物馆人类学在国内的发展。2019 年第二次博物馆人类学研讨会开会期间，中国民族博物馆副馆长郑茜单独请我去办公室喝茶，第一次和我聊起来“博物馆人类学经典译丛”的设想，即在未来三到五年间翻译出版几本在国际学术界有影响力的博物馆人类学著作。我毫不犹豫地就答应了下来，因为这也是我一直想做而未果的事情。郑馆长给予我充分的信任，将翻译书目和翻译团队的事宜全权委托给我。在此非常感谢中国民族博物馆对博物馆人类学在中国的推进所做出的贡献，感谢郑馆长给予我的信任。

接到任务后，我马上联系了我的师姐——西南民族大学的杜辉、我的师兄——中国社会科学院中国历史研究院的关昕和大理大学的潘宝，商量具体的翻译书目和翻译团队的事宜。虽然我的两位师兄因为各种原因最终没有加入到翻译团队中来，但是在翻译书目的拟定过程中却给出了很多宝贵的建议，在此表示感谢。在我的邀请下，北京大学王思渝和上海大学王思怡欣然同意，并最终加入翻译团队。感谢杜辉、王思渝和王思怡的鼎力支持，是你们给了我更大的勇气。翻译书目拟定与最终落实颇费周折，由于版权原因，我们不得不放弃一些非常重要的书目；受限于经费与人力，我们也不得不暂时舍弃掉一些难度较大的书目。经过多方协商，最终决定以埃姆斯的这本书打头阵，其余书目也将陆续与大家见面。

虽然前期准备工作已然就绪，但是中国民族博物馆和科学出版社的工作才刚刚开始，争取资金、拟定合同、商谈版权……这些繁杂的手续耗费了整整一年的时间。中国民族博物馆的林飞飞和科学出版社的郑佐一费力颇多，在此表示感谢。2020 年 12 月份，科学出版社的郑佐一正式告知我谈好了所有事宜，并给我发来本书的电子版。按照郑馆长的最初设想，埃姆斯这本书是需要赶在 2021 年举办第三届博物馆人类学研讨会之前出版。为此，2021 年 1～2 月，我利用寒假时间全身心地投入到本书的翻译工作中。其实早在 2019 年 11 月和郑馆长谈妥之后，我就托在隆德大学交流学习的复旦大学硕士研究生赵郁颖帮忙扫描了这本书。在此，向赵郁颖表示感谢，一次次不厌其烦花时间和精力为我查阅资料。2020 年暑假之前，我已经读完了这本书，并对可能遇到的问题做了提前准备。怎奈何，读书是一回事，翻译又是另一回事。犹记得那个忙碌的寒假，我只休息了三天——除夕、初一和初二。在翻译进行过程中，我也开始联系杜辉师姐进行书稿的校对。在我看来，这本书涉及博物馆与人类学的跨学科视野，杜辉师姐可能是最合适的人选。遗憾的是，杜辉师姐因为私人原因无法全程跟进，仅对书稿的两篇序言进行了审校。即便如此，我还是要感谢杜辉师姐对本书出版做出的贡献。

正在一筹莫展之时，我意外地在微博上认识了在英属哥伦比亚大学攻读人类学硕士的李晶。通过深入了解发现，李晶对博物馆研究、人类学和生态博物馆等领域有独到见解，加之英属哥伦比亚大学及其人类学博物馆正是埃姆斯曾经活跃过的地方，而且书中涉及很多发生在温哥华的历史事件、有关加拿大土著社区的专有术语。因此，我邀请李晶加入到书稿的校对工作中。当我收到李晶发来的满眼都是批注的文件，我对她心怀感激，正是她的工作让我避免了很多低级的错误。当遇到一些难以理解的地方时，李晶还会向她的导师——苏·罗利（Sue Rowley）博士请教，以保证翻译的质量和可理解性。罗利博士不仅任教于英属哥伦比亚大学人类学系，目前同时还担任英属哥伦比亚大学人类学博物馆代理馆长一职。就这样，本书的翻译与校对齐头并进，并于今年 4 月底如期完成初稿。在此，我向从未谋面的李晶和罗利博士表示感谢。

在接下来的书稿修改与校对阶段，山东大学硕士生苗晓雨帮忙录入与调整了书后的参考文献，山东大学博士生赵慧君对书稿的全部内容进行了校对，在此向她们表示感谢。5 月 24 日～6 月 3 日，我再次结合出版社返回的修改意见，通读书稿并进行了系统的修改与校对。科学出版社的编辑部在后期的审校过程中不断发现新的问题，这种精益求精的态度保证了本书的质量。感谢我的师妹——中国民族博物馆的吴洁，不时的督促保证了本书的顺利面世。

虽然积累了一些翻译的经验，但是仍不够从容，衷心希望读者朋友不吝赐教。

尹　凯

山东青岛乐水居

2021 年 7 月 28 日

2021 年 8 月 26 日

目　录

第一章

导论：批判理论与博物馆实践

美国怀俄明州的水牛比尔历史中心（Buffalo Bill Historical Center）充斥着尸骨，较之于一般博物馆，这里让我们更清楚地感受到博物馆是为何而存在的。这个宛如藏尸所的博物馆保存的生物形象虽然已经逝去，但是其生命力量依然徘徊在遗骸周围，并传递给公众。我们到博物馆观看展柜里的物件、墙上的绘画，似乎只需站在那里就能够吸纳被展示的生物身体内部曾经涌动的能量。博物馆迎合了一种将他人的生命吸纳到自己生命中的渴望。从这个意义上来说，博物馆是文明社会中不那么暴力的一种“食人形式（a form of cannibalism）”（Tompkins 1990：533）。

无论多么努力，博物馆都无法逃脱食人族与玻璃展柜的命运。为什么呢？原因可能不是第一版序言中提到的——它们“被称之为博物馆”，而是如理查德·汉德勒（Richard Handler）（1988：1036）在《博物馆、公众与人类学》的书评中指出的——“它们是博物馆（they are museums）”。博物馆“无法超越，甚至没有完全认识到影响博物馆、定义博物馆与他者之间关系的认识论和政治假设”。博物馆利用他者的物质材料供自己研究与阐释之用，同时将其表征局限在玻璃展柜中。从这个意义上来说，博物馆是具有食人习性的。事实上，博物馆为每位观众都准备了一个玻璃展柜（Parezo 1986：13，1988；另见第十三章）。

这是一条对公共博物馆的重要批评。公共博物馆诞生于帝国主义时代，经常服务资本主义并从中受益，也持续作为统治阶级和企业权力的工具，参与意识形态的操弄（Haacke 1986：67）。我对博物馆的理解受到这种批判视野的强烈影响，这也体现在本书收录的部分论文中。然而，博物馆远比食人习性、玻璃展柜和意识形态的生产更为复杂。有人会用“挪用（appropriation）”“灵感（inspiration）”等术语来描述博物馆的行为或属性，有人则会把玻璃展柜视为一种文化监禁的形式，有人认为博物馆是为后代保存遗产的方式，有人则认为博物馆能够“疏导意识（channelling of consciousness）”或“提升意识（consciousness-raising）”。

博物馆专业人员也认识到这些问题，并设法应对。就像博物馆日常议程所显示的那样，博物馆定期就其工作所依据的认识论和政治假设进行深入讨论。然而，可悲之处在于博物馆可能永远无法克服自身存在的问题。因为这些问题的解决之道不但通常超出了博物馆的控制范畴和能力范围，而且还与其既定利益背道而驰。批评博物馆的所作所为、指责博物馆无法走上预想的发展道路是相对容易的，这就像站在自己的道德立场来评判他人。但是要想提出可行性建议还是有难度的，尤其是在综合了解博物馆所处的现实情境、经济基础、社会政治结构的基础上提出批评与改革的方案更是难上加难。或许我们可以通过如下方法来应对这个困境：首先，对作为特定社会历史机构的博物馆与特有的结构性限制要素，如政府部门、官方指令、企业支持、公共责任、经济局限等之间的关系进行清晰地区分；其次，作为博物馆学专业和行业的成员，博物馆专业人员应当努力追求超越他们实际工作要求的职业兴趣、价值观和服务精神，博物馆专业人员与其他工作者一样，经常怀有超越其工作环境所允许的远大抱负；再次，有价值的批评不仅需要结合基于实际情况的实证评估研究，而且还要认识到博物馆所涉及利益的复杂性和混杂性、个体与社会之间的关系及其机构运作的现实条件。

本书所收录的文章和过去十多年来在别处发表的文章（详见参考文献）见证了我应对上述困境所做的努力：我积极涉入文化复合体进行实践性的理解；并将经验、批判与行动联系起来。我的写作融合了两种身份和视野：一方面，我是一个具有 17 年博物馆管理工作经历的既得利益者；另一方面，我也是一名从教 30 年的教师，深受源自马克思·韦伯（Max Weber）和卡尔·马克思（Karl Marx）等人的批判社会理论传统（见 Bernstein 1978；Fay 1975，1987；导论和第十一、十二章内容），和雷内·里瓦德（René Rivard）等人极具批判性的“新博物馆学”（Rivard 1984；Stevenson 1987）的影响。在介入和超然的交替中探寻解决之道注定是一场不完美且始终处于未完成状态的旅程，有时会被矛盾所困扰，有时会遇到令人泄气的事情。通常情况下，我们更容易理解“应该做的”事情而非如何将一件事情做成，因为前者只需要一个简单的判断就足够了，而后者则需要广泛地分析具体情境和支持情况。因此，在博物馆世界中，绝望往往与野心如影随形，犹如夜晚中不时出没的恶魔。

本书的目的不是简单的批评博物馆，而是尝试将博物馆及其相关批评置于社会、政治和经济情境中，这是具有批判性的博物馆人类学所要做的工作。本书在第一版的原有基础上新增了 7 篇文章（导论与第七、八、十一～十四章），参考文献和索引也进行了相应的完善。除了导论以外，所有的新章节要么已经发表，要么即将发表。其中，有些章节是以简略形式发表，譬如第八、十一章，有些章节与之前的发表版本之间存在一些观点的不同，譬如第十一、十二、十四章。据此，我将在每个章节中提供更多的细节和说明。

除了一些微小的调整外，第一版的各章节内容保持不变。虽然不完美，但是它们见证了一个个观点的发展历程。然而，对第一版所提出的一些批评值得在此讨论。本书的第二章（也就是第一版的第一章）让很多人产生我要试图书写博物馆史的误解。实际上，这一章只是为了论述一些重要的博物馆发展历程，从而为接下来的章节提供一个背景。我在这一章（本书的第二章）的开头点明了本书的核心旨趣，即博物馆，特别是涉及藏品时是应该如何应对民主化和专业化这两种历史力量或发展趋势的（Ames 1986b）。第二个批评来自大英博物馆（British Museum）中的人类博物馆“学生室（Students' Room）”的工作人员，他反对我在本书第三章（第一版的第二章）中提到的观点——“他们善于礼貌地阻止问询（关于如何与研究员见面）”。这种说法完全来自我个人的经历，也缺少有效的可供比较的数据，在此，我为将个人观察归纳为普遍观点的做法而道歉①。

另外，本书的第一版还存在一个局限，那就是过于关注加拿大的案例。博物馆学的重要发展正在世界范围内展开，不仅发生在美国、欧洲、新西兰、澳大利亚、第三世界国家，而且越来越多“第四世界（Fourth World）”的少数族群和土著群体也加入这一行列。因此，基于加拿大经验的观察可能仅在其他论文和著作所涉及的博物馆学主题中占据很小的份额。

在此，我还要对第五章（第一版的第四章）中一个结论进行澄清，即英属哥伦比亚大学人类学博物馆不应该试图呈现一种“本土观点（native point of view）”，虽然这是我们一直在尝试做的事情②。我实际想表达的是包括研究员和其

① 大英博物馆的人类博物馆的“学生室”的想法也存在于其他博物馆。值得注意的是，通常很难见到大多数大型公共博物馆的研究员。这在我看来是很奇怪，因为尽管大学教师也非常忙碌，但是他们一般都会保持正常的办公时间。

② 在通常的人类学意义上，这句话中的“本土”指的是正在被研究社区中参与者或“行动者”。从这个意义上来说，每个人在某个时候都可能是一个本土代表。在这本书的其他地方，这个术语的用法更加具体，指的是北美地区的土著群体或第一民族。关于“他者命名”的更多论述详见第二版序言。

他学者在内的非土著人群无法充分地呈现他者的观点，也不应该再这么去做。相反，他们应该做的是报道这些“本土观点”，并在既有的博物馆情境中经由合作、共同策展、委托项目、展览以及其他赋权形式，为他者的自我表征提供更好的机会（详见第十三章）（Ames 1990；Fisher and Johnson 1988；Jensen and Sargent 1986）。这需要一种“观点的重新定位（reoriented point of view）”（Duffek 1991：20），较之于经由博物馆分类和阐释传统物件来进行认同，“观点的重新定位”呼吁“第一民族的个体作为话语的主体来呈现自我认同”。这般美好的事情往往说起来容易，做起来难。

另外，我们还需要更多地关注当前流行的社会议题，尤其是20世纪80年代末到90年代所涉及的物件的返还、表征的政治学、对博物馆展览的抵制（1988年和1990年在加拿大发生了两起引人关注的事件，这为以后“政治正确性”的广泛辩论埋下了伏笔）、私有化和政府权力的下放政策、博物馆的商业化和大众化等。本书的第十三、十四章触及了其中的一些问题，然而，要想在变化如此迅速的情境下保持与时俱进确实很难。因此，较之于学术著述，杂志和报纸是讨论当前流行议题的更有效途径（第十四章的很多讨论都是建立在这些资料的基础之上）。1990年夏天，我在构思本书的导论时，每天似乎都有危机在世界的某处爆发。很多危机可能被饥不择食的媒体夸大了，甚至是无中生有的。然而，无论危机被如何定义，其现实后果都会影响到博物馆。伊拉克吞并科威特和随后的海湾战争导致赤字增加和油价上升，这深刻影响了商业和文化这两个领域；巨富收藏家支持的艺术市场价格猛涨，越来越多的艺术品盗窃、对历史遗迹的掠夺、博物馆购买能力的下降也随之出现；在加拿大魁北克省奥卡镇，莫霍克勇士团（Mohawk Warrior Society）成员与魁北克省警和联邦陆军部队之间的武装对峙引发了全国范围内关于土著民族权利和自治的抗议；对多伦多警方的种族主义指控蔓延到1990年在皇家安大略博物馆举办的非洲主题展览，并进一步延伸到所有关于“他者”的展览；对行为叛逆和性暴露艺术的批评被视为更广泛的右翼政治议程的先锋；西方政府的新保守主义经济政策迫使博物馆走入市场，有些博物馆却陷入资金短缺的困境。

博物馆如何有效地应对上述提及的这些社会议题？[①] 除了少数的当代艺术博物馆，大部分博物馆似乎尽可能避开热点话题和重大争议，而选择更为安全、平稳的方式来应对我们所处的时代。

---

① 这一段和接下来的三段内容摘自于英属哥伦比亚博物馆协会通讯（Ames 1991）。

事实上，博物馆缺乏一种合适的机制来讨论这些争议性观点和时事问题。首先，研究（curatorship）是一项建立在长期的广泛研究、仔细积累和评估证据的学术模式之上、关注物件而非议题、具有政治中立性的工作。这阻碍了博物馆对突发事件作出即时性的公共回应。

博物馆对世界采取的谨慎态度还有其他原因：其一，博物馆的保存与研究任务支持其保守主义的立场；其二，博物馆内外存在着一个普遍的期望，即博物馆应当强调和提升历史的积极面（比如科学和技术的善举、文化和个体的创造性成就）；其三，反复无常、日益政治化的政府和私营部门的资助政策，以及博物馆对门票和其他收益渠道的逐渐依赖也迎合了博物馆应该远离是非的主张。对于那些热切希望博物馆通过文化领导力和使命感而成为推动社会发展的先锋力量的人来说，上述提及的理由宛如一盆冷水。在这种情况下，博物馆通常被鼓励采取保守的姿态，一如既往地保持低调，事后回应而非主动发起某些事件，礼貌地面对而非批评政府的新方案。在加拿大，有多少博物馆专业人员公开支持（或反对）加拿大和美国之间的自由贸易，加拿大米奇湖宪法提案，魁北克省的主权联合，海湾战争，资源开采，环境污染，文化与艺术的官方政策，奥卡人、土著民族、女性、少数族群、公民抑或是任何人的权利？如果发声的话，又有谁会去聆听他们的声音？博物馆专业人员的职业培训并不包括如何应对这些时事的相关内容，大部分人也不是当代问题专家。长久以来，博物馆缺乏使用博物馆展览情境之外的媒介的经验和能力，而且它们也乐意充当老好人的角色。

当然，博物馆仍处于变化之中，政治和经济环境的改变迫使其使命不断发生变化。无论愿意与否，博物馆正在官方政策的驱使下进入消费市场。即使博物馆最终目的是创收，但是更加以观众为中心对于博物馆来说或许是一件好事：一方面，这使得博物馆听起来更具平民主义的民主属性，更有可能取悦政治家和捐赠者。另一方面，这可能导致博物馆，尤其是那些必须负担昂贵基础架构（比如工资预算）的博物馆越来越多地选择更具娱乐性和创收潜力而非具有反思性和争议性的项目和展览。1989～1990 年，加拿大多伦多皇家安大略博物馆的研究员珍妮·坎尼佐（Jeanne Cannizzo）等人策划了具有争议性的展览——“深入非洲之心（Into the Heart of Africa）”，几乎同一时期，阿尔伯塔卡尔加里的葛伦堡博物馆（the Glenbow Museum in Calgary，Alberta）举办了名为“灵魂之歌（The Spirit Sings）”的展览（详见第十四章）。这两个优秀的展览引发了广泛的社会骚动，试问现在还有哪个博物馆想要经历这样的体验？当面临管制放松、资金筹措程序化和消费主义等压力时，文化机构有意或无意地受到影响：消解批评的声音、减少项目的挑战性直至无害、保证政治正确、诉求娱乐。除非对此予以抵制和反抗，否则这种局面将持续下去。博物馆运营日益受到其所处的政治和经济等意识形态的控制似乎是博物馆目前要解决的重要问题。据一些观察家所说，博物馆的前景略显黯淡，而且情况可能会越来越糟糕。如果说1990年有任何迹象的话，那就是彼得·戈达德（Peter Goddard）1990年在《多伦多星报》（*Toronto Star*）上刊发的对加拿大艺术的年终总结的看法：

> 对加拿大文化机构来说，接下来的十年将是致命危险的。许多博物馆和艺术馆可能在20世纪末消失，那些侥幸存活下来的博物馆也将变得面目全非。
>
> 情况不容乐观。
>
> 这可能是经济问题，但是从根本上来说是普遍存在的市场心态，至少在渥太华是如此。
>
> 资金不足摧毁了机构的运作经费，全国各地的情况都是一样的：赤字、裁员、全职岗位削减为兼职等……整个社会的智识环境也几近荒芜。

《新艺术评论》（*New Art Examiner*）驻美国佛蒙特州的编辑霍华德·里萨蒂（Howard Risatti）指出了博物馆权力和地位方面的相应变化（1991：9）：

> 随着最近关于国家艺术基金的审查和资助、“伟大著作”的辩论、文化素养、双语教育等议题的公开斗争，文化已经成为一个争议性的领域。
>
> 随着家庭和宗教机构在公民教育和社会化方面的作用越来越小，我们教育系统的负担越来越大。这种情况与教育机构的财政资源被削减几乎同时发生。
>
> 有关教育的、日益激烈的争议并不亚于对美国——一个承诺为所有人提供平等机会的开放和民主的社会——教育理念的质疑。较之于受影响较小的物理和化学等领域，关于文化及其定义和传承的争论对艺术和人文教育产生了特殊影响。目前，艺术和人文教育正受到各方力量的冲击，不仅与敏感审查有关，而且还涉及欧洲中心主义、多元文化主义和女性主义等多种审查。

当前的境况是否如戈达德和里萨蒂所说的那样严峻尚待观察（可以肯定的

是，有时感觉情况的确如此，因为外部压力会迅速转变为内部分歧，为了回应这种自上而下的外部压力，内部的工作人员会不断传递不满情绪）。经济压力导致博物馆重新审视其与公众之间的关系：一方面博物馆希望能更受大众欢迎，另一方面则在发声的少数族群身上寻求道德认可。日益明显的公众取向导致了博物馆机构的内部变革，具体如下：努力提升工作人员的能力、提高博物馆工作的可见性和透明度、新型的“公共学科”的出现、对于观众发展与满意度的专业考量（比如营销、宣传、规划、阐释）。可以预想到的是，新增的专业工作必然会蚕食传统意义上研究员的领地、改变权力和地位的平衡、加剧机构内部紧张与争端的程度［这可能是大多数北美博物馆普遍存在的现象（Terrell 1991）］。在第八、十三和十四章中，我会参考加拿大的博物馆与土著群体之间的关系进一步讨论这些议题。幸运的是，几乎所有的事情都已经进行了开放性的辩论：谁拥有历史？什么构成了知识？知识是由谁建构的？谁的利益可以经由展示与表征而得以彰显？谁有合法的权力来管理公共机构，并为其配备工作人员？对博物馆而言，关键议题应当是如何应对这些改变，并努力在挑战中生存下来。

在本书第一版面世之后，我又写了 8 篇文章来补充书中提出的论点。这 8 篇文章并没有收录在本书的第二版中，其中 3 篇是合写的（Ames and Haagen 1988；Ames，Harrison，and Nicks 1988；Srivastava and Ames 1990），另外 5 篇分别针对特定问题而独立完成（Ames 1986b，1988a，1988b，1989，1990）。这些研究是沿着两条线索展开的，即博物馆的批判人类学（critical anthropology of museums）和公共文化的人类学（anthropology of public culture）。之所以关注后者，原因在于我相信人类学家和博物馆应该更多的关注自身所处的社会和政治体系。也就是说，我们需要将自我“他者化”，像研究他者一样来研究我们自己的文化、奇特的习俗和传统。第十一、十二章分别讨论了有关世界博览会和麦当劳连锁店的意识形态，它们可能被视为“流行文化的博物馆（museums of popular culture）”。这论证一个重要的学术理论：大众事件和机构（比如博物馆）是如何通过日常工作把意识形态转变为常识，进而增加其支配力量的。

本书收录的其他文章描述了博物馆专业人员是如何试图解决其面临的主要议题的，特别是与博物馆藏品表征的来源群体有关的议题。乍一看，这些争论似乎是关于我们想要什么样的博物馆；实际上，这些争论真正关切的是我们究竟想生活在怎样的社会之中——社会能够包容多少差异性，能够强加多少一致性。非裔加拿大作家马琳·诺比斯·菲利普（Marlene Nourbese Philip）直接切入该问题的核心（1990：29）：“如何能够为激烈质疑主流文化的新兴声音营造一个开放的空间？有人可能会认为，博物馆非常适合提供这样的空间，但是考虑到博物馆所承载的负担和有限的经济基础，它们还能做到吗？

本书中的大多数案例都源自我更为熟悉的、加拿大地区的人类学博物馆、艺术博物馆和历史博物馆。虽然我没有讨论自然史博物馆、科学博物馆和技术博物馆，但这并不意味着它们就能够置身事外。借用卡罗尔·邓肯（Carol Duncan）和艾伦·沃勒克（Alan Wallach）的精妙措辞来说，虽然它们关乎科学、技术的崇高和救赎的力量，但也是“活跃的意识形态场所（ideologically active environments）”，同样受制于其自身的认识论和政治假设。因此，这些类型的博物馆也是更广泛的社会议题进行争论与斗争的竞技场（博物馆专业人员喜欢将博物馆想象成为被动的“中立空间”），对其进行批判性剖析是必要的，但篇幅有限，将留待以后再讨论。

在写作最后几章时，新近出现的一些批判性博物馆研究引起了我的注意。虽然我无法将所有的信息整合到本书中，但是这些批判声音的基本论点与我的立场是基本一致的，甚至进一步肯定了我的想法。特别是克利福德（Clifford）对加拿大英属哥伦比亚省四个博物馆（两个部落博物馆和两个主流博物馆[①]）的研究，卡普（Karp）和莱文（Lavine）编辑的论文集（1991），威尔的论文集（1990），普莱斯（Price）对普通机构如何将他者原始化的批评（1989），以及哈里斯（Harris）的一系列重要文章。其中，哈里斯的两篇（1978，1981b）文章是我反复阅读过的。

现在，我将为本书内容勾勒一个更广泛的背景，并就构成该背景的一些社会和政治问题进行评论。首先，我们必须认识到博物馆是一种新近的现象，而且正在经历进一步的变化，这些变化很可能会在21世纪催生出一种与今天的博物馆十分不同的新型博物馆。公共资助的博物馆理念出现在18世纪，但直到19世纪，管理层才就博物馆的可行性达成共识，参观博物馆不再是绅士、富裕阶层和学者的专属权利。20世纪初，博物馆作为提升普通阶层道德素养的教育工具的观念日益流行。至此，人们普遍认为公共博物馆应该向所有人开放。然而，只有在过去的20年间，博物馆才开始为了吸引所有阶层的观众参观博物馆而积极

---

① 这两种博物馆的英文原文分别是 Native-operated Museum 和 Mainstream Museum，在本书中，译者将其分别翻译为“部落博物馆”和“主流博物馆”。也可以翻译为部落的博物馆和都市 / 大众博物馆，后一种译法详见詹姆斯·克里夫德著：《路径：20世纪晚期的旅行与翻译》，Kolas Yotaka 译，新北：桂冠图书股份有限公司，2019年，第131-182页。译者注。

努力，并且更多地关注娱乐体验。研究、教育和娱乐一直以来是公共博物馆的三大功能。博厄斯（Boas）（1907：924）的预估很可能是正确的，他认为，即使是在20世纪初，大约90%的观众都是出于娱乐而非教育或研究的目的而前来参观的。但是直到最近，博物馆才开始重视娱乐方面，并为此投入大量的资源和专业知识：一方面，娱乐明确地成为博物馆的主要功能之一；另一方面，娱乐成为开展其他博物馆功能（如教育和研究）的背景。沃利斯（Wallis）（1986：28）认为，这将导致博物馆沾染更多消费社会的习气，比如企业赞助、大众景观和娱乐包装。

消费主义正在日益改变博物馆。当成为消费社会的组成部分时，博物馆也将认可消费主义的意识形态。这种意识形态正在逐步将教育和信息服务领域变为其"殖民地"（臭名昭著的霸权过程再次席卷而来）。在麦当劳连锁店和购物中心流行的平民主义口号——"顾客永远正确"，现在被运用到博物馆和其他文化产业领域中（第十一、十二、十四章）。这种理念将博物馆定义为"景点"或"旅游目的地"，并希望它们在"开放的市场"中争夺观众。这导致博物馆更加提倡一种与资本主义经济目标相一致的生活方式，而不是对其进行批评（Wallis 1986：29）。

此外，消费者的格言——机构应该聆听消费者的呼声——也对博物馆产生了影响。如果将这一影响置于"后现代主义批判"的框架内予以讨论，那么这将鼓励博物馆接受一个相对新颖的观点，即博物馆应该更多地关注土著群体，因为他们才是博物馆收藏与展示的遗产的主人。该理念早已产生，这意味着人类学博物馆要聆听土著群体的声音。但是在实践中，土著群体往往只是土著文化的信息报道人而非文化代表。随着要求返还物件和重新埋葬遗骸呼声的日渐高涨，博物馆认识到第一民族在博物馆运作和自我历史的表征方面具有正当的权益，理应参与其中。所有这些议题都是反复无常的，而且随时处于不断变化的过程中，与此同时，相关的研究文献也呈现出分散但量多且丰富的特点。本书的第七、八、十三和十四章充其量只算是稍稍触及了这些议题，而且自从文章写完后又发生了很多的变化。关于这些议题的最新辩论可以通过追踪博物馆和人类学协会、艺术杂志的通讯，博物馆人类学委员会的简报《博物馆人类学》（*Museum Anthropology*，US）和《当代人类学》（*Anthropology Today*，Britain）来寻得一些蛛丝马迹。

消费革命给博物馆带来了两种公众：为博物馆提供资金支持的社会公众（包括社会公众、纳税人或主流社会，特别是中上阶层和企业力量，博物馆观众主要来自这些人）和阶层较低的来源群体，博物馆经由收藏展示与表征他们的历史和文化。基于此，博物馆将以不同的方式为两种公众提供有效的服务（Ames

1988a；第十三章）。这两种公众可能存在重叠的情况，比如，后者构成前者的子集。一般而言，这两种公众对博物馆的兴趣是不同的：社会公众更热衷通过观看呈现他者文化与遥远过去（越异国情调越好）的展览而获得知识与娱乐；来源群体则更关心他们的文化和历史是如何被制成异国情调的娱乐之物而供人消费。

博物馆面临的挑战是如何成功地向社会公众推销自己。为了在经济压力下生存下来，越来越多的博物馆开始转向娱乐教育，甚至有人创造了“资讯娱乐（infotainment）”这一新词。与此同时，为了满足同样具有合法性和紧迫性的来源群体的需求与利益，博物馆也发展出一些更具进步性的服务方式（即使在经济上并不划算）。公开回应多元公众和实现经济自给自足的双重任务驱使博物馆走上一条充满矛盾与张力的发展道路：用他者的文化来取悦某些人；呼吁提升专业化水平的同时提高博物馆的运营成本；发展创新项目与活动的同时又要规避其潜在风险；使用藏品的同时试图保护它们；寻求公司与个人赞助的同时坚持研究员的自主性。任何一条发展道路都处境艰难、困境重重，随时都有巢倾卵覆的危险。

作为持续斗争、争取自决的重要一环，加拿大和世界其他地区的第一民族正在试图建立自己的机构或机制——博物馆、文化教育中心、语言和工作培训项目等（Haagen 1989）。这种现象可能会导致一些主流社会的博物馆萌生出一种想法，即它们可以从对第一民族的责任中解脱出来。但事实并非如此，在公众和媒体眼中，博物馆依然是持有藏品、占据文化权威地位的机构，并且持续对多元公众负有义务。从长远来看，边缘社区内逐渐建立的机构可能会促进博物馆的发展、实现边缘群体的某种自决，但是只有当少数族群在主流社会组织中寻求并获得更多代表权时，重大的变化才有可能真正发生。总体而言，我们很难做到每个族群拥有自己的机构，且彼此之间相互平等。因此，只要能够保障少数族群的利益，避免文化隔离主义，那么，独立和整合的机构都是非常必要的。在加拿大这样的现代国家中，主流人群和少数族群在某种程度上往往是分开生活的，但彼此之间也是相互关联的。正是超越族群自决之上的彼此之间的相互关联才是主流社会的博物馆和少数群体的博物馆需要共同追寻的真谛。土著群体如果想要恢复和维护自己参与政治议程、经济变动等重要议题的权利，那么最好的办法就是介入到国家对文化政策的制定过程中。

在过去的150～200年间，主流博物馆在收藏、保护与拯救濒危遗产方面发挥了重要作用。现在，我们进入到一个新时代，之前被压制的边缘群体——至少是那些幸存下来的人——开始宣称重新掌控自己历史的权利。在这种情况下，博物馆理应对此做出有针对性的部署。可是，博物馆能做到吗？博物馆世界能否表现出足够的灵活性，使其能够有效地回应大众化、平等性、响应性和财务责任等相互竞争的不同需求？遗憾的是，专业人员往往将专业工作的利益凌驾于为其提供工作机会的机构（这里指的是博物馆）之上，这种普遍存在的趋势限制了机构为自身利益而行事的灵活性与自由度。

人类学和博物馆必须不断地重新思考其与作为合法的研究与讨论对象的“他者”之间的关系。尽管将“他者”作为知识来源的道德观目前受到广泛地质疑——通常涉及权力的不平等和频繁出现的表征错误（详见第十三、十四章），但是这项任务仍然是值得的，甚至是必要的。不过，我们需要避免两种极端情况：其一是帝国主义的假设，其基本主张是出于科学与知识的目的，学者、研究员或博物馆拥有一种天然的、不容置喙的权利，可以堂而皇之进入与侵占他者历史与文化；其二是虚无主义和后现代主义的立场，其基本观点是所有的知识都是相对的，所有的声音都是平等，我们只能“发明”他者，而无法准确地理解他者，因此，只有他们才可以表述自己。无论多么不完美、不完整，现实总是位于上述两个极端之间。德国哲学家弗里德里希·尼采（Friedrich Nietzche）曾经说过（1975：17，转引自 Richardson 1990：19），真理是一支“流动的隐喻大军（mobile army of metaphors）”，存在于和谎言的对话关系中：“对我们来说，证明一个判断是不正确的并不意味着推翻了这一判断，或许，正是这一点使得我们的语言听起来是最奇怪的。问题是它在多大程度上促进了生命、保护了生命、保护了物种，甚至带来了物种的繁衍……”

约翰·罗（John Rowe）（1965：2）提醒我们，人类学的理论基础和基本目的是研究他者，从而理解自我（study others in order to understand ourselves）。如果足够认真，我们也可以增进对他者的理解，在更加复杂、更具流动性的当今世界，这是一项有益的技能。著名文艺理论家兹维坦·托多罗夫（Tzvetan Todorov）（1982，转引自 Richardson 1990：19）在其关于西班牙征服墨西哥的研究中指出，我们可以受惠于他者的历史，“因为这促使我们去反思自己，发现彼此的相似之处：知识可以在自我与他者之间来回穿梭”。当我们的知识流向他者时，我们也需要关注他者知识流向我们的过程：这一思考路径有助于我们以一种更加客观、敏锐、互惠和批判的立场来重新思考和积极响应学术研究和展览策划之间的关系。

第二章

西方世界的博物馆发展：专业与民主的张力①

曾几何时，威尔士诗人狄兰·托马斯（Dylan Thomas）走进家乡的博物馆，看到布满灰尘的展柜里塞满了动物标本，标签都已经褪色。他不禁发出感慨（Morris 1983：1)："这是一座应当放到博物馆中的博物馆。"

本书的目的是在托马斯的基础上更进一步，重新审视所有那些新建和陈旧的博物馆，当然也包括那些为了"实用性学习和好奇心培养"（Welch 1983：61）而设计的庄严机构。在我看来，博物馆是社会建构的产物：一方面，可以了解博物馆是什么；另一方面，可以通过博物馆来理解自我。在此，我关注的重点是我较为熟悉的欧洲和北美的人类学博物馆。从表面上来看，这些博物馆提供了展示世界上的其他文化的窗口，实际上，它们也反映了人类学专业本身及其所处的社会文化情境。由此而言，我倾向于将西方世界的人类学博物馆看作是窗户和镜子，借此来探究博物馆、人类学和它们不确定的未来。因此，本书是一项关于博物馆与人类学发展状况的社会人类学研究。

我的第一项任务是考察现代西方人类学博物馆是如何发展的，以及其与西方博物馆的总体演变轨迹之间的关系。研究目的不是详细梳理博物馆的历史，而是着眼于博物馆历史上的几个事件和案例，以此勾勒博物馆发展的一般历程，探究其背后的复杂含意。人类学博物馆的历史演变是更大社会变动的一部分，在这一宏大的社会背景下，人类学博物馆与历史博物馆、艺术博物馆和科学博物馆享有同样的发展轨迹。虽然我的主要兴趣是人类学的实践及其影响，但是有时也会参

---

① 本章的早期版本曾发布于 1984 年在兰契举办的第 71 届印度科学大会上"人类学与考古学"专题研讨会。

考其他类型博物馆的研究成果。

除此之外，我的历史梳理也是不完整的：一方面，我没有考察那些类博物馆机构（museum-like institutions），比如世界博览会、杂耍表演、马戏团、动物园、教堂和寺庙中的圣物箱/遗骨匣（reliquaries）；另一方面，受限于自身的时间和知识，我也没有涉及欧洲和北美之外的博物馆历史。

然而，就我限定的主题和内容——关乎人类历史与活动的西方博物馆发展——而言，还是有很多值得关注的话题。在文艺复兴和随之兴起的革命思想的感召下，人们既有需求也有权利自由地学习知识、获取知识。在这种情况下，博物馆的发展是与学识的增长结伴而行的，这些发展是迈向民主化的重要组成部分。在这一章中，我探究的主要内容是：博物馆的民主化之路对博物馆和博物馆里的工作人员来说究竟意味着什么。

在几百年前的欧洲国家中，拥有学识和参观博物馆收藏通常仅是统治阶层或贵族等少数人的专属特权，公众只能在教堂等正式机构或正式的皇家场合才能通过远距离观看的方式接触到文学著作或艺术品。当时，对博物馆藏品是否进行学术研究也显得无关紧要，其原因在于：一方面是有限的可及性，即只有得到主人的授权才能接触到藏品；另一方面是尚没有与少数特权群体之外的人交流知识的必要和手段。许多自然和文化收藏始于个人战利品、珍奇柜和贵重物品，其他收藏则受到宗教的影响，教会将其更多用于崇拜而非研究学习。

文艺复兴时期，中产阶级开始崛起，学术活动的数量不断增长、范围也不断扩大；与此同时，对世界其他地区的不断探索使欧洲集聚了从世界各地收集而来的珍宝和纪念品。收藏规模和复杂程度的增加衍生出存放与照料藏品的需求，同时也需要有专人来负责藏品的照料与管理。

印刷机的发明、本地化教育的普及、中产阶级地位的上升和政治民主的发展共同促成了更广泛的知识传播。工业革命带动了城市运动的兴起，不仅鼓励各种形式的公众表达，而且使人认识到社会改革和教育普及的必要性。在这种转型的社会背景下，越来越多的大型收藏由私人所有转向公共或政府所有，博物馆开始向公众开放。

18、19世纪，西欧建立了最早的公共博物馆，这在很大程度上应当归功于业已存在的私人收藏。在欧洲大陆，皇室的“珍奇柜（cabinets of curiosities）”尤为重要；在英国，科学家和旅行家的私人收藏则发挥了更大的作用，这些收藏在一定程度上是由某个研究计划或观念体系所指导的（Frese 1960：6）。

一些欧洲皇室的珍奇柜由来已久。它们的最初目的是存放具有异国情调的贡品，比如外国大使进献的稀有而珍贵的礼物、皇室成员攫取的作为其权力地位象征的其他物品。这些多样的物件阐明了在位君主、王储和王朝在世界范围内的权力和利益。譬如说，巴黎的人类博物馆（Musee de l'Homme in Paris）的许多民族志藏品就来自法国皇室收藏，位于哥本哈根的丹麦国家博物馆（National Museum of Denmark）的前身就是丹麦国王的珍奇柜，勃兰登堡的选民和普鲁士国王的收藏构成了柏林民族志博物馆（Berlin Ethnographic Museum）的核心，类似的例子还有很多（Frese 1960：7）。

当博物馆接管皇室藏品时，它们也承担了一些皇室职能：比如为实现学习目的而进行的保护，关注收藏本身的安全性和连续性，“履行作为国家宝库或神殿的象征功能”（Frese 1960：8）。除此之外，博物馆还新增了另外一种功能或角色，即引入藏品的科学分类和阐释系统，这被认为是“19 世纪上半叶，从珍奇柜到博物馆的转向过程中所发生的最重要变化”（Frese 1960：8）。随着公共博物馆的诞生，博物馆专业也开始出现。

除了一些例外，尤其是英国和欧洲的学术收藏外，许多早期的珍奇柜直到 19 世纪中叶之前还仅是一个古怪与好奇的混合之物，在组织和管理上都是杂乱无章的。随着藏品逐渐被纳入到配备齐全的博物馆中，并由全职工作人员负责照料之后，一种不同于以往的处理与阐释藏品的方式开始出现：曾经的好奇或荣耀之物成为科学标本，而且有学者全身心地致力于藏品的研究与分类。一般来说，藏品根据当时的普遍主题——比如种族或进化阶段——来组织和分类。19 世纪，公共博物馆的研究员认为他们的科学工作如此紧迫与重要，以至于在博物馆内开展研究的时间远远多于博物馆向更多公众开放的时间。之后，公众越来越多地获得了参观博物馆的权利，而且逐渐呈上升趋势。在接下来的 100 多年间，随着公众参与的增加，博物馆的研究工作似乎出现了衰退的迹象。标本分类也开始发生变化：从服务于科学家的兴趣转向满足大众教育的需求。这些变化是目前许多问题的根源所在。

我将举例[①]来进一步阐释这一问题。伦敦的大英博物馆是世界上最伟大的博物馆之一，英国贵族的三大收藏为大英博物馆的诞生奠定了基础。

1753 年，内科医生、植物学家汉斯·斯隆爵士（Sir Hans Sloane）将他收藏的大量植物、地质、动物标本捐赠给英国政府，捐赠条件是政府向他的家人支付 2 万英镑。斯隆爵士在他的临终遗嘱中写道：“现在，我期盼这些物件理当一体

① 该案例的大部分信息来自阿奇·基（Archie Key）在 1973 年的研究。

保管、不做分割，在诸多方面彰显上帝的荣耀，驳斥无神论及其流弊，增进艺术与科学，以造福全人类。”显然，该遗嘱加快了建立一个国家储藏室的立法进程，不仅用于存放斯隆爵士的藏品，而且还包括英国皇室获得的其他藏品，尤其是罗伯特·科顿爵士（Sir Robert Cotton）的图书馆。

科顿图书馆（Cotton Library）的文物不是捐赠给皇室的，而是被没收的，因为皇室怀疑图书馆的主人故意将某些煽动性的书稿存放在了那里。不管这一说法是否真实，英国政府显然认为图书馆的大部分书籍都是值得保存的。大约同时，牛津伯爵的夫人决定以 3 万英镑的价格向英国政府出售第一任牛津伯爵罗伯特·哈利（Robert Harley）的图书馆和文物。

以上这三笔收藏和一些其他事件共同促成了大英博物馆的建立。1759 年，大英博物馆向公众开放，1781 年，皇家学会将其全部藏品移交给大英博物馆。然而需要指出的是，建立一个国家级博物馆来存放主要藏品是一回事；让公众真正地接触到、使用到这些藏品又是另外一回事，而且后者通常需要更长的时间才能实现。

起初，人们认为参观博物馆仅是那些合乎要求的公众的特权。正如亨利（Henry）在描述大英博物馆历史（Henry 1911，转引自 Key 1973：36）时所说，“需要一个类似于数学计算的东西来决定博物馆的开放时间”。譬如，博物馆每天都会开放，

> 除了每周的周六和周日；圣诞节以及随后的一周；复活节、圣灵降临节、之后的一周；耶稣受难日（纪念耶稣生命中最高潮的一周，又称为“圣周”或“受难周”）；或者自此之后由公共权威认定的感恩节或斋戒期。”接着又有另外的提醒，“每年九月到次年四月仅工作日开放，时间为上午九点到下午三点；五月到八月的周二至周四开放时间为上午九点到下午三点，周一和周五的开放时间为下午一点到晚上八点。[①]

① 关于 5～8 月间周一和周五的开放时间有两种说法：本书作者援引阿奇·基的描述，周一和周五的开放时间为下午一点到晚上八点；译者发现在海伦·里斯·莱希（Helen Rees Leahy）的书中出现了另外一种说法，即开放时间为下午四点到晚上八点。详见：Helen Rees Leahy. *Museum Bodies: The Politics and Practices of Visiting and Viewing*. Surrey: Ashgate，2012: 25. 由于译者对阿奇·基的研究所知甚少，目前尚无法解释出现上述不同表述的原因，有待进一步考证、核实。译者注。

在确定了参观时间表后，另外的限制又出现了。一次参观人数不能超过 10 个人，每个参观小组只能在博物馆工作人员的引导下参观 30 分钟。阿奇·基（1973：36-37）在其关于博物馆史的报告中指出：

> 参观登记需要将填有姓名、状态（醉酒、清醒、整洁、肮脏等大概情况）等信息的个人申请表交给管理处的门卫，之后，管理员或其助手决定申请人是否适合参观博物馆。如果答案是肯定的，那么，管理员会签发一个邀请函。可以说，这种审查制度使得观众参观博物馆的机会甚至比撒旦逃避圣彼得的警戒还要难。

大英博物馆不是唯一与公众斗智斗勇的机构。英国的第一座公共博物馆是开放于 1683 年的阿什莫林博物馆（MacGregor 1983a：97）。1710 年，德国学者撒迦利亚·康拉德·冯·乌芬巴赫（Zacharias Conrad von Uffenbach）参观了阿什莫林博物馆，并对参观博物馆的观众素质和保管员照料藏品的方式进行了严厉地批评。正如他的日记中记载的那样（Welch 1983：62）：

> 尽管藏品保存情况比格雷舍姆学院（Gresham College）要好一些，但是阿什莫林博物馆的藏品安排和保护应该做得更好，这样才能与它们的精彩描述相匹配。但是令人惊讶的是，博物馆照旧以一种英式左派的鲁莽方式应付所有事情，这导致了我之前提到过的情况发生——藏品保护状况令人担忧。只要支付 6 便士，任何人都可以参观博物馆，他们可以在博物馆中跑来跑去，随意拿起藏品却不必理会保管员拒绝的声音。

1773 年，一位显然被激怒的私人博物馆主人在伦敦的一家报纸上刊登了如下通知（Bogaart 1978：43）：

> 在此告知大家，我疲于应付那些我给予机会参观我的博物馆、但行为却傲慢无礼的普通公众。现在，我决定禁止下层阶级进入我的博物馆，除非他们能够从我熟知的有教养的男士或女士那里获得推荐。

整个 18 世纪，观众需要几次到访大英博物馆才能获得参观入场券，通常情况下，第三次才能真正进入博物馆（Key 1973：37）。在接下来的岁月里，尽管规章制度逐步放宽，但是进展依旧缓慢。即使在 1882 年，也就是博物馆首次向公众开放之后的 123 年后，参观博物馆仍然是一件需要决心和毅力的事情。正如一个经过两周等待才获得参观入场券的观众所说（Key 1973：37）：

> 我看到的是房间、玻璃展柜和架子而不是博物馆本身，我们匆匆地穿过各个展厅……大约过了30分钟，我们就结束了这次无声的参观旅程，而在我看来，花30天的时间来欣赏这座宏伟的博物馆都不为过。这次参观让我一无所获，甚至让我有一种强烈的反思：为了这次难得的参观机会所付出的代价值得吗？那天早上我不得不暂时结束与三位绅士的有趣谈话，也没有来得及吃早餐，在去博物馆的路上全身都湿透了，乘坐马车花了1克朗，买票花了2先令，最后却被粗暴地驱赶着结束了这场噩梦。

随着国家博物馆逐渐参与到18、19世纪的社会与政治发展中，它们开始逐渐采取一种更加自由、开放的参观政策。教育与福利改革要求为工人阶级提供更多的服务，其中就包括向他们敞开博物馆和其他教育机构的大门。这种民主化倾向对博物馆世界的哲学和博物馆的公共角色产生了重要影响，邓肯·卡梅隆（Duncan Cameron）（1971）在其被广泛征引的论文——《博物馆：神庙还是论坛》（The Museum，a Temple or the Forum）——中也谈到了这一点。

卡梅隆（1971：15）认为，私人收藏传递着收藏者个人的心声。

> 藏品可能会说："快看我多么稀有、细致与周全。所有这些科学藏品都重申了我对宇宙秩序和自然法则的信念。"藏品可能会说："快看我多么独特，我置身于美妙的事物之间，我是多么地有品位、多么地文明、多么地有教养。"藏品还可能会说："我是一个去过很多地方的旅行家，都来看看我去过哪些地方。看看我从探险中带回来的神秘之物，你没看错，我就是一个探险家！"

私人收藏并没有期待参观观众对其产生认同感，或者将其看作是"他们的"（指的是公众）展览，也没有指望参观观众能接纳收藏者对世界或自己的看法。因为在这种情况下，收藏意味着私人占有，代表的是主人非常自我的心声。

私人收藏到公共博物馆的转向和公众应该接触这些藏品的观念共同促成了一个重大的转变，即人们应当如何阐释这些藏品的意义。自此以后，这不再是一个私人事件。卡梅隆（1971：16）指出，当宣布藏品为公共所有之后，"不会再有人说，作为观众的你正在欣赏的藏品是属于其他某个人的。相反，这是'你'的藏品，因此，这些藏品对于作为观众的'你'来说应该是有意义的"。

因此，允许更多的公众参观博物馆意味着需要对博物馆事业、机构宗旨及其内部藏品进行一定程度的公共管理和公共控制，其目的在于保证公共所有的藏品对公众来说是有意义的。在这种情况下，公众，或者更确切地说是知识阶层逐渐开始相信他们有权利期待藏品会以某种与他们认为好的价值观、恰当的集体表征、真实的社会现实相一致的方式来呈现和阐释这个世界。

这些价值观、集体表征和社会现实模式反映了知识阶层的理想，也正是他们控制与赞助着博物馆诞生以来的世界大型博物馆。博物馆是权威力量的产物，代表着权威的基本假设和观点，这一情形与大规模社会中多数其他机构体系具有异曲同工之妙。因此，这并不令人惊讶，甚至有时候，大多数知识阶层认为他们的观点代表了对整个社会的正确看法。因此，在支持博物馆的社会中，博物馆象征着神庙（Cameron 1971：17）：

> 那些有权力这么做的社会阶层建立了博物馆，在神庙般的博物馆中，他们把认为重要的、有价值的东西奉为神圣。一般情况下，公众会普遍接受这样的观点：如果某个物件出现在博物馆中，那么它不仅是真的，而且还代表着一种卓越的品质；如果博物馆谈及这样或那样的观点，那么这肯定是一个真理。

在博物馆中，你可以将自己对现实的看法与那些被博物馆奉为神圣且被普遍接受和认可的“客观”的现实观点进行比较。

总的来说，在公共博物馆诞生之前，大型收藏往往为富人、皇室和少数学者所有，其基本目的在于强化个人兴趣、个人对价值和社会现实的认知。只有在罕见和特殊的场合，观众才被允许欣赏这些私人收藏。至于他们所看到的是否会以一种个体化的方式对其产生直接影响并非私人收藏所关心的，也就是说，藏品对观众来说仅仅是有趣的“好奇之物”。

把主要藏品收归国有为国有或公共博物馆的出现铺平了道路，这同时意味着国家形象塑造的国有化。现在，博物馆为“公共”所有且博物馆有责任展示和宣传公众对真理和价值的理解。出于这个原因，卡梅隆（1971：17）指出，博物馆在功能上更接近教堂，而不是学校：

> 博物馆提供了重申信仰的机会，是一个能够提供私人和亲密体验的场所，即使这种体验是与他人共享的。从概念上来说，博物馆是缪斯的神庙，个人化的生命体验在此不断上演。正如加拿大皇家安大略博物馆

门前的铭文所述："古往今来神的作品；历经岁月人的杰作（The Works of God Through All the Ages；the Arts of Man Through All the Years）"。

当今的伟大博物馆相当于中世纪的大教堂、18世纪的宫殿、19世纪的埃菲尔铁塔：它以一种现代化的方式——建筑和内容——表达了一个共同体的基本价值与世界观，并通过这样的方式，来证明其价值观与世界观的正确性（Meyer 1979：130）。

作为市民"神庙"的公共博物馆是几个世纪以来博物馆发展的最高峰。个人收藏和私人博物馆已经存在了几个世纪，而且还将继续存在下去。虽然宗教性的遗物室、富丽堂皇的教堂和寺庙、纪念碑也拥有悠久的历史，但是公共博物馆以一种世俗而非宗教的方式建构了国家或民族认同，表达并证明既有观点的真实性。相较之下，公共拥有和公共开放的博物馆是一种新现象，其存在可能不超过一二百年。

大型的公共博物馆可能会以多种方式表达并证明既有观点、官方价值和社会意象的真实性：第一种是直接的方式，宣传和确认主流价值；第二种是间接的方式，贬抑或拒绝其他价值。一件在大型美术馆永远都无法展出的艺术品很可能被遗忘，那些被驱逐到博物馆库房中的图像和记录可能永远无法展出。

在一本颇具启发性的、以游客为研究主题的著作（MacCannell 1976）中，社会学家迪安·麦坎内尔（Dean MacCannell）强调现代博物馆所扮演的双重角色——肯定自我与贬抑他者。他指出（1976：84），现代博物馆的理念是通过控制传统与自然，使其从属于现代性之下，从而保证社会的团结与统一。博物馆之所以会将自然与文化藏品置于合适的位置或放在玻璃展柜之中，是因为这样做才能控制它们。麦坎内尔认为，从这个意义上来讲，博物馆不仅是"反历史的（anti-historical）"，而且还是"非自然的（unnatural）"。

博物馆的反历史和非自然指的不是与历史和自然相对，而是根据社会现实的当代定义来进行某种控制和贬抑。博物馆通过驯服的方式来保存历史与自然收藏，使这些藏品服从于设计师、制作者的技术控制和研究员的概念控制。麦坎内尔继续说道，博物馆的保护实际上意味着"博物馆自动地将现代性与过去、自然分开，并提升其现代地位"。在这里，自然、过去和传统社会并非是与现在具有同等价值的东西，而是一种沦落为"旅游景点（tourist attractions）"的现在从属。

博物馆将历史、自然和传统社会置于玻璃展柜、立体布景和舞台场景中，并通过净化、隔绝、塑化和保护的方式将它们变成有吸引力的东西和简单化的教育辅助工具。它们在博物馆中与社会现实之间形成了一种隐秘的比较关系，暗示了从属于当代既有的价值观和认识论的地位。当试图将其他文化和我们自己的过去置于博物馆时，我们实际上正在对它们进行概念控制；当“博物馆化（museumification）”过程涉及高科技——精心制作的立体布景、现实场景的复原、复杂的视听辅助设备——时，我们实际上正在展示和炫耀我们的技术优势（Halpin 1978）。相较于其他地方，加拿大的一家博物馆在其人类学展厅内设计的捕鱼场景是我见过的设计最好的立体布景之一。无论从完整性还是准确度来说，这个设计在细节上做到了极致：精心复制了水下的鱼和植物，巧妙展示了从上而下低垂的鱼钩和渔网，全面展示了土著群体曾经使用的捕鱼技艺。一位研究员坦言，关于这个场景，公众的问题通常与印第安人或捕鱼无关，而是设计师如何能够制作一个如此具有现实感的场景。虽然印第安人是非常聪明的渔夫，但是他们的手艺显然无法与现代博物馆的科技奇观相提并论。

20 世纪的博物馆，特别是北美地区的博物馆已经成为一座类似于公共神庙的机构，并在如下两个方面扮演着重要角色：其一，表达并证明既有价值、社会意象的真实性（Cameron）；其二，进一步确认其他价值和意象的从属地位（MacCannell）。在公众的眼中，大型的历史类或艺术类的公共博物馆代表着历史和文化的标准和权威，守护着被社会普遍认可的、主要代表知识阶层利益的社会现实观念。

在过去 20 年间，始于几个世纪之前的民主化概念日益拓展，民主惠及的群体范围也逐渐扩大。相应的，博物馆应当服务的“公众”范围也不断扩大，其中就包括了在校学生、工人阶级、少数族裔和残障人士，等等。目前，博物馆的民主化不仅意味着博物馆向更广泛的公众开放，而且还有义务通过自身的工作与努力吸引观众前来参观。换句话说，博物馆应当积极地、不遗余力地寻求更广泛的观众，并尽量满足他们的需求。参观人数和博物馆在公众心目中的形象已经成为衡量博物馆成功与否的两个最重要的指标。

博物馆有义务吸引更多的公众前来参观，这一民主原则深刻影响了博物馆的组织和运作。在 19 世纪，允许有限的公众参观国家博物馆导致了对博物馆行业一定程度的公共控制，时至今日，允许更广泛的公众参观博物馆则意味着公共控制程度的升级。当前，博物馆被期望展示社会现实的意象、宣传对大众有吸引力的价值观，同时也需要考虑如何在这个范畴内保持恰当的限度。相应的，博物馆的内部工作也发生了变化：当今博物馆（尤其是北美地区的博物馆）存在的目的不仅是保存和研究藏品，而更多地是服务公众。这种早在几十年前就悄然开始的关于博物馆功能孰轻孰重的争论，对博物馆的社会组织以及博物馆内的工作状况产生了深远影响。上述变化对于在博物馆工作和研究博物馆的人类学家、人类学和博物馆的未来究竟意味着什么，则是我接下来会探讨的问题。

第三章

实践人类学家的困境：公共服务 VS 专业兴趣①

在人类学中，基于特定的田野调查而探讨普遍性议题是一项光荣的传统。我对人类学家在当代社会中遭遇的困境，尤其是那些因社会和政治民主的不断发展而衍生出来的困境非常感兴趣。其中，一个尤为耐人寻味的理念认为，公众有权利分享学者生产的知识，并从中获益（Manning 1983b：5）。对此，人类学家应当如何回应呢?

遵循人类学的光荣传统，我尝试在本章通过一个具体的案例来探讨这个普遍性议题。人类学是一个宽泛的概念，在此，我将话题范围限于社会文化人类学分支，也就是博物馆惯称的“民族学”之内。相应的，我重点关注的是那些与北美博物馆，尤其是加拿大博物馆有关的民族学家。就像马林诺夫斯基（Malinowski）和他的特洛布里恩岛民、弗思（Firth）和他的提科皮人、里弗斯（Rivers）和他的托达人、塞利格曼（Seligman）和他的维达人一样，虽然担心自己并未掌握足够的方法和技巧，但是我仍然对与北美博物馆有关的民族学家这个他者开展了一项研究。在我看来，这项研究涉及一个关乎我们所有人的普遍性议题。甚至可以说，直至今日，我所研究的这个群体一直是人类学领域中被忽视的、未被充分研究的“薄弱环节”。事实上，这项研究可能会引领人类学的未来发展。

我将简单回顾北美博物馆的文化史，以此来开始我的田野报告。大约在19世纪中叶，美国成立了两个机构，它们分别代表了两种十分成功但却截然不同

---

① 我要感谢英属哥伦比亚大学人类学博物馆的玛格丽特·梅克尔（Margaret Meikle）提供的信息，这些信息对于本章内容非常有帮助。

的关于何为博物馆的理念，每种理念都对博物馆工作人员产生了一系列不同的影响。

其中之一是美国国家博物馆（National Museum of the United States），也就是后来的史密森学会下设的国家自然史博物馆（National Museum of Natural History）。在英国人詹姆斯·史密森（James Smithson）遗赠的支持下，该馆在1850年代建立于美国首都华盛顿。另一个机构是同时期的纽约美国博物馆（American Museum in New York City），其前身是美国著名企业家菲尼亚斯·泰勒·巴纳姆（Phineas Taylor Barnum）于1841年收购的斯卡德博物馆（Scudder's Museum）。而1865年巴纳姆的博物馆在一场大火中化为灰烬，史密森机构则成为世界知名的博物馆之一。这两个机构都对增进公众对博物馆的理解做出过重要贡献，它们截然不同的两种风格暗含着目前北美博物馆及其内部工作人员所面临的主要困境。

史密森学会最初是根据史密森的遗赠建立而成，旨在为人类增进和传播知识（Kopper 1982：37）。它代表着一种杰出的、经典的博物馆模式，其藏品涵盖生物学、人类学、地学（包括地理学和地质学）等在内的7个学科部门。史密森学会的科学藏品超过6000万件，其标本包括来自印度次大陆的著名的希望之钻（Hope Diamond）、400万件植物标本、2600万件昆虫标本、34146个巢穴和鸟蛋标本、几吨陨石碎片、2万多个人类头骨、众多的民族学物件、1400万枚邮票，等等。据说，史密森学会甚至还存放着一名已故工作人员和他第一任妻子的骨灰，以及昔日某位研究员的大脑标本（Bonner 1981；Kopper 1982：26，53-54；Smithsonian Institution 1977）。自成立以来，史密森学会稳步推进，积极开展收藏、研究、科学出版和公共教育等工作。

相比之下，巴纳姆在纽约的美国博物馆则是一次商业冒险。他的意图非常明确——牟利，而非教育或道德提升。因此，“他追求任何能够吸引顾客的奇人异事。他的强项是广告和展示，而不是学术研究和广泛收藏”（Harris 1981：56）。

巴纳姆的藏品虽然体量上比史密森学会小很多，但是在多样性上却可以与之相媲美。他获得了众多的“稀奇之物和奇异之人”：包括三条在观众面前享用午餐的大蛇、两条在盐水中游泳的鲸鱼、一只白色的大象、河马、熊、狼、一群美国水牛、人物蜡像、侏儒、矮子、巨人、长着胡子的妇女、肥胖的男孩、走钢丝的演员、杂耍者、扮演的美国印第安人、纹身的男子、吉普赛女子、白化病患者和一群跳蚤[①]（Alexander 1979：49-50；Harris 1981：40；Wallace 1959）。

当史密森学会致力于学术研究时，巴纳姆则专注于狂欢。他用鲜艳的横幅装饰博物馆的外观，向路人宣传博物馆内可供欣赏的奇观。他在屋顶上安装聚光灯，在外部阳台上安排乐队，在博物馆里面组织讲座、表演和演奏（Harris 1981：54）。与此同时，巴纳姆还进行广泛的宣传，巧妙地操纵当地媒体来进行对他有利的报道。所有这一切都与巴纳姆的博物馆理念有关，他靠门票所获利润来经营他的博物馆。相较之下，靠美国国会公共资助的史密森学会则在行为和运作上更加保守。

虽然存在时间不长，而且因其庸俗的做法而遭到谴责，但是巴纳姆的美国博物馆仍然成为美国同类型机构中最受欢迎的。1851 年，一位博学之士嘲笑巴纳姆的博物馆“仅仅是一个流行的娱乐场所”（Harris 1981：33）。从另一个方面来看，它实际上迎合了随着美国民主精神发展而日益扩大的公众利益。美国独立战争（1775～1783 年）之后，越来越多的公告宣布：所有的社会、道德、审美和宗教权威都应当最终常驻于“普通公民、备受赞誉的普通人的心智中”（Harris 1981：3）。巴纳姆充分意识到了这种新的民主情感，“并直接利用了这种情感所带来的虚荣和欺骗性”（Harris 1981：4）。当时，大英博物馆有着烦琐详尽的艺术和科学藏品的分类目录，以及精深广博的研究和教育活动，并因此被看作是文明的指标。与大英博物馆的庄严形象形成的鲜明对比，巴纳姆的博物馆——用我们上述提及的 1851 年发表的评论中带有讽刺意味的话来说——只是“一个藏有鸟类和动物标本、展示古怪之物、表演粗俗戏剧的场所”。

自此之后，巴纳姆的幽灵就一直困扰着北美博物馆的发展：博物馆可以既严肃庄重而又十分受欢迎吗？博物馆能够在保证学术水准的同时满足普通公众的需求吗？一个机构可以既是史密森式的又是巴纳姆式的吗？由此来看，博物馆面临的困境似乎有点棘手。如果遵循人类学个案研究的传统，那么，上述这个夸张的案例可能凸显了学术研究的模式在遭遇民主精神时所产生的问题。

---

① 这些跳蚤能给观众表演拉小车、转木马、走钢丝、跳芭蕾等多项特技。在欧洲，14 世纪之后冶金技术大发展，一些有创意的铁匠为了显摆手艺，就制造了好几种精巧的微型道具，并以跳蚤为“模特”当众展示，比如能系在跳蚤身上的钢铁锁链，到 16 世纪末，开始有人利用这类道具训练跳蚤，让跳蚤演节目以供取乐，专门的“跳蚤马戏团”也随之出现。在 18、19 世纪的欧美许多城镇，都能见到这种“跳蚤马戏团”。详见：冉浩：《跳蚤马戏团——另类虫戏》，《博物》2015 年第 8 期。译者注。

巴纳姆的博物馆在其购置24年后被烧为平地，但是博物馆成功满足公众需求的理念仍然存在。为了试图践行这一理念，博物馆的内部工作人员感受到了令人难以置信的压力感和紧迫性，其中就包括那些民族学家。他们不仅要保证学术研究的专业性，而且还要尽可能地去服务公众。为了看清这些压力的本质，追根溯源、充分理解上述介绍的两种博物馆模式——卓越的学术型博物馆（distinguished scholarly museum）和喧闹的流行型博物馆（blatantly popular museum）——是非常有用的。我们先来看学术型博物馆，其目的至少有两个：为科学研究提供原始资料；通过展览和其他方式激发公众对科学研究结果的兴趣（Washburn 1961：192，quoting from the handbook of Sweden's Nordiska Museum）。在美国的传统定义中，博物馆的目的是教育公众、研究和保护文化遗产。史密森学会学者威尔科姆·沃什伯恩（Wilcomb Washburn）（1961：192）认为这远远不够："仅仅赞扬博物馆三位一体的功能——研究、教育和保护是不够的，优秀的博物馆应该像优秀的大学一样，对未知事物的研究必须是支配一切的激情所在，这也是保护与教育功能得以实现的前提条件。"

弗朗茨·博厄斯（Franz Boas）在一篇关于博物馆管理的论文（1907）中指出，"我可以毫不犹豫地说，大型博物馆得以存在与发展的理由完全在于其作为科学进步必要手段的重要性"（Boas 1907：929）。他继续谈到，大型博物馆是"集聚和保存大量、完整、持续物质材料的唯一方式，这为科学归纳奠定了坚实的基础"。众所周知，博物馆是"服务于科学进步的"。

保罗·约瑟夫·萨克斯（Paul Joseph Sachs）常年在哈佛大学福格博物馆（Fogg Museum）教授博物馆课程，并且为美国培养了好几代博物馆专业人员。他也非常强调培养研究员学术研究能力的重要性，并据此认为，一个真正的研究员"必须首先是一位博学的、训练有素的学者，一位语言学家，其次会根据不同情境而具备不同能力：有时是一位具有完备文献知识的专家、学者，有时是一位怀有广泛同情心且相信大众教育的学者，有时又一位研究员或管理者"（Meyer 1979：41）。

还有另一种观点强调博物馆的公共功能。回到上述提及的那个极端例子，巴纳姆并没有将他的博物馆（纽约的两家博物馆、费城的一家博物馆和波士顿的水族馆）发展成增长知识或启蒙公众的场所，其最高的宗旨是通过吸引公众来牟利（Harrison 1981：56）。目前，各国政府意识到公共博物馆的首要任务是服务公众而非获取利润。譬如，1977年，加拿大的魁北克省政府出台博物馆政策声明（Boucher 1977：54）："博物馆应当被视为文化传播的载具。"魁北克省文化部长补充道："此外，博物馆还要提供吸引、接触、交流等其他服务"。很显然，该声明中没有提及研究工作，博物馆发展的优先事项清单里也没有提及研究：

> 第一，务必保护我们文化遗产；
> 第二，通过开展教育活动来发掘藏品的相关性；
> 第三，确保尽可能多的魁北克人能够参观博物馆；
> 第四，将博物馆和展览中心转变为具有文化活力的机构。

关于在加拿大建立国家人类博物馆（National Museum of Man）的议会法案也强调国家博物馆的公共角色。正如该法案所述（Taylor 1982：5），成立这家博物馆的目的在于"展示人类的伟大成就（尤其是加拿大的、但又不仅限于此），激发整个加拿大民众的兴趣，并传播知识"。1972 年，加拿大政府颁布了一项针对境内所有博物馆的政策，其目标是"在身体和智识上提高全加拿大境内收藏与展示的自然、文化和技术遗产的公众可及性，确保藏品保存状况，以造福今世后代"。

尽管上述的政府机构没有呼吁巴纳姆式的博物馆理念——收藏、展示与表演稀奇之物和奇异之人，但是，我敢断言一些博物馆从更为生动活泼的节目设计中获益良多。他们声称博物馆有义务让更多公众前来参观，并以一种令人愉悦的方式来满足公众的需求。作为真正的主人，博物馆公众也应该是公共博物馆的真正受益者（Cameron 1982：179）。作为回应，博物馆应不遗余力地提升对广泛公众的服务，就像它们正在参加一项人气比拼大赛一样。作为加拿大著名的博物馆管理者之一，卡梅隆注意到（Cameron 1982：180）：

> 我们不顾一切地想要变得受欢迎，我们想要被爱。与此同时，我们还要时刻聆听来自董事会、政府、资助机构的声音，他们乐意看到参观人数曲线的急剧上升，其中还有些人将我们看作是与动物园、迪士尼乐园、地方乡村集市和埃维尔·克尼维尔[①]进行竞争的机构。

巴纳姆的博物馆曾经让所有正直的博物馆人士望而却步，迪士尼乐园是当前版本的巴纳姆的博物馆：一个博物馆如何才能像迪士尼乐园那样受欢迎但又不成为迪士尼乐园？当今社会，人们内心渴望的理想博物馆仅提供"迪士尼乐园般的

---

① 埃维尔·克尼维尔（Evel Knievel）是一位敢于冒险的美国人，1970 年代，他骑着摩托车飞越公共汽车和峡谷等障碍物，赚了几百万美元，并闻名于世。

体验”是不够的：这意味着博物馆不仅要适当地提供能够吸引广大公众的生动而活泼的教育信息（Bruman 1982；Levine and Sears 1982），而且也要避免华而不实的多媒体展示和其他噱头喧宾夺主。加拿大顶级博物馆展览设计师让·安德烈（Jean André）最近观察到，当下博物馆的目标是“在令人兴奋的视觉体验和传递富有教育意义的信息之间保持一个微妙平衡。博物馆不应该是迪士尼乐园”（Freedman 1980）。

较之于大多数博物馆，史密森学会倾注了更多的精力，试图在吸引公众和尊重学术之间达成完美地平衡。正如菲利普·科珀（Philip Kopper）在其关于史密森学会历史的研究（1982：197）中所说，虽然史密森学会的一些工作人员可能会瞧不起所谓的“公共娱乐”，但实际上，大部分博物馆工作人员都认可博物馆负有公共责任这一观点（Kopper 1982：191，194）：

> 博物馆的公共责任旨在不考虑科学背景、智识来源或学术地位的前提下，广泛传播知识。许多科学家每天都在慷慨地向所有人提供建议：从试图找到写科学报告诀窍的小学生，到对抗新害虫的农民，再到希望知道如何命名其已故阿姨茱莉亚留下的珍藏植物标本的继承人等。其他的一些科学家则将大部分的时间花在展览的规划、设计、布置上，有时候这些常设展览存在的时间会比他们想象的还要长。正如一位部门负责人所说，任何对公共教育不感兴趣的科学家都不应该出现在这里。

因此，史密森学会的公共展厅的设计旨在吸引公众，容纳每一个进来参观的观众，并给他们留下了深刻的印象（Kopper 1982：191）。

然而，通过教育和娱乐项目来服务公众的发展趋势意味着在博物馆中进行学术研究的机会似乎越来越少。对于那些无法维持一个独立的、不受影响的研究部门的博物馆来说，这种情形尤为严重。譬如，加拿大的一些大型公共博物馆规定，研究员只能利用工作之外的个人时间进行除展览之外的研究工作。一般情况下，研究员是在大学系统里接受学术训练的，在那里，个人研究被认为是最重要的任务。然而，在任职于博物馆后，服务公众成为研究员最重要的任务。因此，研究员的困境是双重的—— 一是，如果想要在自己的专业领域（比如民族学）占据一席之地，那么研究员必须保持一定的研究水准，并在学术期刊上发表文章，如果想坐稳在博物馆中的位置，研究员还必须从事相应的公共服务；二是，进行学术研究时，研究员通常保持一种比较个人性、竞争性的工作态度，然而在博物馆中，研究员应该努力参与到跨学科研究和合作之中。博物馆中的民族学家似乎经常被夹在充满分歧的标准之间，这就是研究员的困境：在照料藏品和个人研究之间存在利益的冲突，更不用说还有举办展览和满足公众需求的责任（Fenton 1960：335）。有人将这种情形戏称为“研究员的精神分裂症（curatorial schizophrenia）”（Squires 1969）。

曾任史密森学会国家自然史博物馆副馆长的唐纳德·斯奎雷斯（Donald Squires）谈到，研究员的工作应当保持高度的专业性，但是服务公众的发展趋势和博物馆内的公众活动往往使专业研究受阻（1969：19）。他继续说道，越来越多受训于大学系统的专家进入博物馆，之所以选择在博物馆任职，是因为他们相信博物馆是另一座象牙塔（1969：20）。很遗憾，这种想法是有偏差的。斯奎雷斯观察到（1969：20）：

> 一旦进入博物馆，研究员经常会发现，他会被迫参与各种令人目不暇接的活动，比如给儿童团体和成人观众做讲座，为从小学到高中的各个年级准备学习材料，撰写科普文章和书籍，为书作序、撰写书评，准备、评估博物馆商店的商品并为之定价，为获得一些物品并想知道这些物品的价值和真实性的公众充当仲裁人，长期为大型博物馆内工作的科学家和专家在各自的研究领域和相关的研究领域内的需求提供建议，监管和维护大量但往往十分繁重的物件收藏工作，满足来访同事的需要，紧跟最新研究成果，在自己的专业范畴内进行原创研究。

斯奎雷斯总结道（1969：20）：“这些活动的繁杂性迫使研究员不得不采取一种‘多重’视野来审视自己的职业生涯，我认为，这就是引起博物馆精神分裂症（schizophrenia of museums）的症结所在。”

我想在这里介绍一个非常典型的例子来进一步阐释研究员所面临的困境。玛丽－弗朗西斯·盖登（Marie-Françoise Guédon）博士是一位加拿大的民族学家，曾经在加拿大的国家人类博物馆工作了 6 年，辞职后接受了加拿大某所大学的教授之职。1983 年，她发表了一篇回顾她在博物馆中工作的评论性文章——《身份的错置：一位本土博物馆民族学家的教训》（A Case of Mistaken Identity: The Education of a Native Museum Ethnologist）。

盖登指出，博物馆研究员的角色有着内在的矛盾（1983：253）：“想要同时成为一名全职的研究型学者、全职的管理者、全职的研究员、全职的展览策划者是不可能的。”

据她透露，当时之所以会申请国家人类博物馆的职位，是因为她被将田野工作纳入工作职责这一点所吸引。她说（1983：254）："60% 的时间都花在了学术研究，照料大量的藏品，与公众、管理者和同事接触上。"在接受这份工作后，盖登才遗憾地得知这项工作"比全职工作更花时间"。她写道：

> 直截了当的说，我对机构的行政本质始料未及。我不得不学着应对来自行政职责、行政人事部门和行政限制等多重压力。同样，我也不得不长期处于一种防守的状态，坚守自己的研究阵地，因为研究工作而非行政事务是我被聘任的原因，这也是评判我的工作水平和能力的重要参考。

盖登博士继续谈到（1983：254）：

> 让我们面对这一残酷的现实吧：无论馆长如何赞扬你的研究成果，研究在博物馆中的处境非常尴尬，因为它对管理者来说毫无用处。所以，如果一位研究员无法拒绝备忘录上关于写报告、分析数据、处理信息、做预算等工作要求，那么他将没有时间来做研究。

在国家人类博物馆工作 6 年后，盖登博士终于意识到她所看重的田野工作成了一项特权，而不是职责。于是，她决定离开博物馆。她说（1983：255）："出于自己的选择或者说是使命感，我认为自己是一名民族学家，然而我正在转变成为一名行政人员。这是一种普遍存在的状况，一些抱怨也早已成为陈词滥调。即便如此，我还是没有足够的勇气选择在博物馆中继续工作下去。"

对于盖登博士来说，展览工作的压力是她决定离职的决定性因素之一（1983：255）：

> 展览是博物馆，尤其是人类学博物馆存在的理由。为博物馆工作的人类学家可能对此了然于胸，但是作为新人，我花了几年的时间才明白展览是如何塑造我的生活与事业的。在此，我所说的展览工作不仅包括面向公众的常设展览或临时展览，而且还包括与展览有关的其他工作，比如图录和通俗读物的出版、准备藏品有关的教具、为学校和观众提供信息资料表等。

她补充道，虽然展览本可以是一项令人激动的工作，但事实上却并非如此。在实际操作中，展览是一项在等级分明的组织内按照既定标准和流程而运作的集体工作。在目前博物馆的团队合作和公共责任的运作框架内，一位将知识自由视为自然权利的学者显然没有为此做好准备。

盖登将博物馆中的展览生产与学术界的知识生产进行了一番有趣的比较（1983：256-257）：

1. 在博物馆中，为某个特定展览或项目提供信息这项工作往往是指派的，个人几乎没有选择的余地。（在学术界，学者通常自己决定研究主题。）

2. 展览文本需要由包括管理者、设计师和其他展览专家等不同团队成员审核，决定是否要修改、缩短、扩充或重写。（想象一下，人类学系主任要是在开会前审查每位教职工的论文会引起怎样的轩然大波。）

3. 除了设计、展品和字体可以自由改动外，任何的文本更改都需要所有主管的签名同意。

4. 展览文本是为公众而非其他专家而写。根据大部分准则来看，公众的知识水平在10～12岁之间波动。因此，务必使用简单的词汇［不要出现诸如“母系的（matrilineal）”这样的术语，即使有定义也不行］，使用简短的句子（不要使用抽象概念），想要传递的所有信息都用陈述句的形式表达出来，不要出现问号，不要有模棱两可之处，避免造成观众的混淆。（难怪博物馆的图录很难在学术界得到认可。）

5. 当（国家博物馆）吸引大量观众时，大批参观观众有时会造成拥挤的局面，因此，博物馆必须将其“产品”简单化，这样观众就可以在行走过程中快速观看与欣赏。对于博物馆来说，一部电影的播放时长不应超过6分钟，展览文本要足够短，便于观众在行走中阅读。观众并没有抱着受教育的态度而来，因此，博物馆必须要有足够的吸引力，凸显其令人惊叹之处。

6. 最为重要的是我们不想惹麻烦。任何的错误意味着麻烦，一遍一遍地检查你的展览文本，反复确认任何人都不会被冒犯到，或是对任何展示或声明的内容产生异议。

7. 最后牢记这是纳税人的钱：不要出现个人观点；要保持乐观；保持严肃的态度。

我详细援引了盖登博士的话，因为她准确而富有雄辩地指出了我所考虑的三个问题：其一，行政和公共职责是如何干扰个人研究的；其二，为何个人利益要服从于集体利益和等级责任；其三，人类学展览的教育意图是如何被简单化、程式化的展览文本（没有错误，没有冒犯，没有个人意见，不说大话）所束缚的。

我还会在第十章谈及第三点——简单化的文本是如何削弱博物馆教育使命的。在此，我想表达的是问题不是出在对简单化的要求上，而是出在人们对于人类学展览的预期上，即展览的教育意义就是能有效地传达认知信息。相反，我认为博物馆展览在传递知识方面是相对无效的，至少在现今博物馆的典型展览中是这样的。难怪盖登博士会对她在博物馆中所开展的展览工作感到沮丧，在那样的运作框架内，她无法成功。不过，关于这一点，我还是想留待以后再做进一步讨论。

让我们回到盖登博士提到的另外两个问题：研究与其他博物馆职责之间的冲突；个体与集体利益之间的冲突。自从接受了服务更多公众的任务以来，这些冲突就一直困扰着博物馆。1941 年，当爱德华·萨丕尔（Edward Sapir）考虑离开加拿大国家博物馆而去美国的一家博物馆工作时，博厄斯建议他说（Darnell 1976：117；Halpin 1983：262）：

> 你会在任何地方遭遇到如下困境：你感兴趣的纯粹的科学研究工作会被当作次要的事情。博物馆真正的兴趣不是探索，而是展览，尤其是受欢迎的展览。我从你之前的信件中了解到，你在加拿大国家博物馆所从事的行政工作令你提不起兴趣，也使你感到忧愁。但请记住，不管处于博物馆的什么位置，你都无法从此类琐事中抽身。

博物馆及其工作人员如何解决这些冲突和“研究员的困境”？第一种解决之道是许多大型的公共博物馆和地区博物馆所采取的方法，即放弃所有无关的研究，仅保留与展览和藏品有直接关系的研究。在其中的一些博物馆中，研究员的合同实际上已经明确将个人研究排除在正式的职责之外了。这些机构中的研究员变成了藏品的“图书管理员”和公众的“信息提供者”，博物馆希望他们对博物馆的全部藏品有所了解，对任何一件藏品停留在浅尝辄止的程度即可。

第二种解决之道也是大型博物馆最常用的解决方案，即增加研究的机会、配备和奖励（Sturtevant 1969：636）。这种做法通常以二分组织结构的形式出现：其一是“科学家”群体，他们拥有更高的声望，主要从事重要的科学研究；其二是由“博物馆学家”“行政人员”“教育人员”共同组成的群体，其主要任务是管理藏品和负责公共项目。需要指出的是，只有那些每年拥有数百万美元运营预算的大型博物馆才能真正落实这种差异化的组织结构。我们可以从博物馆建筑和社会组织中寻得差异化组织结构的一些蛛丝马迹。譬如，在 1989 年搬进新大楼之前，加拿大文明博物馆（Canadian Museum of Civilization）的公共展厅位于渥太华市中心，其藏品存储室和科研人员则隐藏在遥远的郊区。之后，新大楼整合了这种物理空间上的分离。英属哥伦比亚皇家博物馆（Royal Museum of British Columbia）低矮但宽阔的大型建筑专门用于举办展览，每周 7 天向公众开放，与此同时，藏品和研究人员则集中在附近一座戒备森严的塔楼里，公众只有预约才能进入。大英博物馆中的人类博物馆在离市中心皮卡迪利大街步行几分钟的地方建有开放的公共展厅，其藏品存储室则在几英里外的旧仓库，我不太清楚该博物馆的研究人员具体在何处。尽管有时候可以通过电话联系到他们，但是很难有机会见到他们。助理们在与人类博物馆公共展厅相邻的“学生室”中工作，他们负责筛查观众，而且十分擅长礼貌地婉拒观众的各种问询（关于如何与研究人员见面）。

私人研究与公共服务之间的二分组织结构的好处是显而易见的：科学家可以有时间来追求个人的研究兴趣，应用型人才则负责博物馆的日常运作。后者在博物馆中的级别较低，受过的学术训练也较少，没有被期待有什么学术抱负，因此，他们也不会遭遇学术上的挫折。这种情况就好像每个博物馆都应该是史密森学会式的机构，其中有几个巴纳姆式的工作人员负责公众娱乐，从而使科学家能在幕后从事真正的研究工作。然而，上述这种安排也并不总是有效的，正如盖登博士所哀叹的那样：因为合作的需要，科学家经常被迫参与到博物馆日常事务中，同时还得兼顾自己的学术理论与知识抱负。毕竟只有研究才能提供更高的地位和更好的工资待遇。

盖登博士希望，去大学工作可以逃避烦琐的行政事务和公共职责，或许这可以实现。就像她所提到的，那些关上办公室门的博物馆科学家有可能避免很多令人厌烦的事务。归根结底来说，这算得上解决方案吗？民族学专业现在面临的问题之一——据说至少在加拿大，这已经成为一个重大的危机（Tremblay 1983）——恰恰在于学者们减少承担了对广大学生、同事、公众所应负有的责任。是不是有部分民族学家集体蔑视巴纳姆的粗俗表演，迪士尼乐园及其米老鼠、唐老鸭形象，贬损某些从事公共服务的学者呢？我认为，我们在放弃巴纳姆和迪士尼乐园模式的同时，也拒绝了太多其他的东西。

受训于大学传统、习惯于个人竞争、专注于学术训练的学者会认为组织团队合作来为更广泛的利益服务的行为价值不大，而且缺乏对个人的奖励，这是完全可以理解的。而这其中再次展现了民族学困境的根源之一。随着社会的民主化进程，传统的学术自治与自主的观念受到质疑。在这种情况下，追求理论或科学进步似乎不足以证明学术研究工作的正当性，现在的学术研究工作还应服务于广泛的公众利益。

加拿大著名的民族学家马克 – 阿德拉德·特伦布利（Marc-Adélard Tremblay）谈到（1983：332）：人类学正在经历一场足以动摇其学科根基的危机，它的传统目标、方法论和研究成果都受到了质疑。他指出，我们必须分析人类学的不足之处，考虑弥补不足的行动方案，只有这样，我们才能“提出真正有效的想法和建议，以此来重新定义我们的目标、发现获取知识的新路径、明确人类学实践的指导方针”（1983：341）。

尝试解决民主进程带来的专业化冲突，比如说将研究学者和实务工作者分开，或是寻求象牙塔的庇护。然而，这种成功仅是权宜之计。真正有效的做法是直面冲突与矛盾，坦承工作方式不得不变的局面，积极探寻改变的可能性路径。

较之于大学，博物馆面临的民主化压力更大，因为它们与所服务的社区日常生活关系更为紧密，博物馆需要更多地聆听社区的声音。基于此，我们或许可以从博物馆中寻得未来几十年人类学如何发展的线索，从这个意义上来说，旨在收藏过去的人类学博物馆可能是通往未来的窗口。

我的同事马乔里·哈尔平（Marjorie Halpin）博士既是英属哥伦比亚大学人类学博物馆的民族学研究员，又是人类学系的副教授。1981 年，在一次旨在评估加拿大民族学状况的会议上，哈尔平提交了题为“作为人工制品的人类学”（Anthropology as Artefact）的文章。她写道（Halpin 1983：273）：

> 这篇文章的标题旨在表明博物馆中的民族学家的处境并不是独一无二的，较之于大学，官僚化的博物馆情境能够让我们更清晰地看到学者们在 21 世纪即将来临时所面临的艰难选择。当清楚地知道了所面临的选择时，我们也越发清醒地意识到我们别无选择。我们要么坦然面对博物馆民族学现存的冲突、矛盾和假象，并将这些困境作为创新的机会；要么接受这种状况，并接受命运的安排。在人类学博物馆，作为民族学家的我们决心应对这些困境，寻求一种新的出路。我们邀请学术界的同仁重新审视博物馆，探寻一个可能的未来。

由此来看，研究人员困境的解决之道既不是像巴纳姆一样进行娱乐和营销，也不是为了摆脱琐碎事务而躲进大门紧闭的办公室，而是要将高贵的学术研究工作和高尚的公共服务工作结合起来，进而开辟出一条通向未来的道路。

第四章

社会人类学家之于人类学博物馆的角色是什么？——关于博物馆与人类学的人类学研究[①]

我曾在英属哥伦比亚大学人类学系的一位同事罗宾·雷丁顿（Robin Ridington）教授写了一篇题为《一个小丑能够在人类学博物馆中做些什么？》（*What is a Clown Doing in the Museum of Anthropology*）[②]的论文。在这篇文章中，他思考了一个问题：那些定期在英属哥伦比亚大学人类学博物馆（同时也是我工作的地方）进行表演、并不时参加北美地区人类学会议，且受过人类学专业训练的"小丑"[③]究竟在博物馆中起到了什么作用（Gibbons 1983）。

雷丁顿总结说，博物馆里有一个小丑是非常合适的，因为他可以通过哑剧表演和讲述故事的方式让藏品活起来，这是非常富有成效的。雷丁顿写道（1979：90）："在人类学博物馆中，小丑对藏品和图像等藏品的介绍非常符合土著群体的教育理念和精神，这种藏品介绍方式创造了一个无文字的情境，从而强化了想象力转化的知识。"小丑会引导孩子们看什么、如何看，他带着儿童和成人穿越镜中之地，进入到一个想象和奇幻的世界。

雷丁顿的论点以及保罗·吉本斯（Paul Gibbons）的小丑表演的有趣之处在

---

① 本章的早期版本曾提交给1982年5月11日在温哥华召开的加拿大民族学学会的年会。

② 对我的文章标题来说很遗憾的是，雷丁顿在发表时（1979）将文章标题改为"镜子与面具（Mirrors and Masks）"。

③ "小丑"在此指的是保罗·吉本斯，作为一位人类学家，他没有将自己的想象力沉浸于学术思考的客观化上，相反，他热衷于一种"小丑式"的工作中，即通过融合小丑的想象力转化和人类学知识，引导博物馆观众体验类似于萨满和小丑的体验转化能力和另一种观看世界的方式。详见 Robin Ridington. Mirrors and Masks，*Parabola*，1979，4(4): 84-90. 译者注。

于，其他人类学家在何种程度上会欣然接受“博物馆里有小丑”这一主意。人类学家似乎可以毫不费劲地理解一个小丑可能会在人类学博物馆中做些什么。

然而，当有人提出“一个社会人类学家[①]可能会在人类学博物馆中做些什么”这个问题时，人类学家似乎并不确定答案是什么。如果说“博物馆里有小丑”是可以理解的，那么社会人类学家呢？从许多同事表达的态度来看，社会人类学家要么像吉本斯那样扮演小丑角色，要么直接从艰难的学术生活中退出。如果不做出选择，那么社会人类学家可能在博物馆中感到格格不入，而且也很难想到任何去博物馆工作的合乎情理的理由。20世纪以来，我们看到一个稳步的转变，即越来越多的人类学家从博物馆转到大学和学院工作，当大多数人类学家的工作地点产生变化之后，他们的工作性质也随之发生了变化。

在人类学发轫早期，其与博物馆之间的关系非常紧密，博物馆为人类学研究提供了主要的制度基础和财政支持。斯特蒂文特（Sturtevant）（1969：662）将开始的这个阶段——大约是1840～1890年——称之为“博物馆时代（museum period）”。到19世纪80年代，美国和英国的大学开始提供人类学的专业培训，其中的一些课程大多数由同时也在博物馆任职的人类学家讲授。因此，斯特蒂文特将这个阶段——大约是1880～1920年——称之为“博物馆—大学时代”。斯特蒂文特指出，上述历史发展阶段的论述虽然在北美最为典型，但是欧洲和其他地区也出现了类似的发展趋势。需要注意的是，当解释北美之外的现象时，这些年代分期还应当做出相应的调整。

在北美，人类学的“大学时代”始于20世纪20年代，在一二十年间，大部分人类学家进入教学机构、大学和基金会进行全职工作，这些机构取代博物馆，为绝大多数的田野工作提供支持（Sturtevant 1969：624）。在博物馆中，人类学家曾经与动物学家、植物学家、其他自然科学家关系密切，他们的研究兴趣主要是具体的物质材料；当进入学术环境之后，人类学家开始与社会科学家、行为科学家保持更紧密的联系，他们更为关心的是文化的象征或概念。大学导向的人类学在方法论上更加偏向社会科学，在研究兴趣上更加偏向“精神层面”，更偏好原始人的思维或概念产物。或者说，至少更加关注人类学重新建构出来的主题，而非研究那些“原始人”的行为和人工制品。这种路径因其表现形式而被哈里斯

---

①　我交替使用社会人类学和民族学这两个术语来指人类学的社会文化分支，在习惯用法中，这一分支有别于考古学、体质人类学和语言学的命名。在博物馆语境中，民族学经常被使用，而社会人类学几乎很少出现。

（Harris 1979）称为“文化理想主义（cultural idealism）”，并栖身于结构功能主义、文化与人格、认知人类学、结构主义等理论流派，以及今天经常听到的心理人类学、象征人类学、符号学和阐释学等术语中。

随着人类学家远离博物馆，人类学对物质文化与博物馆的研究兴趣也逐渐下降。1954年，唐纳德·科利尔（Donald Collier）和哈利·特乔皮克（Harry Tschopik）回顾了博物馆之于人类学的价值。在这篇文章中，他们提出了一个问题，即人类学的物质文化研究是否已是穷途末路，在文章的最后他们给出了肯定的回答。1979年，莫里斯·弗里德曼（Maurice Freedman）（1979：54）在其著作《社会和文化人类学的主要趋势》（*Main Trends in Social and Cultural Anthropology*）一书中观察到，这种人类学对博物馆的疏远仍在继续。这至少意味着物质文化研究已经被彻底遗忘了。

博物馆人类学家经常受到同事们的冷落，并对此感到尴尬与沮丧。斯特蒂文特（1969：625）曾评论说：“目前，人类学正处于这种境地之中：博物馆中的人类学家有责任照料多年来持续投入时间、思想和金钱而形成的数量巨大且无可替代的藏品；与此同时，基于这些藏品的研究似乎对目前的人类学和民族学研究来说几乎没有什么价值。”据斯特蒂文特（1969：640）的估算，世界各地的博物馆大概存放着450万件民族志藏品，大多数藏品只有几百年的历史，其中，90%以上的藏品从未被研究过（1969：632）。

博物馆藏品无法引起学术关注的原因有很多。第一，很多藏品实际上没有研究的价值：或是缺乏趣味，或是缺少来源、功能或意义等信息。第二，极具讽刺意味的是，很多博物馆对研究人员提供的帮助很少，有些博物馆倾向于回绝来访的学者。学者很难进入博物馆库房，特别是大型博物馆库房。通常情况下，博物馆工作人员忙于工作，无暇提供太多额外的帮助。第三，物质文化研究中缺乏重要的理论议题。虽然基于博物馆藏品的研究对于考古学、民族学的早期发展至关重要，并且博物馆曾经为许多民族学家提供了就业机会，但实际上，基于博物馆藏品的研究却从未在民族学理论的发展历程中发挥过重要作用（Sturtevant 1969：621-623，632）。目前，与物质文化研究本身相关的理论发展停滞不前，有关藏品的一般性问题和回答都非常少见，从藏品研究中衍生出来的想法也难以与更广泛的人类学知识或专业议题产生关联。博物馆民族学家需要做更多的理论工作，进一步发展物质文化理论和博物馆理论。

现在来总结我的第一个观点：目前人类学界弥漫的普遍态度是博物馆人类学犹如无根的浮萍搁浅在人类学的沼泽之地，要么以小丑面目示人，要么死路一条。这种局面在一定程度上是由大多数人类学家为了从事自己的工作而带来的学术环境的变化所导致的。今天，大部分人类学家对博物馆所知甚少。正如密尔沃基公共博物馆（Milwaukee Public Museum）人类学研究员南希·奥斯特里奇·卢里（Nancy Oestreich Lurie）（1981：181）在1981年的一篇文章中所说："现在，整个一代的人类学家可以在完全不必涉足博物馆的前提下完成职业生涯。"还有一个例子，在1979年举行的加拿大民族学学会会议上，博物馆被列入年轻人类学家未来就业的最新领域的清单中。

我的下一个论点是关于现今的博物馆与大学在工作条件上的不同，以及这些差异是如何影响已经完成的和未来将要进行的人类学工作的。自从20世纪三四十年代人类学家逃离博物馆以来，博物馆一直处于变动之中。大学在一定程度上保证了自主性，并与为它们提供支持的群体保持了一定距离，相较之下，博物馆已经逐步融入和参与到其所在的社区。从这个意义上来说，博物馆比大学更加的"民主"。因此，博物馆工作人员不得不面对更广泛的公众，并积极地做出回应，特别是博物馆藏品的来源社区、博物馆着力吸引的观众和资助博物馆运营的公众。与之相比，学术人类学家（academic anthropologist）基本上只对专业同行和提供个人研究资助的基金会负责，他们不需要面对公众、董事会，甚至是他们研究的人。

就其研究风格的性质——调查者作为参与观察者独自一人在田野中花费1年或更长的时间——而言，民族学几乎没有现实验证的可能性。人类学家很少会通过系统性的重复工作来检查他们同事的工作，相反，他们热衷于去比较一个基于"自己"村落、部落或报道人的个人阐释和其他人类学家基于他们的田野经验所做的个人阐释之间的关系。这在很大程度上取决于一个人如何巧妙地阐述自己的观点或反对某些观点。

博物馆人类学家也需要面对学科内部固有的现实验证的机制，不过，他们的工作因为更高的可见性和跨学科的性质而受到外部力量的验证与审查，这些外部力量包括博物馆界的其他专业人员、主管部门、公众，最重要的可能是博物馆研究与展示的来源社区。除了进入田野、挑选报道人或招收学生外，学术人类学家通常不需要与他们研究的群体打交道。无论是哪种情况，学术人类学家主导着交流的场合与时机，并且将土著群体置于相对从属的地位。然而，这些土著群体很可能会在某一天走进博物馆，提出合情合理的要求，并期望得到应有的尊重。另外，由于博物馆是一个高度可见的公共机构，因此，博物馆及其代表的观点或立场也特别容易受到公众的批判。相对而言，在大学的学者则很少会受到类似批评的负面影响。

博物馆人类学家与学术人类学家在工作条件上的差异还体现在另外一个方面：大多数博物馆的工作是实践或应用导向的，强调团队合作；学术人类学家的工作则是“纯学术”的，强调个体独立。在博物馆中，研究员必须与技术人员、设计师、保管员、教育人员、经营管理人员和志愿者通力合作。学术人类学家虽然也会参与诸如共同教学、共同编辑、共同研究等团队工作，但也是偶尔为之，绝不是惯常做法。与此同时，他们也很少与如此广泛的专家群体开展合作，也极少会跨越学术性与应用性的边界。

此外，还需要考虑博物馆世界内部存在的一个重要的结构性差异：即历史博物馆和人类学博物馆的研究员与艺术博物馆和美术馆的研究员在角色上存在很大的结构性差异。这种差异在策划展览和其他公共活动的方法上表现得特别明显；同时，这些差异也在一定程度上解释了历史博物馆和人类学博物馆中研究员工作为何不那么受尊重的原因。①

在历史博物馆和人类学博物馆中，研究员热衷于重建他们认为的藏品之前所处的原初情境，从而以一种编织出来的最初面貌来展示藏品。研究的主要内容是确定特定物件的起源和功能，进而将这些信息转化为公众易于接受的教育信息（Guédon 1983）。这需要非凡的智慧和高超的技艺，但是似乎不需要什么原创性的学术研究能力。因此，策划一个人类学或历史展览犹如撰写一本初级的教材，可以随意使用视觉辅助工具。展览通常是基于已经出版的学术著作而策划，虽然策划展览会消耗研究员的大部分时间，但一般而言，策划展览本身并不被视为一项原创学术研究。

相比之下，艺术类博物馆的研究员和与他们关系紧密的艺术共同体都认为艺术展览本身就是一项“原创学术成果”，这是因为艺术品的挑选与展示过程代表了一个知识渊博的学者或专家所做出的、有见地的个人阐释。艺术展览被认为（National Museums of Canada 1982：2）“是一种促进艺术共同体内部就艺术家及其艺术品、重要性、随时间推移的接受程度、艺术家彼此之间的影响力等进行对话的手段。所有这些考虑在很大程度上已经与博物馆的目标和展览政策无关……几乎完全交予公众欣赏、讨论”。

---

① 这种区分主要参考的是1982年加拿大国家博物馆援助项目（Museums Assistance Programme of the National Museums of Canada）编写的一份未发表的说明——《展览援助项目与人类学、自然历史、科技类博物馆》（*Exhibitions Assistance Programmes and Museums of Human and Natural History*，*Science and Technology*）。

现在来总结我的第二个观点：博物馆工作的社会组织使博物馆人类学家比学术人类学家更加可见、更加脆弱，因而更易受外界影响。他们的工作大多数是跨学科和团队合作的，更为关心的是阐释而非原创性发现。这种境况对博物馆人类学家产生的影响因人而异，有些人颇为兴奋，有些人则感到绝望。一些在博物馆工作的人类学家尝试紧闭办公室大门，尽量避免其他烦琐事务的干扰，以便于集中精力从事自己的研究工作。在学术界，这是一种常规的做法，但是在博物馆中却不太可能，除非是在那些拥有充足资金的大型博物馆中。其他的博物馆人类学家投身于藏品管理、公众教育等日复一日的实践工作中，其所从事的研究工作仅包括确定物件的信息、策划教科书式的展览。从这个意义上来看，他们实际上已经放弃了他们的学术理想。

这两种选择——或隐匿在研究世界中或投身于繁忙的工作中——似乎都不尽如人意，我认可的作为服务于博物馆的“小丑”方式——尽管受到我的一些同事的批评——也是行不通的。因此，这促使我们再次回到我的第一个问题：一个社会人类学家可以在人类学博物馆做些什么？考虑到工作条件以及所涉及的机遇和限制，一个社会人类学家能够做哪些有价值的事情呢？这就引出了我的第三个观点：由于其所处社会中的特殊结构性地位，博物馆为各种不同主题的学术和应用性研究、与当下社会密切相关的人类学理论发展提供了肥沃的土壤。

接下来，我将举例阐明我的观点。我多年前拜访了一位已经毕业的人类学学生，她目前在温哥华以北大约 800 英里的一个小镇上管理一家博物馆。她带我参观了博物馆，谈论了这个小镇和她在小镇中的处境。作为博物馆的研究员兼馆长，她不得不与许多人打交道，不仅要寻求小镇居民的支持，而且也希望能增进小镇居民对第一民族以及欧洲移民所留下的遗产的理解。在我们的谈话过程中，她突然停下来，略显抱歉地对我说：“我从来没有时间在这里做任何研究！”作为一名受训于大学系统的人类学家，她将研究单纯地定义为研究土著群体及其祖传的传统。她还没有意识到，为了完成工作，她已经对当地政治进行了大量的非正式研究。她详细地为我勾勒了一个颇具社会学意味的基本图景，比如谁负责管理小镇、谁在小镇中具有影响力。这都是非常棒的研究材料，但是她并不把这些可能在未来某一天会书写下来的东西视为研究。

在英属哥伦比亚大学，我们比较强调培养学生们的反思能力，一方面可以记录和审视他们自己的工作状况，另一方面还可以做他们自己博物馆的民族志研究。我们可以将之称为“在我们的后花园开展的实践人类学（practising anthropology in our own backyards）”（Ames 1979）。

我在前面曾经提到过大多数的博物馆研究是如何基于藏品而开展的。为了进行面向公众的展览制作，这些研究试图重新获得藏品的信息，并对其进行风格分析。然而，还有研究物件的其他途径，这将为社会人类学研究开辟了更多的可能性。第一种途径是拓展物件的观念，进而将博物馆本身作为我们自己社会的人工制品（museum itself as an artefact of our own society）来予以思考；第二种途径是重新审视物件的社会史（the social history of the objects），尤其是在重新建构的情境之中。

将博物馆作为人工制品的第一种基本方法是研究博物馆的组织结构及其在社区中的角色。譬如，小型博物馆可以为如下主题的探索提供机会：小群体内部的动态人际关系，专业的和业余的人类学家、历史学家之间的角色差异（Cannizzo 1979；Vallance 1981），共同体集体表征的起源（Cannizzo 1982；Halpin 1983；Singer 1977）。

笔者也从事此类研究，探究人类学家和博物馆如何帮助其研究对象重新定义自我，进而协助他们建构自己的研究对象（Ames 1981b）（我在第 6 章中对此有更多的描述）。

将博物馆作为人工制品的第二种基本方法是将其活动与项目视为一种文化表演来进行研究，这一方法衍生自弥尔顿·辛格（Milton Singer）（1972）。也就是说，博物馆中展示他者文化的展览本身可以被视为我们制作的人工制品来进行研究，我们需要寻找官方信息之外那些无意中传递出来的信息。我所知道的该研究途径的最佳范例是由英属哥伦比亚大学人类学博物馆的研究员哈尔平博士（1978）提供的。她考察了附近一个博物馆内新开放的人类学展厅，在评论过程中，她概述了她的基本方法。她谈到，一个展览应该被看作是与土著文化有关、与我们自己也有关的一种文化表演或声明。如果用这种方式来审视展览的话，那么“我们或许可以看到我们要表达的内容远比意图传递的信息更加丰富”。

笔者在此引用她于 1978 年在加拿大博物馆协会的期刊（*Gazette*）上发表的文章：

> 这是一种相当微妙的方法，因为我们如此安全地在自己的文化水域中畅游，以至于很难去真正认识自己的文化。老道的人类学家有时也会含蓄地假设，世界上的其他人们也不知不觉地在自己的文化中遨游，与此同时，我们则应以直接和理性的方式来应对现实。为了真正地看清自己，我们需要的是一种自我疏离的机制，这样才能揭开舒适的面纱，质

疑那些看起来总是正确和恰当的文化活动。或许这种说法有些不切实际，但是我们需要成为自己的人类学家。我们可以学着在我们创造出来的有关他者的展览中反思自我，就像我们在麦片包装盒、汽车、休闲套装、广告牌、电视和教科书中发现自我一样。

哈尔平博士的展览评论涉及加拿大最西部省份——英属哥伦比亚省印第安人的历史与文化。这个精彩的展览汇集了质量极高的西北海岸人工制品，并使用了先进的展览设计和技术。该展览展示了当地印第安人过去的艺术成就，同时也传递出一个隐含的信息，即博物馆研究员、设计师和技术人员所掌握的精妙技术。正如哈尔平（1978：47）所观察到的："漫步在展览中，对比一下印第安人的文化表演和我们的技术表演，与其说是观看他者，不如说是理解自我。更重要的，我们看到了两种文化的碰撞，体验到了以牺牲一方为代价而造就的另一方的技术和政治优势。"

博物馆还是实践民族志技术的绝佳地方，这些技术可用于项目评估和影响评估研究。随之，民族志方法越来越多地应用到博物馆的评估工作中（Alexander 1981；Britan 1978a，1978b；Wolf 1980）。所以，我们在教学过程中侧重一些这样的实践训练是非常有意义的（Ames 1979）。对于学生的实习课程来说，还有比拥有展览和其他公共教育活动的博物馆更好的去处吗？在我看来，描述与评估博物馆的各项活动可以实现博物馆与学生的双赢。

对于那些更关注物质性物件而非社会性物件（比如博物馆）的人类学家来说，仍然有多种办法来拓展研究议程。如上所述，研究物件的传统目的在于确认和重构其原初情境，重点关注这些物件的性质、来源、功能和意义。当缺少博物馆藏品的原初或早期情境的相关信息时，产生有益的理论性结果的可能性是非常有限的。这种状况或许在我们能够使用更精密的分析技术后会有所好转，但基本的事实是，传统的物质文化研究迄今为止尚未解决一些具有理论意义的重要问题。

此外，还有另一种基于物件的研究路径，即收集相关的物件数据，关注所谓的"物件的再情境化（recontextualization of the object）"（Halpin 1983）。这一术语指的是关注物件的社会史：研究物件发生了什么；与物件有关的人究竟是谁；一旦离开了原初使用者之后，物件去往哪里；更特殊的是，一旦被富裕国家的学者、收藏家和博物馆占有，物件会发生哪些变化。物件的生命超出了最初的起源，并在生命流转的沿途中获得新意义、新功能和新主人。史蒂芬·英格里斯（Stephen Inglis）是我们的一位学生，在印度和加拿大从事物质文化研究。在最近的一篇关于加拿大民间艺术的文章（1982；1990）中，英格里斯指出，铜锈不仅体现在物件的表面上，而且也与对物件的研究密切相关，对于铜锈概念的研究向我们揭示了知识史发展的趋势。1978 年，弗里德曼在一篇人类学的评论文章中指出，博物馆是一个"由混凝土和机器组成的、再情境化的宫殿"。他只是道出了一半真相。博物馆、学者、收藏家和其他人将物件从原初的情境移除出来（在这个过程中并不总是充分尊重当地的法律和习俗），通过这种迁徙将物件置于新的情境中，即我们的历史和文化情境中。这种再情境化或重新定义应当引起人类学的关注，因为这不仅向我们揭示了如何理解自我，而且还涉及文化接触、文化支配和文化变迁等反复出现的议题。

研究部落艺术从古老标本到旅游纪念品，再到艺术品（Graburn 1976）的适应与转化，就是我所说的重构物件及其社会史研究的典范之作。这些研究增加了我们对社会变迁过程的理解：一方面有助于我们清晰地感知研究是如何影响处于危险中的人们的，另一方面则有可能帮助这些人更好地应对社会变迁（Appell 1977：15；1980）。再举一个例子，我的另一个学生凯伦·杜费克（Karen Duffek）调查了英属哥伦比亚省西北海岸印第安人手工艺品的生产与销售，并辨识出市场在风格、质量和数量等方面对土著手工艺品生产的影响。她的研究揭示了，当以一种反思方式着眼于实践性和理论性的应用议题时，多面向的博物馆研究是如何实现的。在研究过程中，杜费克还在英属哥伦比亚大学人类学博物馆举办了一个关于当代印第安人手工艺品的小型展览，并通过对博物馆观众的访谈来了解他们评价这些作品的标准。除了完成了博士论文（1983c）以外，她还为公众制作了一份消费者指南（1983a）、提交与发表学术论文（1983b，1983d），并帮助修订人类学博物馆关于收藏、展览和出售当代印第安艺术的博物馆政策。

我是以一个问题开始本章内容的，即除了编写教科书或扮演小丑外，社会人类学家在博物馆中还能做些什么？在系统评论了学术人类学与博物馆之间的疏远关系及其不同的工作条件和结构环境之后，我回顾了一些社会人类学家目前在博物馆或围绕博物馆所从事的研究工作。虽然还可以引用其他例子，但是我的例子大多局限在人类学博物馆。正如巴特勒（Butler）和霍恩（Horn）在美国期刊《博物馆新闻》（*Museum News*）（1983：43）指出的那样："最近的研究趋势包括博物馆教育、观众行为和社区内慈善行为的分析、博物馆管理实践、市场营销、沟通系统和博物馆社会学。"

最后，我总结出了两个关于博物馆及其与社会人类学相关性的一般结论。

第一，博物馆是其所在社会的表征（MacCannell）。博物馆是文化的储存库，是再情境化的机器，是创造与传播文化遗产的平台。因此，它们为社会人类学家提供了大量的机会，以此来重新审视文化模式和文化遗产在现实中被构思、实践、制造、转化、传播、使用和滥用的情况。通过研究博物馆及其所处的社会与历史情境，我们可以研究具体现实环境中文化的生成。

第二，博物馆也是具有独特优势与缺陷的学术机构（McFeat 1962）。博物馆是数据的储存库：鼓励长期研究；协助开展联合与共享的团队工作；向广泛的公众传播知识；有义务与具体专业之外的公众保持联系。博物馆的对公众的许多职能给一些偏向研究的工作人员构成了巨大压力，而对其他工作人员则是强大的激励。无论是哪种情况，当前的境况为博物馆工作人员提供了机会：一方面，可以磨炼他们所具备的人类学的传统技能，并且获得新技能；另一方面，可以将人类学知识应用到日常工作和偶发的研究工作中。简而言之，现代博物馆充满挑战的环境为人类学理论与方法的创新提供了机会。

第五章

他者的刻板化：人类学家都做了些什么？[①]

本章认真思索了人类学和人类学博物馆是如何形塑我们思考他者文化的方式的。作为社会科学，人类学试图生产关于世界，尤其是他者文化世界的“客观知识”。这些客观知识很有可能体现在人类学博物馆的展览中。然而，当考察博物馆展览史时，不难发现展览哲学和风格的变化。曾几何时，博物馆意味着客观真理，而现在不再如此。相应的，博物馆展览也反映和呈现了人类学家在田野调查工作中生产的他者文化的形象变迁。即使人类学家可能会参与到科学研究中，但是他们也积极地“建构”了他们的研究对象。

从早期的珍奇柜到现在美国各大博物馆的现代展览，博物馆展出的民族志藏品有四种来源路径，而每条路径都以巧妙而又明确的方式刻画了第三世界和少数族群的艺术和手工艺的特征，这是人类学博物馆的传统志业。每个展览哲学都源自“什么才是值得研究的人类作品”的假设和回答，相应的，每个展览哲学都在决定博物馆如何通过展览呈现人类学信息方面发挥着举足轻重的作用。我们可以在不同类型的博物馆、某具体博物馆的不同演变阶段或一个大型博物馆的不同部门看到对待民族志藏品的四种视角。譬如，美国的史密森学会在过去几年以每个分馆至少一种视角的模式尝试过多种风格的展览。正如本雅明·劳利斯（Benjamin Lawless）和玛丽莲·科恩（Marilyn Cohen）（1977：59）在《史密森学会的风格》（Smithsonian Style）一文中描述的那样：

---

① 本章的早期版本曾在1983年6月提交给加拿大皇家学会，随后发表在《加拿大皇家学会会报》（*Transactions of the Royal Society of Canada*）（1983，Series iv，Voulume xxi）上。1983年8月提交给在温哥华举行的国际人类学和民族学联合会博物馆委员会。再次出版已经获得加拿大皇家学会的许可。

史密森学会的每个博物馆都以自己的方式获取和展示藏品——艺术博物馆美丽而简洁，历史博物馆热衷于数量众多、各种各样的美国天才故事，科学展览则明确展示了技术文明的伟大成就。

视角一　珍奇柜

我要讨论的第一个视角通常与博物馆的起源相关，事实上，这远早于专业人类学观点的出现。

几百年前，大多数部落群体的实物被归类为奇怪的动植物。作为奇观和赏心悦目之物，它们被旅行到遥远土地的人作为战利品、纪念品或好奇之物收藏起来。

16～17 世纪，装满来自异域的自然和人工藏品的橱柜逐渐成为整个欧洲皇室和贵族府邸的标配，构成了我们现在所熟知的“珍奇柜（cabinets of curiosities/cabinets of rarities/houses of curios）”（MacGregor 1983a）。

这些珍奇柜通常挤满了风格各异的藏品，其构成也并不系统。对于旅行者来说，将发现的奇特或美妙之物带回来是很常见的事情，以此来佐证他们在最新发现或最近殖民的海外土地上的冒险之旅。其中，尤为重要的是选择、收藏那些能够激发钦佩之情和奇观之感的东西，因为它们折射出收藏家的英勇功绩、特殊知识和特权地位。这些珍奇柜为欧洲主要的博物馆收藏提供了基础，它们所唤起的好奇心也推动了人们对文化和自然之物的科学研究兴趣。

然而，珍奇柜的概念早已被引入系统收藏、类型分类和展览教育的现代博物馆所取代。在过去 100 年间，博物馆藏品的管理与展览取得了相当大的进步，而且日渐成熟；相应的，博物馆工作人员的专业化程度得到提升，并且开发出一系列展示藏品的新方法。

视角二　早期的人类学博物馆和自然史路径

随着博物馆工作人员自身及其工作条件的日益专业化，珍奇柜逐渐转变为有组织的博物馆（Baxi 1973：60；Frese 1960：8）。19 世纪后半叶，人类学作为一门独立的学科出现在大学中，与此同时，人类学博物馆也开始形成。人类学专业和人类学博物馆均是 19 世纪西方帝国主义和理性主义扩张的产物（Frese 1960：194）。因此，早期人类学展览的一个典型目标就是要展示来自“原始社会”的人工制品，并将它们视为自然史标本的同类。按照珍奇柜的传统观念来看，原始人和动植物一样，被认为是自然界的组成部分，因此，原始人的艺术品和人工制品根据形态的相似性、发展的进化阶段或地理起源来分类和展示。托马斯·威尔逊（Thomas Wilson）根据1889年巴黎博览会上的人类学展览所做的报告（1891）和伯顿·本尼迪克特（Burton Benedict）在1983年出版的《世界博览会的人类学》（*The Anthropology of World's Fairs*）都不同程度地涉及了这种比较的视角。这种早期的人类学视野仍然可以在世界各地的许多自然史博物馆和历史博物馆中找到，其中，牛津大学的皮特·里弗斯博物馆（Pitt Rivers Museum）或许是最典型的例子（Blackwood 1970）。

视角三　现代人类学与情境主义

现代人类学的博物馆研究正是在上述自然史的背景下发展起来的，至少在北美，博物馆的人类学路径在很大程度上应归功于德国移民、新大陆专业人类学的创始人博厄斯。1893年，博厄斯第一次真正参与博物馆工作，负责指导芝加哥世博会（Chicago Exposition）民族志藏品的布置，这批藏品随后成为芝加哥菲尔德博物馆（Chicago Field Museum）收藏的核心。接下来，博厄斯去了纽约的美国自然史博物馆（American Museum of Natural History in New York），在那里，他负责展厅的展览布置。正是通过这次布展，博厄斯推广了一种不同于以往的人类学展览理念：在一个模拟其所处原初文化情境的人造场景中展示人工制品。传统做法是将它们作为自然史标本，以此来展示某种类型或进化的序列。博厄斯指出，人工制品应当以组合的方式进行展示，以此来阐明一种生活方式，与此同时，生活方式和人工制品所处的情境能够为其赋予意义（Mead and Bunzel 1960：305；Stocking 1971：155-156）。

如果我们想要从“本土观点”理解人工制品，即它们是如何在原初情境中使用的，那么通过展览设计师的技能，人为地将来自他者文化的数据或标本置于情境中的想法是有道理的。对于博厄斯及其追随者来说，人类学的使命（尽管是自以为是的）是呈现“本土观点”，制作情境化展览是人类学博物馆试图履行上述使命的不二选择。从更广义的层面来看，情境化展览旨在回答两个问题（Adams 1981：292，296）：藏品如何能够增进对他者社会的理解？如何利用藏品来阐明人类学的概念和见解？遗憾的是，一些人类学家则完全混淆了这两个问题。

视角四 形式主义视野：作为艺术的民族志藏品

第四种看待藏品的方式也得益于博厄斯的启发，具有讽刺意味的是，它严重挑战了博厄斯所倡导的情境主义观点，并再次重拾珍奇柜法则。我们可以将第四种观点称之为美学或形式主义视野，即以艺术的眼光看待原始社会的物质文化，强调形式而非内容。

几年前，当纽约大都会艺术博物馆（Metropolitan Museum of Art）开放原始艺术展厅（又名迈克尔·洛克菲勒展厅）时，博物馆自豪地宣称原始艺术最终得到了认可，并且开始与世界伟大艺术“平起平坐”。大都会艺术博物馆原始艺术部门的主任道格拉斯·纽顿（Douglas Newton）在与展厅开放同步发行的图录中写道（1981：10）：“我们终于开始关注另一个文化传统的艺术品了，即使它们是这个世界较为原始的文化之一，且来自如此遥远的地方。”（纽约一直标榜自己是该项事业的开创者，然而早在几年前其他博物馆就发表过类似声明，比如加拿大文明博物馆、英属哥伦比亚皇家博物馆、英属哥伦比亚大学人类学博物馆等，以及欧洲的一些博物馆等。）

纽顿指出，正是博厄斯唤起了“美”的概念，这是此前在分析部落的物质材料时很少使用的词汇（1981：9）。博厄斯坚持认为所有人群都存在审美知识，由此，我们应当将原始文化中的人工制品视为艺术品，并对其进行形式分析。

一些形式主义者拒绝情境主义的路径，他们认为人造场景与珍奇柜相类似，也是一种主观武断的安排：模仿出来的展览情境代表的是人类学家在思维上的重构，并经由展览设计师的技艺才能而得到进一步完善。形式主义者认为，这样的展览与其说展示了情境化的他者文化，不如说是透露出我们的展览技术和最新理论等信息。

与此同时，情境主义者也拒斥形式主义视野，认为这完全不适合人类学博物馆。许多人类学家认为，将藏品从其情境中抽离出来，并将其作为艺术品进行展示是不道德的。比如，一位著名的英国人类学家将矛头指向所有的博物馆，指责它们是“去情境化的机器（machines of de-contextualization）”（Freedman 1978：54；另见第七章）。

虽然形式主义者和情境主义者抱持的观点截然相反，但通常情况下，两者乐意容忍彼此之间的差异：形式主义者主导艺术博物馆，情境主义者主导人类学和自然史博物馆。只有当边界被打破时，人们才会变得焦虑或困惑。如果人类学博物馆将部落社会的物质材料作为艺术品进行展示，那么这就意味着打破边界，其结果是分类会变得混乱，人们很可能感到迷失和困惑。

综上，我描述了博物馆看待、思考、展示他者之物的四种不同方式，与此同时，这也形塑了我们观看与思考这些物件的方式。博物馆可以将物件作为好奇之物、自然史标本、情境要素或艺术品来进行展示。虽然不同路径之间存在着相当大的差异，或者说有些路径在今天比其他的更受欢迎，但是它们依然具有某些共同的特征。

首先，四种路径是相对而言的。它们试图将特定物件置于更广泛的知识话语情境中予以分析，无论这种比较是否有夸大之嫌，这都是归纳概括的必要辅助。其次，四种路径都存在不同程度的缺陷。虽然任何一种都在特定的理论圈里十分流行，但也仅是更大总体性中的一种选择而已。站在长时段的立场上，每种路径都是不完整的，即便以组合的方式出现也无法构成整体性表达。再次，四种路径都代表着观察他者文化过往的局外人观点（Merton 1972），即便是声称展示“本土观点”的情境主义者也终归是局外人，他们试图通过重构来模仿再现他者的生活方式。伯顿·本尼迪克特在考察人在世博会上的展出方式之后得出结论：“展示人即是展示权力，这是一种展示权力关系的象征性展演。值得注意的是，权力关系并一定非得是真实的，它们可能是源自展览制作者的想象。这种权力关系具有很强的欺骗性，代表着一种象征性的、不切实际的幻想。”因此，四种路径归根结底代表的是局外人观点，这就促使我们去探寻第五种视野：局内人的观点，也就是真正的“本土观点”。

视角五　局内人的观点

1982 年 10 月，英属哥伦比亚大学人类学博物馆邀请来自温哥华北部夏洛特皇后群岛的海达人（Haida）来到博物馆，并在博物馆中竖立起一根由他们自己雕刻的新图腾柱。这是一个轰动性事件，吸引了包括印第安人和白人在内的数千人参加，他们共同努力，并遵循传统的方式竖起图腾柱。博物馆工作人员对此项活动非常满意，因为这次伟大的成功属于参与其中的每一个人。我们也因为能够将这些群体团结起来、为同一目标而共同努力而感到自豪。说实话，我自我感觉良好。此后不久，当我与一位当时没有参与该活动但却对此事有所耳闻的印第安艺术家交流时，他的话瞬间将我拖回现实：“你们没有为印第安人做过哪怕一丁点儿的事情。你们的任何一家博物馆都无法让我们感到自在，因为这些博物馆从来没有讲述我们的故事。当你们谈论起源时，你们指的是考古学意义上的白令海峡、起源神话、传说和史前史。虽然，我们对白令海峡或神话传统一无所知，但是我们知道我们是谁、来自哪里。这是长辈们告诉我们的，他们说的是真理而不是神话。”

他继续说道，他们也有自己的历史，但是人类学家有时候会将其记录和描述为“神话”“传说”或“民俗”。他们自己的历史和局内人观点不得不日益与传教士、处理印第安人事务的政府官员、教师和人类学家所宣扬的局外人观点展开斗争。他坦言，一些印第安人最终屈服于局外人观点，并将其整合到自己的观点中，另外一些印第安人则尽力保存、恢复，甚至重新提出他们自己的想法。较之于博物馆展示的历史，这些观点更加强调个人对历史的理解。对他们来说，知识来源于长辈们的记忆，而非社会科学家标榜的客观事实。

事实上，北美的第一民族已经不再对人类学抱有幻想，有些甚至禁止进行人类学研究。针对一位人类学家发表的关于他们社区的研究成果，马塞特海达社区委员会（Band Council of the Massett Haida）表达了不满，并在1983年7月通过如下决议：

> 鉴于老马塞特的海达人厌恶人类学家、考古学家和其他研究人类标本的人的入侵；
>
> 鉴于任何信息的搜集与研究从未对海达人有任何好处，而只会使寻求学术认可的社会科学家受益；
>
> 鉴于海达人有权利过着有尊严、安全的生活；
>
> 鉴于某些个体侵犯了马塞特社区成员的权利和特权，并滥用那些从社区长辈那里获得的秘密信息。
>
> 马塞特海达社区委员会禁止任何一名人类学家进入马塞特保留地；立即将任何与老马塞特海达人有关的信息归还给马塞特海达社区委员会；人类学家不得再与马塞特海达社区的任何成员发生进一步接触。

拒绝传统人类学研究合法性的绝非只有北美第一民族。让我们来看一下美国公共电视频道的纪录片——《人类学的审判》（*Anthropology on Trial*）中巴布亚新几内亚学生发表的声明（Holecek 1983：1）：

> 纳华·鲁德尼（Nahua Roodney）：我认为，在1980年代我们就必须阻止外国人类学家进入这个国家。我们有自己的学者，我们巴布亚新

几内亚人现在自己就可以成为人类学家。

> 有时候，老师会告诉我们："去图书馆找这本书来阅读。"有时候，我们也会问老师："我们能从自己的知识背景出发来做这件事吗？"他们会说："恐怕不行，你必须阅读图书馆里的书。"这就是我们苦恼的原因。当我能够从自己的知识背景和社会出发来讲述自己的故事时，为何还要阅读由局外人写的书呢？

从"印第安人的观点"来看待历史是第五种视野，这是思考博物馆中的印第安物件的附加要素。这不再是一个局内人还是局外人垄断真理的非此即彼的问题。简单地认为现代人类学重构的情境主义观点足以描述局内人观点的看法也是有失偏颇的，局内人完全拒绝了这种可能性。准确地说，问题的核心是在寻求真理和理解的过程中，局内人与局外人的视野是如何相互影响、彼此建构的（Morton 1972：36）。

那么，局内人的视野，也就是所谓的"印第安人的观点"究竟是什么呢？首先，我们必须清醒地认识到，其实并不存在一种"正统"的局内人视野。随着时间的变迁和代际更迭，观点一直处于变化、生成与重新生成的过程中。关于过去的认识可能仅是模糊的记忆碎片，此外，博物馆中的大多数物件都属于模糊记忆中的过去而非当下。这种现象普遍存在，北美西北海岸仅作为一个简单的具体案例，以此来思考物件和博物馆是如何形塑我们思维方式的。其次，必须承认的是，我们很难轻易地描述局内人视野的特征。因为一旦这么做，就意味着将它们转化成一种我们的语言，这种对局内人视野的重构犹如展览的制作。目前来看，或许学会倾听他们就足够了。

如下内容是我们在英属哥伦比亚大学人类学系听闻的：

> 1. 正如在"竖立图腾柱"事件中已经看到的那样，有人颂扬，有人嘲讽。一些印第安人对有机会展示他们遗产充满感激，另外一些则认为遗产是私有的，从而不愿意展示它们。
>
> 2. 土著群体对于博物馆的现实相关性举棋不定。举例来说，一个打算在温哥华岛建立文化中心的部落委员会代表最近告诉我，他不喜欢用"博物馆"一词来描述他们想要的东西。他解释说："博物馆是一个白人的机构，我们的文化不需要这种东西。"此外他还谈到，他们不希望受到"博物馆"这种类型的限制。与此同时，他们的部落委员会聘请了加拿大顶级博物馆展览设计师帮助进行建筑设计，这实际上也宣告了

他们最终呈现的还是一个传统的博物馆展览。

3. 几年前，人类学博物馆举办过一个传统萨利希人（Salish）雕塑与雕刻的特别展览。这些作品第一次在其来源地展出，萨利希人的年轻一代也是第一次看到这些作品。因为现在的萨利希地区几乎不再保有这些东西，因此，我们不得不从其他博物馆征借藏品（萨利希人过去居住在现在的大温哥华地区以及临近的温哥华岛的南部地区）。展览开放后，萨利希人从四面八方涌到博物馆。我猜想，大部分人应该很喜欢、很享受这个展览，但是也有一些前来参观的长辈表示，当看到所有的灵魂都被锁在玻璃展柜中时，他们感到悲痛不已。从这个意义上来说，与其将这些物件带回来激发悲伤的记忆，不如将其继续留在外面的博物馆中。

4. 一些西北海岸的印第安人普遍认为，抢救那些现今伫立在博物馆中的古老图腾柱是错误的，它们原本的归宿应该是留在荒芜的村里任其腐烂。其他的土著群体——其中一些不是图腾柱文化的后代——谈到，当身处古老图腾柱被隆重展出的人类学博物馆的大厅时，他们能够感觉到灵魂的存在，从而充满着喜悦、骄傲和力量。

5. 有些人指出，图腾柱（最初从印第安家族或部落委员会购买的）应该归还到来源村落或印第安人的博物馆。其他人则继续请求博物馆购买或保存他们拥有的传统物件。

6. 通常情况下，博物馆工作人员充满敬意地照料博物馆藏品，小心翼翼地处理藏品，并以崇敬的态度展示它们。然而，我们不应假设这些物件的原初使用者像我们一样也持有神圣的态度。一天，一位夸扣特尔人（Kwakiutl）在博物馆中径直走向我，指着博物馆精心展示且旁边放着“请勿触摸”标识的几个巨大狼型宴会餐具（wolf feast dishes），微笑着对我说：“你看到这些宴会餐具了吗？我们小的时候，这些东西通常存放在地下室；当河水泛滥时，我们会把它们作为独木舟在水中划来划去。”

类似的声音和故事还有很多。它们不应该、也无法达成共识，因为其代表的人们具有不同的兴趣和体验。但是，我们又不得不倾听这些声音和故事。“本土观点”始终在提醒我们，局外人没有最终的发言权，重要的是不同视野之间的持续交流与互动。

在我看来，无论是通过重构情境化展览还是其他方式，英属哥伦比亚大学人类学博物馆无论如何都无法适切地展示“本土观点”。对于博物馆而言，更重要的是集中精力做自己擅长的事情，即展示作为一个专业机构的观点、认识到其中的局限性，并与土著群体或原住民的博物馆和文化组织保持合作。一座博物馆只是文化百科全书中的一卷，且永远处于书写状态。任何一座博物馆都无法、也不应该假装能够洞悉一切。

重思物件

在本章中，我描述了博物馆人思考物件并赋予其展示意义的几种较为常见的概念性方案：作为好奇之物展示的物件、作为自然界标本展示的物件、作为重建情境中的元素或构件展示的物件、作为艺术品展示的物件和作为局内人历史碎片展示的物件。

一个人选择上述何种视角，取决于他对人类作品的意义和知识本质所抱持的更广泛假设。一种视角可能会被当作“真理”，但是它的适切性是由特定的理论框架决定的。在承认其他观点也对知识作出了有益的贡献时，我们也没有必要放弃自己的观点或接受相对主义的原则。因此，这不是一个无数观点彼此竞争、你死我亡的问题。只要我们充分意识到每种观点的局限与优势，那么，这就变成有限的几种观点在一定程度上相互补充的问题。

第六章

人类学家是如何构建他者文化的？[①]

人类学家的经典形象是一位孤独的学者：为了科学和人类的利益，只身前往遥远的地方探寻与记录鲜为人知的社会。这项崇高的事业孕育了一些显著的成果，迄今为止，我们仍然从中受益。然而，我想在此思考这项崇高事业的另一面，即人类学家是如何通过自己的工作来建构他们所发现的社会。

我将以博物馆人类学家对北美西北海岸印第安艺术和手工艺的研究作为案例来佐证我的观点。我认为，我们在该案例中看到的创造性重构（creative reconstruction）——人类学家通过保管和研究活动积极介入到他们收藏与研究的文化发展中——普遍存在于大多数的民族志报告中。

我的主要关注如下两种现象：其一，博物馆人类学家是如何在北美西北海岸创造、推广和传播"文化变迁型人工制品（acculturated artefacts）"的（Graburn 1968）；其二，这些实践又是如何影响印第安艺术在该地区的"文艺复兴"的。在此，我所说的"文化变迁型人工制品"指的是那些在文化接触、变迁和适应背景下生产出来的人工制品（详见纳尔逊·格雷本的研究）。

让我先从一个简单的问题谈起。大约20世纪70年代，一些观察者记录了西北海岸印第安艺术的消亡。如今，人们又开始谈论印第安艺术的复兴（Vastokas 1975；Young 1980）。这种复兴是如何产生的？这与博物馆人类学家有何关系？

---

① 本章的早期版本曾于1979年2月24日在班夫举行的加拿大民族学学会第6界年会的"博物馆民族学"研讨会上进行过宣读。随后的修改版以《博物馆人类学家和西北海岸文化适应的艺术》（Museum Anthropology and the Arts of Acculturation on the Northwest Coast）发表在《卑诗研究》（*BC Studies*，1981，no.49）上。感谢卡罗尔·法伯（Carole Farber）、马乔里·哈尔平（Marjorie Halpin）、安·克莱恩（Ann Krahn）、彼得·麦克纳尔（Peter Macnair）和林恩·马兰达（Lynn Maranda）为本章写作提供的信息。当然，任何错误和遗漏均由作者自行负责。再次出版已经获得编辑部的许可。

1954 年，英属哥伦比亚省的艺术家杰克·沙德波特（Jack Shadbolt）给温哥华当地的一家报纸写了一封信，信中提到西北海岸印第安艺术的伟大遗产正在消亡，其前景令人堪忧（Shadbolt 1954）。在 1959 年出版的《艺术通史》（*Art Through the Ages*）一书中，海伦·加德纳（Helen Gardner）指出，事实上早在 1910 年，优质的西北海岸印第安手工艺品就已经退化的"不堪回首"了（Gardner 1959：623）。

然而，到 20 世纪 70 年代中期，当代北美西北海岸印第安艺术与手工艺的生产与销售已经成为一个价值高达数百万美元的产业。报纸文章将当时的西北海岸印第安艺术称之为"伟大的艺术盛宴（great art bonanza）"（Scott 1978）。一些当代作品成了被收藏的对象，受到博物馆和私人收藏家的热情追捧。雕刻家本身也获得了日益广泛的认可，越来越多的人开始自称或被称为"艺术家"而不是"雕刻家"。

20 世纪八九十年代，西北海岸印第安艺术的复兴可能有很多原因（Vastokas 1975）。第一，工业社会对原始艺术、真实体验和旅游纪念品的兴趣越来越浓厚（MacCannell 1978）。第二，印第安政治和文化运动唤醒了印第安人对于自身文化遗产及其价值的意识。第三，无论是在质量还是数量方面，市场都为印第安纪念品和收藏品的生产提供了相当可观的回报。第四，与博物馆人类学家有脱不开的干系，他们不仅促成了复兴，而且还积极参与到复兴的发展过程与未来方向中。博物馆及其人类学家购买、评估、推广当代印第安艺术和手工艺，其涉足市场的程度已经到了令人惊叹的地步。其中，第四点是本章着重要探讨的内容。

博物馆人类学家的影响

博物馆人类学家至少以三种方式影响了西北海岸印第安艺术和手工艺产业：重构西北海岸艺术的意义；以多种身份推销印第安艺术和艺术家，并使之得到认可；促成了人类学家和印第安人之间关系的转变，实现从赞助人到客户的身份转变。接下来，我将逐一讨论每种影响。

重构西北海岸印第安艺术和手工艺的意义

人类学家曾对西北海岸的物质文化进行过独特且富有广泛影响力的阐释。这种阐释既包括对西北海岸印第安人设计元素或法则的系统整理（codification），也包括对其意义或美感特质的重新定义：从"原始"或"好奇"艺术到可与西方文明艺术相媲美的“精美”或“高雅”艺术。

设计元素的系统整理促使设计与技术走上标准化或合理化的道路。其结果类似于习惯法向成文法的转变：形式和内容的普遍定型随之而来（另一个产生反作用的因素是一些比较先进的印第安雕刻家在某种程度上倾向于以“现代艺术家”作为行为典范，热衷于个人主义和实验主义）。在系统整理的过程中，博厄斯和比尔·霍尔姆（Bill Holm）两位人类学家发挥了特别重要的作用。

博厄斯不是第一个在西北海岸进行人类学调查的人，也不是第一个对西北海岸印第安人的设计表露出浓厚兴趣的人，但是关于该传统最具影响力的整理总结却出自博厄斯之手。其研究首次发表在1897年《美国自然史博物馆简报》（*Bulletin of the American Museum of Natural History*）上，随后出现在《原始艺术》（*Primitive Art*，1927）的第六章中。博厄斯对西北海岸印第安艺术的元素和法则进行了精辟的论述，其中包括椭圆眼形（现在称为卵形）、双曲线设计、分裂的U形、分裂的表现形式、部位的错置，以及一系列至今仍在文献中频繁出现的插图。

海伦·科德雷（Helen Codere）在为博厄斯的著作《夸扣特尔人的民族志》（*Kwakiutl Ethnography*）所做的序言中指出（1966：xx-xxi）：“正如博厄斯分析和描述的那样，即使对这种艺术、象征和制作惯例等要素只有相当肤浅的认识，也可以很容易地拆穿那些自称是西北海岸艺术的谎言。”科德雷接着做了一个预言性的声明：“似乎只要全面掌握博厄斯的分析细节和绘画或雕刻方面的技能，那么，重新生产真正的西北海岸艺术自然也是一件水到渠成的事情。”她指出，这一预言已经兑现，这也从侧面印证了博厄斯分析的充分性。

华盛顿大学和托马斯·伯克博物馆（Thomas Burke Museum）的霍尔姆在研究西北海岸艺术设计方面造诣颇深。至少在二维或平面设计方面，他的整理比博厄斯更加深入，而且还出版了人类学家和印第安雕刻家相互研究与学习的标准文本（Holm 1965）。霍尔姆自学如何制作西北海岸的艺术品，然后将方法传授给包括印第安雕刻家在内的其他人。例如，他曾短暂地协助英属哥伦比亚省哈泽尔顿市（Hazelton）发展西北海岸艺术的卡汕风格（Ksan style），该风格实现了传统法则与基于一定规则的人类学重构法则的巧妙融合。事实上，在科德雷发表预言性声明的1966年，霍尔姆带着他的幻灯片和笔记来到哈泽尔顿市，讲授西北海岸艺术的平面设计要素。博厄斯和霍尔姆的系统整理成为评判西北海岸艺术家的主要依据和标准，他们的著作既是印第安雕刻家的学习内容，又是他们的教学教材。

人类学家影响西北海岸印第安艺术意义重构的第二种方式是促成了分类标准

的改变，即从异国情调的“原始艺术”转变为更加高贵的“精美艺术”，前者指的是其他部落和珍奇柜传统，后者则指的是西方文明引以为傲的伟大传统。列维－斯特劳斯（Levi-Strauss）或许是第一位重新定义原始艺术的人类学家。1943年，他写道：“我们很快就会看到，西北海岸的人工制品将从人类学博物馆转移到艺术博物馆，并与埃及、波斯和中世纪的艺术品共处一室。在我看来，原始艺术丝毫不逊色于那些伟大的艺术。”（1943：175）

自20世纪50年代以来，西北海岸的很多人通过教学、写作和展览等实践活动，尝试将西北海岸印第安手工艺作为艺术进行推销。英属哥伦比亚皇家博物馆的人类学研究员、英属哥伦比亚大学人类学教授威尔逊·达夫（Wilson Duff）在其中发挥了重要作用。这一时期举办的重要展览之一是1967年在温哥华美术馆举办的“乌鸦的艺术（Arts of Raven）”，该展览由多丽丝·沙德波特（Doris Shadbolt）策划，达夫、霍尔姆和海达艺术家比尔·里德（Bill Ried）协助完成。

在展览图录中，沙德波特提到该展览代表了“从民族学到艺术的转向”（1967）。在8年后再次回顾这次展览时，达夫指出，“乌鸦的艺术”这个展览是一道分水岭，自此之后，作为“精美艺术”和“原始艺术”的西北海岸印第安艺术身份得到广泛承认（1975：13）。

在为壮观的史前石雕展览——“史前石头掠影（Images：Stone，BC）”所写的图录（1975：24-25）中，达夫高度赞扬了西北海岸印第安艺术的高超智慧和美感特质。他指出，我们最终开始相信那些存在已久的西北海岸“艺术哲学家”是富有知识和具有成熟智慧的人。用他的原话来说就是：“我们对此知之甚少，但是对于上述宣言的现有的证据，以及经历时间长河仍然生活在加拿大的印第安人们足以证明他们在过去3000年里的艰辛思考。”

迄今为止，人类学家和其他人在适当的场合不断重复一套广为流传的冗长之词。例如，在《西北海岸印第安艺术家协会1977年的图形收藏》（*1977 Graphics Collection of the Northwest Coast Indian Artists' Guild*）一书的前言中，加拿大国家人类博物馆（现在的加拿大文明博物馆）的乔治·麦克唐纳（George MacDonald）指出，直到现在，西北海岸印第安艺术“才被国际专家誉为可以与古埃及、中国艺术相媲美，且对人类艺术具有同等重要价值的遗产”。在《西北海岸印第安艺术家协会1978年的图形收藏》（*1978 Graphics Collection of the Northwest Coast Indian Artists' Guild*）一书的前言中，国家人类博物馆的时任馆长威廉·泰勒（William Taylor）指出，西北海岸印第安艺术是“人类最伟大的艺术成就之一，足以与中国和日本、非洲部落、前哥伦比亚时期的中美洲、欧洲的文艺复兴的卓越传统相媲美”。接下来，他重复了列维－斯特劳斯的声明，即西北海岸印第安艺术完全可以“与希腊和埃及的艺术相提并论”（Taylor 1978）。

企图重新定义和提升西北海岸印第安艺术的意义（尤其是其表现形式）的做法，并未得到普遍接受。有些人不同意将其从原始艺术的范畴中抽离出来。举例来说，西北海岸印第安艺术家协会曾经询问温哥华美术馆（Vancouver Art Gallery），该协会的首本图形收藏（1977 年）能否在展厅中举办公开发行活动。很显然，印第安艺术家想借此机会向所有人宣告一个信息，那就是他们的丝网制品是值得在大型艺术博物馆中展出的“精美艺术”。温哥华美术馆同意了这一提议，但是却把丝网制品挂在了通往礼品店的前厅，人们只有进入礼品店才能看到它们。整个活动没有展厅工作人员，只有礼品店经理和正在卖丝网制品的售货员。

推销印第安艺术与艺术家，并使之得到认可

自 20 世纪 50 年代以来，英属哥伦比亚省的博物馆，尤其是英属哥伦比亚皇家博物馆、英属哥伦比亚大学人类学博物馆和温哥华博物馆这三大博物馆一直是当代印第安艺术的主要赞助者。这些博物馆成立了一些重要的委员会，借此使当代印第安雕刻家得到认可。或许最重要的事件发生于 1949 年，当时英属哥伦比亚大学人类学博物馆的奥黛丽·霍桑（Audrey Hawthorn）和哈利·霍桑（Harry Hawthorn）委托夸扣特尔雕刻家艾伦·尼尔（Elen Neel）和蒙戈·马丁（Mungo Martin）修复博物馆里收藏的图腾柱。这项委托工作使马丁成为一名全职的雕刻家和驻校报道人，他先是在人类学博物馆工作了 2 年，随后去往英属哥伦比亚皇家博物馆，与达夫一起共事 10 年。这件事公开表明为白人及其博物馆制作高品质的雕刻作品就能过上体面的生活。值得注意的是，达夫的继任者彼得·麦克纳尔（Peter Macnair）则抱持着一种截然相反的观点，即重新为印第安人而非白人制作雕刻作品方能过上体面的生活。关于这一点，我将在后文再次讨论。

在马丁之后，比尔·里德（Bill Reid）和道格拉斯·克兰默（Douglas Cranmer）在 1957～1963 年间接受委托为英属哥伦比亚大学人类学博物馆设计和建造海达人的房屋和图腾柱。亨利·亨特（Henry Hunt）和他的儿子（马丁的亲戚）则在英属哥伦比亚皇家博物馆工作。海达人房屋的建造是里德和克兰默的主要工作，这不仅深刻影响了他们的职业生涯，而且在当时引发了广泛关注，并对许多人产生影响。到了 20 世纪六七十年代，由于委托工作的不断增加，从事这些工作的雕刻家数量也随之增长。最新雕刻的图腾柱不仅点缀着英属哥伦比亚省

的景观，还成为赠送给其他国家的礼物。在过去的 10 年里，雕刻家也开始在自己的村庄雕刻与竖立图腾柱，甚至印第安人也开始收藏自己的纪念品艺术。

在 1956～1980 年这 24 年间，英属哥伦比亚省的主要博物馆和美术馆（偶尔在礼品店的协助下）共举办了 30 多个西北海岸印第安艺术主题的展览，推出了 2 个大型的常设展（分别展出于英属哥伦比亚皇家博物馆和英属哥伦比亚大学人类学博物馆）。所有这些实践都极大提升了西北海岸印第安艺术的美学价值（详见表 1）。其中，第一个重要的展览就是奥黛丽·霍桑和莫里斯（J. A. Morris）于 1956 年在温哥华美术馆举办的展览——“夸富宴民族（People of the Potlatch）”，其他极具影响力的展览还包括：1967 年“乌鸦的艺术”、1969 年由人类学博物馆在蒙特利尔第 67 届世博会上举办的“西北海岸”、1971 年“遗产”、1974 年“比尔·里德生平”，以及 1977 年在英属哥伦比亚大学人类学博物馆举办的系列个展和版画展（见表 1）。最初的展览主打印第安艺术的早期作品，其中也有一小部分当代艺术家作品；随后，天平逐渐发生倾斜，展览转向在世艺术家的当代作品。譬如，英属哥伦比亚皇家博物馆的两个名为“遗产”的展览（1971、1976）主要是由委托制作的当代作品构成。

表 1　1956～1980 年英属哥伦比亚省主要的博物馆和美术馆将西北海岸印第安物质文化作为艺术进行展出的展览简表①

时间	展览	地点	研究员 / 组织者
1956	People of the Potlatch	Vancouver Art Gallery	J.A. Morris, A. Hawthorn
1958	100 Years of BC Art	Vancouver Art Gallery	R.M. Hume
1967	Arts of the Raven	Vancouver Art Gallery	Shadbolt
1968～1970	Age of Edenshaw	Vancouver Centennial Museum	Duff
1969	Mungo Martin Retrospective	?	Hawthorn
1969	Henry Speck	New Design	Hawthorn
1969～1970	The Northwest Coast	Man & His World	Hawthorn
1971	Robert Davidson	Vancouver Museum	Gift Shop
1971	The Legacy	Royal Museum of British Columbia	P. Macnair
1973～1974	Selections from the Lipsett Collection	Vancouver Museum	L. Maranda

① 为了查找方便和深入研究，此表格内容并未翻译。译者注。

续表

时间	展览	地点	研究员 / 组织者
1974	Bill Reid: A Retrospective	Vancouver Art Gallery	D.Shadbolt
1975	Images: Stone: BC	Art Gallery of Greater Victoria	W. Duff
1975	Northwest Coast Renaissance	Vancouver Museum	Gift Shop
1976	Legacy: Opening of new UBC Museum of Anthropology	UBC Museum of Anthropology	P. Macnair et al.
1976	The Cook Argillite Collection	Vancouver Museum	Gift Shop
1976～1977	BC Indian Artists at Work	Vancouver Museum	L. Maranda
1976	Selections from the Lipsett Collection	Vancouver Museum	L. Maranda
1977	Opening of the Anthropology Gallery	Royal Museum of British Columbia	P. Macnair et al.
1977	The' Ksan B Show	Vancouver Museum	Gift Shop
1977	Roy Vickers: Beginnings	UBC Museum of Anthropology	H. Ratner
1977	The Lightbawn Collection	Vancouver Museum	Gift Shop
1977	Norman Tait, Nishga Carver	UBC Museum of Anthropology	H. Ratner
1977	Silver Workshop: NWC Carvers at Work（Treasures of London）	Vancouver Museum	R. Watt
1977	NWC Indian Artists Guild 1977 Graphics	Vancouver Art Gallery	Gift Shop
1978	Joe David	UBC Museum of Anthropology	H. Ratner
1978	NWC Indian Artists Guild 1978 Graphics	UBC Museum of Anthropology	H. Ratner
1979	NWC Indian Artists 1979 Graphics	UBC Museum of Anthropology	H. Ratner
1979	Cycles: The Graphic Art of R. Davidson	UBC Museum of Anthropology	M. Halpin H. Stewart
1979	The Evolution of Bill Reid's Beaver Print	UBC Museum of Anthropology	Student Exhibit
1980	West Coast & Kwakiutl Graphics	UBC Museum of Anthropology	Student Exhibits
1980	Salish Weavers	UBC Museum of Anthropology	Student Exhibit
1980	Bent Boxes	UBC Museum of Anthropology	Student Exhibits
1980	Legacy II（Edinburgh Festival）	Royal Museum of British Columbia	P. Macnair et al.

1976 年 5 月，英属哥伦比亚大学人类学博物馆新馆的开放对西北海岸传统印第安艺术的美学价值做出了最有力的声明。摆放着大量雕刻的大厅和杰作展厅

让公众印象深刻，因为这是首次将数量如此之多、质量如此之好的西北海岸印第安雕刻作品（距今 13～200 年不等）收藏起来，并作为艺术杰作优雅地展示在博物馆中。艺术评论家毫不犹豫地宣称道，早期雕刻作品与世界上任何伟大的艺术传统不相上下。

为了进一步完善传统雕刻作品的展览，人类学博物馆追随美术馆中白人艺术的展览风尚，随即设立了一个展示当代印第安艺术家及其作品的项目（Macfarlane and Inglis 1977；Macfarlane 1978；Halpin 1979）。

1976 年，英属哥伦比亚皇家博物馆开放人类学展厅，同年，渥太华的国家人类博物馆（现在的加拿大文明博物馆）开放“乌鸦之子展厅（Children of the Raven Gallery）”，这两者再次关注艺术主题。此外，当时的温哥华世纪博物馆（Vancouver Centennial Museum），尤其是在礼品店的支持下，致力于推广当代印第安艺术家，先后为罗伯特·戴维森（Robert Davidson）、托尼·亨特（Tony Hunt）及其同事、卡汕人举办展览。现在，印第安艺术展览经常出现在温哥华和维多利亚地区的商业画廊中，这也表明当代印第安艺术在当地圈子里的日渐成熟。

实际上，公共博物馆收藏与展览的目的是实现当代印第安艺术家及其作品的博物馆化，并使之得到广泛认可。具体而言，白人将博物馆中展示的人工制品视为收藏品和投资品；印第安人则希望从中发现自身物质遗产的新价值。曾经的舞台道具摇身一变成为研究员梦寐以求、保管员精心照料、艺术设计师精心展示的有价值的物件。一些印第安雕刻家也被置于展览之中，并被贴上了现代艺术家的标签。例如，英属哥伦比亚大学人类学博物馆聘请印第安雕刻家为学生上课、为公众做讲座，并不时接受艺术评论家的采访。

重新定义人类学家和博物馆角色

博物馆人类学家影响印第安艺术的第三种方式源自他们对博物馆事业的重新定义。一些博物馆人类学家正在转变人类学家和印第安人之间的关系。

与博物馆为白人观众收藏和展示印第安人工制品的传统角色相反，博物馆的新角色则是从白人社会收藏物件，从而展示给印第安人。例如，为了购买和归还早期珍贵的人工制品，英属哥伦比亚皇家博物馆和加拿大文明博物馆曾经在高价的国际艺术市场角逐过一段时间（Bruce 1976）。另一个例子来自英属哥伦比亚皇家博物馆的民族学部门。曾几何时，该部门以传统博物馆的方式利用印第安资源举办展览；最近，该部门越来越多地利用自己的资源来满足印第安社区的文化需求。虽然买单的依旧是人类学家或他们所在的机构，但是博物馆人类学家和印第安人的关系发生了逆转：前者已经成为客户，而后者则成为赞助人。

以下是来自该部门的两个案例：

> 自从夸扣特尔大师级雕刻家马丁于1952年加入博物馆以来，印第安雕刻家就一直被博物馆雇佣。他们既可以复制博物馆藏品，也可以实验和创新雕刻技巧。在过去的一二十年间，英属哥伦比亚省的博物馆致力于为这些雕刻作品开拓白人市场。最近几年，英属哥伦比亚皇家博物馆的首席民族学研究员开始想办法促进印第安市场的发展，他雇佣雕刻家为印第安夸富宴制作艺术品。为此，他从博物馆收藏中借出物件，并将重新雕刻的艺术品捐赠给夸富宴的赞助人。几年前，当他第一次邀请几个年轻雕刻家为夸富宴制作面具时，他们对此感到怀疑，并认为这是一件非常奇怪的事情（与P. Macnair的个人访谈，1977年）。时至今日，当年为夸富宴制作的面具已经成为这些雕刻家自认为的最珍贵财产（Macfarlane 1978）。
>
> 民族学部门也通过录制和拍摄的手段详细记录了当代夸扣特尔人的夸富宴。在麦克纳尔的协商与安排之下，博物馆获得了信息的保管权，印第安人保留了所有权。博物馆只有在信息主人许可的情况下才向学者开放，而主人无需付出任何东西就可以获得照片和视频的副本，或者用于将来的夸富宴，或者是自娱自乐。（人类学展厅也有禁止观众使用录音机的标识，因为展厅中播放的歌曲和音乐的版权属于印第安家庭。）

当博物馆收集的信息以电子数据或机构认可的方式重回来源社区时，那么，大部分的信息都无需传统研究人员和博物馆观众的介入。民族学部门是向西北海岸印第安社区提供重要文化服务的领导者，曾几何时，这些印第安社区一直处于为他人的文化和经济利益服务的弱势地位。

从传统意义上来说，印第安人只是博物馆收藏的物件和客户；现在，印第安人摇身一变成为博物馆的赞助者。接下来要发生的事情也已经开始上演：印第安社区建立自己的博物馆、寻找来自政府机构的资助、设置自己的研究员、以合同制雇佣自己的人类学家、呼吁归还他们的藏品（Inglis 1979）。（值得注意的是，当代人类学的讽刺之处在于：印第安人越广泛地接受人类学对其过往伟大成就的肯定，就越不愿意接纳人类学家。人类学家的地位低于印第安人，而印第安人的地位又低于白人。这些将涉及另一个故事。）

结　语

格雷本曾指出，在快速变迁的社会环境中，族群艺术的生产是一种维持身份认同的机制（1968）。西北海岸所发生的一切清晰地揭示了博物馆及其人类学家是如何积极参与到定义和传播族群认同及其方式的。其中，作为评判者，人类学家有资格判断什么才是恰当的人工制品、恰当的价格、恰当的夸富宴，并且暗示了什么才是恰当的印第安人。

与此同时，印第安艺术与博物馆合作，开始发展自己的博物馆观念，并建立起自己的博物馆化项目。人类学家和印第安人都高度赞扬了与博物馆藏品归还、展览和项目中的舞台真实性等议题相关的道德品行和博物馆学操守。至少在一些人的眼中，博物馆人类学家和印第安人之间的界限似乎模糊了：彼此适应对方的标准，并予以调整。博物馆人类学家在制造他们的研究对象的同时，一些人类学家也参与到夸富宴仪式的雕刻、跳舞活动中。这不是一个新现象，人类学家一直致力于用自己的理论框架来重构他们研究的社会文化和物质文化。可以想见的是，在其他领域工作的人类学家也会参与到构建他们研究对象的过程中来。

第七章

土著艺术的定义：威利·西维德的案例[①]

我们应该如何看待土著艺术？它真的是艺术吗？应该作为艺术来展示吗？究竟谁才是土著？

西方世界正着手认真对待土著民族及其艺术，遗憾的是，迄今为止还没有一个普遍接受的术语来形容土著民族。在20世纪初，他们被称为“野蛮人（savage/barbarians）”，随后被称为“原始人（primitive）”（现在，至少人类学家对该术语唯恐避之不及）。现在，他们作为“部落”“土著”“印第安人”“我们的土著民族”而为人所熟知。这些词汇都不是很恰当，即使不是侮辱性的，但至少也是误导性的或傲慢的。

这种指称他者的易变性——我们只是慢慢地、不情愿地学会用他者的自称来称呼他们——反映的是一种更深层次的不确定性，即我们应该如何看待这些人的实践和他们富有创意的人工制品或艺术品。一种极端是唯名论者的立场，其基本主张是如果土著人的语言中没有“艺术”一词，那么他们的文化中就很难有艺术。在这种情况下，观察者甚至不应该将他们富有创意的作品当作艺术来谈论。其背后的逻辑是如果他们没有名称，那么就不存在相应的东西。另一种极端则是那种崇拜一切“原始”事物的立场。一件人工制品只要是由真正的土著人（不管是谁）制作而成，那么它一定是好的：原始艺术之所以是艺术，其原因在于它是古雅的、奇异的、神秘的，虽然不是必须的但最好是简单而美观的。

一些行家对土著艺术的鉴赏居于这两个极端之间。海达艺术家里德（Reid

---

① 最初以《综述比尔·霍尔姆、威利·西维德和西北海岸印第安“艺术”的问题》（Bill Holm, Willie Seaweed and the Problem of Nothwest Coast Indian “Art”: A Review Article）发表在《卑诗研究》（*BC Studies*，1984-1985，no.64）上，再次出版已经获得编辑部的许可。有关“印第安人”“土著民族”等术语的讨论可详见第二版序言，第一章及其第2个注释。

1982：34）曾断言，如果土著人的语言中没有“艺术”这个词，“那么过去的人们就对其作品中的形式元素缺乏鉴赏力，他们就没有评断作品好坏的审美标准，也不会被卓越和美好的东西所感动，这显然是非常荒谬的。如果没有一个正式的、具有批判性的公众群体，那么任何社会中的艺术家都不可能创作出伟大的作品。”

作为北美人类学的创始人、西北海岸印第安文化的研究先驱，博厄斯率先使用“美观”和“艺术”等词汇来描述与其他民族有关的富有创意的作品（Newton 1981：9）。博厄斯指出，人类都能够感受到审美的愉悦，即便是最简单的部落也能“制作出给他们带来审美愉悦的作品，一些充满创造力的人得以从烦琐的日常生活中解放出来，从而可以把大部分精力投入到制作富有美感的作品上。”

虽然一些人类学家倾向于将艺术视为一种普遍存在的文化类型，但是他们在如何呈现与展示土著和非西方艺术上存在分歧。人类学家和艺术评论家普遍认为，艺术的意义是由其情境决定的，因此，以其他方式欣赏艺术就是扭曲艺术。1981 年，英属哥伦比亚皇家博物馆策划的展览——“遗产：加拿大西北海岸延续的艺术传统（The Legacy: Continuing Traditions of Canadian Northwest Coast Indian Art）”——在英属哥伦比亚大学人类学博物馆对外展出。马尼·弗莱明（Marnie Fleming）在一篇针对该展览的评论中指出，这种非情境化的展览不仅是一种意义的挪用，而且还利用了其作品在此展出的人们（1982）。也就是说，将土著艺术从其原初情境中抽离出来进行展示是一种不道德的行为。弗莱明认为，“遗产：加拿大西北海岸延续的艺术传统展”的研究员们只对形式分析感兴趣，因此，他们忽略了“土著艺术及其制作者们所处的历史和社会—文化情境。在这种情况下，形式分析摒弃了物件的宗教、政治、神话意义。这由此引发了一种利用和剥削，即土著收益最少。”在该展览研究图录中，我们可以找到一些弗莱明想要的描述性信息（Macnair，Hoover and Neary 1980）。

另一种观点认为艺术品可以凭借其创造性成就而独立存在，并以自己的方式来表达自我、传递信息，从而无需贬抑其所处的历史（Reid 1982：34）。即便如此，人们仍然不愿意以这种自主或超越的方式来考虑西北海岸印第安艺术。温哥华美术馆的时任研究员乔 – 安·伯尼·丹兹克尔（Jo-Anne Birnie Danzker）评论了比尔·霍姆于 1983 年在西雅图举办的两个西北海岸印第安艺术主题的展览。在展览评论中，丹兹克尔写道：“我们似乎确实缺乏将西北海岸印第安艺术从人类学情境中抽取出来的手段，或许只有走出人类学的阴霾才能充分展示印第安艺术的戏剧性、概念性和哲学性力量，才能使非印第安艺术家和观众充分欣赏和领略其中的精华所在。”将艺术传统与原初情境捆绑，并将这种原初情境始终视为理解艺术的重要组成部分的做法会阻碍艺术品超越性的发展。作为所有创造性成就的标志，这种超越性使我们难以按照一般的审美标准去评判某件作品（假设世界上有足够普遍的美学标准适用于历史上不同的实例）。

博物馆经常给予土著民族充分的认可和尊敬，并让这些艺术作品在精心设计的展览和特别建立的展厅中“为自己代言”。大都会艺术博物馆原始艺术部门的主任道格拉斯·纽顿（Douglas Newton）在 1981 年原始艺术展厅开放时所发行的图录序言中指出，直到今天，我们终于开始关注另一种文化传统的艺术作品，“即使它们是这个世界较为原始的文化之一，且来自如此遥远的地方。早期艺术能够以一种更为直接且无需经过西方艺术家筛选和过滤的方式就能够为公众所感知，并且在各大博物馆中开始与其他的伟大艺术平起平坐”（Newton 1981：10）。

艺术是政治性的还是功利性的？就像普遍的实证主义者断言的那样，社会科学研究应当是价值中立的，相应的，艺术界也经常声称，真正的或审美的艺术必须摆脱外部的干扰。如果艺术是功利性的，那么它可能被认为仅具有“装饰性”，这种情况犹如实践性或契约性的社会研究经常被学术界认为仅具有“应用性”一样。据说，艺术只有独立才能出类拔萃。但是对于土著艺术来说，似乎将其置于原始的仪式情境中才能更好地理解它们。与此同时，伟大艺术的基本特质是在历史的长河中超越了时空，只有这样才能成为一种普世性艺术。原始雕刻作品并不是我们所谓的艺术，因为这种塑料或装饰性的作品尚未与生活形式分离。在一些文化中，艺术是一种社会表现形式，生成于人们的社区知识和宗教体验。在欧洲社会中，艺术的这种功能自哥特式时代（12～15 世纪）以来就彻底丧失了（Wentinck 1978：5）。

今天，西方的艺术家都尝试从其所在的社会与政治情境中寻求这种艺术的自主性。在这种情况下，即便很少艺术家们反对政府的支持、批评既有的价值观，他们也绝不希望自己的工作沦为政府的附庸。

艺术史家主张，艺术世界不仅存在普遍适用的标准，而且还存在普世性的艺术形式。以加拿大各大美术馆展出的作品为例，典型的普世性艺术通常指的是遵循西欧传统的艺术，或者有时被称为“白人艺术（white art）”。在某种程度上，土著或部落艺术仍然被认为与作为异域部落复合体重要组成部分的仪式系统密不可分。因此，将土著艺术从原始文化情境中抽离的做法实际上是不可能的，在概念上是不合逻辑的，在道德上也是不合适的。更进一步的假设是，当某个特定的人群社会不复存在时，该社会的艺术也必然会消亡，因为人们认为它们不具有超越社会存在的自主性。不止一家博物馆和美术馆的负责人表示，真正的西北海岸印第安艺术指的是那些死去的艺术：这些艺术产生于薄雾弥漫的过去。那些浪漫化的土著神话还在传诵，他们曾经生活在一个稳定、团结和幸福的部落社会。欧洲人的到来改变了一切，不仅导致本土部落的衰亡，而且也使此后生产的一切作品都缺乏一种真正的本质和文化意义（毕竟传统的社会系统已不复存在）。新近生产的作品被认为偏离了学术定义的传统标准，因此是不适合在重要的美术馆中收藏与展出的。尝试新媒体或新形式的当代土著艺术家因抛弃传统或迎合经济市场而受到批评。如果土著艺术要想继续保持纯洁性并在更广泛社会中得到认可，那么它们似乎必须保持其狭隘、固定和奇异的“原始”特质。如此看来，形式和风格的演变，从文化嵌入中解放出来等都只是白人艺术的专属特权。

反对符号系统功能自主性的人认为，任何艺术风格都有主动或被动离开原初社会情境、建构自己历史的能力，甚至可能再次回到自己的原初情境，并重新定义和复兴孕育它的社会。尽管所有的艺术传统都生成于特定的社会文化情境且与之紧密相连，但它们都有自我解放与超越的潜能。我们在鼓励西方或白人艺术实现自我超越的同时，似乎不太愿意在其他艺术传统中看到和承认这种超越潜能。在我看来，仅从原初情境的维度来探寻艺术品的意义犹如切断了艺术品与艺术家的关联，这无异于是一种断章取义式的恋物表现。

一种艺术形式何时、在多大程度上以及通过何种方式能够超越其所在社会呢？一个土著社区被主流社会同化多少才会丧失自己的社区身份呢？非土著或土著—白人混血的艺术家能够制作真正的土著艺术吗？只要是土著还是必须得出生在某个特定部落的土著制作出来的东西才是真正的土著艺术？如果可以的话，一位土著艺术家（native artist）何时才能成为具有土著身份的艺术家（artist who is native）？艺术家必须改变传统或艺术形式吗？土著艺术何时才能在大型博物馆或美术馆展出？当决定收藏、展示与出售的物件时，博物馆和美术馆负责人应当仔细考虑上述问题。当对自己所做的事情没有把握时，他们通常会保持沉默而不愿与人交流。当博物馆与美术馆拒绝收购代理人出售的作品时，艺术家，尤其是艺术代理人也表达了对博物馆与美术馆缺乏标准定义和狭隘视野的担忧。（与上述问题、西北海岸印第安艺术相关的讨论详见：Duffek 1983a，1983b，1983c，1983d）

作为伯克纪念馆（Burke Memorial Museum）西北海岸印第安艺术的长期研究员、西雅图华盛顿大学（University of Washington，Seattle）的艺术史教授，比尔·霍尔姆从未在其作品和展览中直接讨论过这些关于定义和概念的议题。他做出了一个更为明智的选择，即精心研究与西北海岸印第安雕塑和绘画相关的民族志记录和历史学研究。在此，我想回顾他关于“云雾笼罩的高山——威利·西维德的艺术与时代（Smoky-Top: The Art And Times of Willie Seaweed）”的展览和图录。毫不夸张地说，西维德（1873～1967）完全配得上艺术大师的称号。他来自温哥华北部夏洛特皇后海峡布伦登港的巴阿村（village of Ba’a’s，Blunden Harbour，Queen Charlotte Strait），作为本土部落的艺术家和首领，西维德的作品受到夸夸嘉夸语族（Kwakwaka’wakw）的传统主义者、博物馆和收藏家的珍视与保护（Holm 1983：8）。据一些可靠的实证研究证实，西维德展览和图录中的许多内容以及霍尔姆展示这些材料的方式隐藏着比具体研究本身更广泛的议题。在这种情况下，我们需要更富想象力地看待和思考他者民族的创造性作品，如此这般才能真正洞悉更复杂的问题。

在夸夸嘉夸语族中，西维德的名字是火山的意思，翻译过来是“云雾笼罩的高山（Smoky-Top）”。西维德是一个叫作 Nak’waxda’xw 的部落的首领，该部落是夸夸嘉夸人（说夸夸嘉夸语的人）的一个分支。值得注意的是，夸夸嘉夸人经常被外界误认为是夸扣特尔人，实际上，后者仅代表部分夸夸嘉夸人群体。一份基于英属哥伦比亚省阿勒特湾乌米斯塔文化协会的语言项目所开发的夸夸嘉夸语拼写体系出现在图录的导言中。这份图录的开篇就明确回应了“他们是谁”这个问题。首先，只有站在他们自己的立场才能正确地定义他们。他们与西方世界产生的关联——被哥伦布误认为是印度人，随后经历了被殖民、紊乱无序和去文化的悲惨命运——是无法定义他们的。霍尔姆暗示，上述做法至少尊重了他们的名字和称谓，而这通常是大多数被统治者无法享有的特权。

西维德是在宣称普世性的白人传统中生产了“真正的”艺术（true art），还是仅以一种牢固嵌入仪式系统的狭隘部落形式生产了“真正的”艺术呢？经过多年的民族志调查和博物馆研究，霍尔姆比任何人都更加了解西维德的作品，包括他对线条、比例、规模和平衡的控制；他的智慧和“力求完美的热情”；出色的技艺；使用的新技术；作品中孕育的“力量”；风格的演变；以及在夸夸嘉夸人、博物馆和收藏家中赢得的巨大声誉。与此同时，霍尔姆还描述了西维德作品中文化传统和沿海情境。除了一些专门卖给白人的微型图腾柱外，西维德制作的所有作品几乎都用于夸夸嘉夸人的社会聚会、政治部署、仪式展演、经济交换等场合，也就是人类学家口中的“夸富宴”。从霍尔姆的分析中可以发现，西维德的作品符合所有伟大艺术必备的条件，那就是既深深地嵌入到一个复杂的文化生态系统中，又完成了对它的超越。因此，好的作品可以用如下两种方式来进行衡量：其一，情境中的人工制品（artefact-in-context）或自己为自己代言的艺术（art-standing-by-itself）；其二，兼具两者性质且同时具有地方历史和比较意义的创造性作品。

好的艺术也可以是政治性的吗？西维德的作品给出了肯定的答复。他的作品不仅是夸夸嘉夸精英社会重要组成部分的“冬之舞（Winter Dances）”庆典中的珍贵乐器，而且也是一种更广泛意义上的政治声明。白人当局对夸夸嘉夸人仪式活动的诋毁和压制贯穿了西维德的整个创作生涯，政府当局曾一度没收夸富宴中的仪式服饰，并发出威胁：如果不放弃举办夸富宴，那么这些服饰的主人就会被监禁。在这种情况下，西维德和其他人像许多抵抗运动的战士一样继续在偏远、秘密的地方制作仪式用品，举办和参加各种仪式活动。他的一些最好的作品，比如华丽的怪兽鸟哈马萨面具都是在20世纪三四十年代制作的，“其时，夸富宴和冬季庆典（Winter Ceremony）刚刚经历了最残酷的镇压，人们普遍认为这些仪式已经不复存在了”（Holm 1983：109）。

土著群体是何时丧失土著身份，并被主流社会同化的呢？霍尔姆指出，西维德出生在一个海湾边的雪松木板盖的房子里，那时候的人们只知道独木舟旅行；而当他去世时，宇宙飞船已经在月球着陆。他经历了一个急速变化且充满破坏性的世纪：他所在的社会基础受到质疑；一些土著民族流离失所、分崩离析、改变信仰、丧失传统；他们的传统经济活动惨遭淘汰；他们的仪式庆典被明令禁止。尽管如此，西维德仍然过着一种充实而富有成效的生活，并赢得了其所在部落的人们和外人的尊重。即使是在借用（“被同化”）西方技术、物质文化和习俗时，西维德也从未放弃他的夸夸嘉夸人身份。他的大部分作品已经被博物馆和私人收藏家所收藏，但是他留下的遗产却远远超过了这些作品。霍尔姆的研究清楚地表明，西维德的生活和作品必将继续激励和挑战新一代夸夸嘉夸艺术家和表演者。这些人在致力于传承夸夸嘉夸人遗产的同时，似乎已经被白人社会彻底同化。霍尔姆说，“西维德和其他这样有经验的雕刻家在过去和现在都是非常受欢迎的，而且他们会努力不辜负自己在想象力、技能和知识方面的声誉”（Holm 1983：86）。霍尔姆继续说道（Holm 1983：34）：

> 西维德和其他雕刻家在社会变化和外部权威力量的强行压制的不利境况下依然坚守土著群体的传统。有生之年，西维德见证了其艺术获得外部权威力量的认可和尊重。西维德、马丁和他们这一代人所坚守和发扬的传统已经被年轻一代继承了。正如西维德在他那个时代所做的那

样，新一代夸夸嘉夸艺术家将持续受到前辈们作品的启发，并把传统传承下去。

因此，无论其出身或被同化程度如何，一个真正的夸夸嘉夸人会自觉地分享和承担其所独有的遗产特权和责任，因为这些遗产根植于特定沿海情境且处于不断变化之中。这是一种对文化和生态的自我定义，超越了夸夸嘉夸人最近获得的且被具有人类学、政治和法律意味的定义。当思考其他民族时，我们必须首先意识到复杂性和模糊性很可能是某种文化在这种情形下自然产生的部分。因此，只有当我们学会聆听时，才能理解自我定义的重要性。

西维德的故事表明，艺术品可以承载普世性的意义。其主要原因在于这些艺术品具有某种原始力量且能够将意义持续下去，即使是在周遭一切都发生变化或远离原初情境之后。“云雾笼罩的高山——威利·西维德的艺术与时代”是一个非常有意义的展览，不仅加深了我们对西北海岸印第安艺术的理解，而且引导我们去欣赏世界各地的文化和艺术差异。

第八章

新兴的土著历史与文化观[①]

与普遍预期相反的是，北美土著民族并没有完全消失。20 世纪初以来，土著民族的人口数量稳步增长，其独特文化也依然存在（Lurie 1966）。值得注意的是，土著群体所面临的这种境况并不是北美地区所独有的，而是一个世界性现象。

世界各地的土著民族正在经历一系列变化，其中，幸存下来的民族越来越认识到其共同的困境、利益和策略。土著民族构成的第四世界（Graburn 1981）正朝着上述目标迈进。作为加拿大最重要的土著权利倡导者之一，托马斯·伯格（Thomas Berger）观察到（1985：176）："世界各地的土著民族担心，如果没有一定的自治权和基于自己土地的经济保障，那么他们必将进退两难、不知所措，必将面对一个他们所珍视的价值观无处安放的未来。"对于土著民族来说，文化自治与经济独立同样重要。伯格继续说道："各地的土著民族都坚持认为自身文化仍然是其生活中最重要的力量。在这个不断变化的世界中，唯一不变的是他们作为土著的身份认同。"

虽然自我肯定的程度在不同国家和情境中有所差别，但是一个基本的共识却贯穿始终——随着土著民族日益接触主流社会的教育系统，土著知识分子和泛部落社会政治团结开始崛起。对于那些数量众多且已经被民族国家逐渐接纳的民族

---

① 本章的早期版本曾于 1985 年 10 月 9 日提交给加拿大阿尔伯塔省卡尔加里大学环境设计学院，也曾提交给 1986 年 2 月 13、14 日在伦敦举行的题为"制作我们自己的展览：他者文化表征的客观性限度"的会议。缩减版本曾以《将印第安人从民族学的命运中解放出来》（*Free Indians from their Ethnological Fate*）为题发表在加拿大博物馆协会期刊《缪斯》[*Muse*, 1987（5）] 上，此次再次已经获得许可。标题中的"土著"一词指的是北美的原住民或第一民族，在加拿大通常指的是印第安人、因纽特人、梅蒂人，从更广的人类学意义上来说，又可以指作为人类学调查对象的人群。详见第二版序言、第一章及其第 2 个注释。

来说，法律、政治和文化的举措要优于暴力叛乱和弥赛亚式的撤退，并成为一种替代性的实践路径。据苏拉吉特·辛哈（Surajit Sinha）（1981：121）报道，印第安的部落首领得出结论，改善目前处境的关键在于通过政治和文化方式积极维护其独特的部落认同。根据布兰卡·穆拉托里奥（Blanca Muratorio）的说法，南美部落的族群性正在被重塑为“一种对抗的意识形态”，直接挑战“现在和过去的支配关系”（1984：3）。在《土著民族和民族国家》（*Indigenous Peoples and Nation State*）（1985）这本论文集的前言中，诺埃尔·戴克（Noel Dyck）介绍了加拿大、澳大利亚、挪威的土著民族之间的相似之处：尽管有同化政策，但是他们仍然固守己见；依恋作为文化和经济来源的祖先土地；继续效忠部落式的社会和政治组织；深感不满与不公；为争取在民族国家内部获得更大自主权而继续在政治、法律和公共舞台上进行斗争。土著民族拒绝同化，也绝不放弃“自己是谁”的想法（Berger 1985：184），“在工业、技术和通信全面渗透到流行文化中、主流社会排斥文化多样性的变局之下，土著民族保持自己文化的渴望只会更加强烈”（Berger 1985：176）。

北美土著与人类学博物馆——特别是加拿大西北海岸的人类学博物馆——之间的关系反映了第四世界各群体的“强烈渴望”，即努力复兴他们的历史和文化。作为本章的主要研究对象，北美土著民族仅是更宽泛背景中的一个具体案例。

人类学在利用土著民族的遗产并从中受益方面有着悠久传统。许多人类学家，特别是那些在北美接受人类学训练的人类学家是在研究印第安人和因纽特人的过程中磨炼他们的理论与方法的。事实上，博物馆收藏着成千上万的科学标本，其中一些博物馆因为大量的土著收藏和令人印象深刻的展览而闻名于世（Cole 1985）。与土著社会的接触也有助于西方的自我批判传统的发展：其一，一些土著社会的成员通过积极地挑战和抵制西方政策而进一步推进了这种批判性；其二，土著社会向外界展示了一个好的社会可能是另一番景象（Berkhofer 1979）。

作为人类学家和博物馆的主要资料来源，土著民族也受惠于此：人类学家和博物馆会提供有价值的历史记录，方便这些土著民族定期查阅。除此之外，人类学家和博物馆还致力于促进外界对这些土著民族及其习俗的更加积极、相对全面地理解，以此来对抗媒体经常描绘的那种消极和片面的刻板印象（Rington 1986）。

需要承认的是，博物馆与土著民族之间的关系正处于变化之中。土著民族越来越关注日益减少的自然资源的保护与恢复，也逐渐认识到时代相传的土地和文化传统之于他们民族未来的重要性。因此，他们在呼吁归还土地的同时，也要求人类学家和其他人重新归还他们的历史，在向自己和他者展示他们历史上争取更多的控制权。当然，任何社区都想获得塑造与展示自我形象的控制权，但是对于较大民族国家内的少数和边缘群体而言，情况不容乐观，他们仍需为赢得该权利而不断奋斗。单就名称来说，他们甚至必须努力说服别人用他们的自称来称呼他们，从而告别像“印第安人”这种探险家、传教士、地图绘制师和人类学家给予的称谓。

“本土观点”学界早已耳熟能详，人类学家和博物馆的态度和政策做出了相应改变。虽然变化的速度有点缓慢，但是趋势却依旧有迹可循。即使一些人类学家和博物馆可能尚未听到改变展示他者方式的呼吁，不过，这一天迟早都会到来。

本章梳理了当前加拿大土著民族与博物馆之间关系的一些变化。一方面，土著知识分子力图将他们从一直被视为人类学标本而藏品和展示的“民族学的命运”中解放出来；另一方面，“本土观点”风靡于如今的博物馆世界。虽然该研究会涉及北美的其他地区，但重点还是聚焦于西北海岸地区。正如罗伊斯·戴（Lois Day）所观察和陈述的那样（1985：17）：“在西北海岸，白人和印第安人在制造意义的过程中默许了对方的存在，界定了各自的文化特质，弥补了彼此的缺陷与不足。”（虽然将土著民族的人工制品从主流博物馆归还给部落博物馆的现象与此相关，但是本章暂不展开论述。详见：Inglis 1979，Nason 1981。）

几百年来，白人普遍认为北美的土著民族要么消亡，要么被同化。总而言之，他们独特的生活方式、信仰、价值观、文化被认为最终会消亡殆尽。鉴于这些假设，人类学家合理地充当起土著形象的监护人和代言人。事实证明，土著民族既没有消亡也没有被完全同化。相反，许多民族依然作为“可以被定义的小型共同体和不被同化的少数群体”（Lurie 1971：418）而顽强地生存了下来。不仅如此，他们的人数也越来越多，而且也越来越具有文化意识和政治积极性。

尽管不同地方之间存在程度与方式的差异，但是这些年来，北美地区一直处于上述变化之中。约克大学印第安研究（Indian Studies）专家、已故人类学家约翰·普莱斯（John Price）曾指出，较之于加拿大，美国早在20年前就出现了这种变化（1984：19）。这种论断很有可能是正确的（详见后文关于“印第安现代主义”的讨论）。

在加拿大，变化的转折点至少包括如下方面：自20世纪60年代以来，白人学校开始接纳土著民族的学生。自20世纪70年代以来，在联邦政府的政治联合和文化项目的资助背景下，土著民族越来越多地参与到高中以上的教育机构中，并逐渐引入土著研究的课程和项目。20世纪80年代，主张归还土地的土著民族和环保主义者联合起来，共同努力保护世代相传的土地免遭政府和资源型产业的入侵。土著民族指出，土地是他们文化认同的组成部分；树木、岩石和河流是承载他们过去记忆的历史遗迹。因此，对于土著民族来说，土地是精神灵感的主要来源，也是维持部落生活方式的经济手段，更是保持未来文化独特性的唯一保障。相较之下，政府和企业则将土地视为一种可开发利用的商品，以此来获得共同的利益（Dyck 1985：7-8）。需要指出的是，环保主义者和土著民族之间的联合可能不会持久，前者意图保护荒野之地，并将土著群体视为“亲近大自然”的人；后者则更希望控制从其区域内所攫取的自然资源的利益分配。

面对土著民族越来越努力地想要主导自己文化身份的现象，人类学家和博物馆应作何回应呢？土著民族再也不想充当民族学专业研究生及其导师随意攫取的资料库，也不想再被当作关于部落社会的教科书案例，他们也抗议将其遗产商品化的行为。更多的土著民族开始挑战这样一种观念，即学者具有学术自由的特权，该特权赋予他们“以科学的名义”在任何地方研究他者的权利（Nason 1981）。与世界各地的人一样，土著民族更加坚定和公开地维护自身的隐私权。

对于那些养成直言不讳、敢于反驳等习惯的土著民族来说，我们该如何应对？这些土著民族又会如何对待我们其他人？维持与土著民族之间传统的学术和监护关系——将其视为标本、报道人、研究选题或学生显然是有问题的，因为这种关系暗示人类学家、教师或研究员处于较高地位，这是一种不平等的关系。土著民族日益期望得到平等的对待，并将其视为一种自然权利。土著民族、人类学家和博物馆之间的新关系正在生成与演变中，如果人类学家及其博物馆要想跟上时代发展的步伐，那么就必须对这种变化保持警觉。

不过，我们真的能确定这些变化的方向吗？一个明确的发展是资料库关系的变化。目前，人类学家和博物馆（至少是其中一些）成为服务土著民族的重要资料中心。一些人类学家犹如学术雇佣兵，自告奋勇地去往印第安社区做顾问。在此过程中，他们发现了一个令人惊喜的事实，即印第安人也可以是一个重要的资金来源渠道。而其他的一些人类学家开展服务交换的工作，例如，在英属哥伦比亚大学人类学博物馆，学生和工作人员提供研究或其他专业服务以交换展览所需的信息和物件。

博物馆与土著文化组织的合作日益频繁。英属哥伦比亚皇家博物馆的民族学部门动用主要的研究资源来记录当代西北海岸印第安仪式，其最终成果是一个主要面向土著家庭的免费数据库。该博物馆还出借举行当代仪式时所用物件，供夸富宴使用，甚至还捐赠了一些藏品（Ames 1981b）。除此之外，人类学博物馆与当地的土著组织共同举办活动和展览，与土著研究员、文化工作者合作编排节目。

在过去10年间，一些北美的土著社区建立了自己的博物馆和文化中心，并声称有权利展示其过去的形象和未来之路的畅想（Doxtator 1985），这不是最近才出现的情况。其实早在1828年，美国北卡罗来纳州切罗基人（Cherokees）就有一个博物馆收藏（Hanson 1980：45）。然而，直到20世纪70年代，加拿大和美国政府都才对赞助类似项目产生兴趣（Doxtator 1985：25）。

非土著博物馆展示土著的方式可能也将发生变化。目前，大多数博物馆的标准展览依旧是所谓的自然史的和情境主义的（Ames 1983c）。也就是说，土著民族及其物质特性要么作为自然史标本进行分类，要么作为立体布景的微缩模型进行安装、设计，以此来展示人类学家或展览设计师想象的原初文化情境。其中，一些精美的标本也有可能出现在“原始艺术”的展览中。

美国华盛顿州与加拿大英属哥伦比亚省的机构为西北海岸土著民族开创了一个崭新的起点：其一，将品质较好的古老作品作为与世界其他艺术相提并论的艺术品进行展示；其二，将当代土著艺术作为与现代白人艺术同等重要的艺术品进行展示。相应的，西北海岸印第安人获得艺术家的身份，印第安文化则成为世界级的艺术宝库（详见第六、七章；Bill Holm 1965，1983）。

需要注意的是，上述做法给人类学和博物馆带来一系列新问题。在披上“艺术家”的外衣后，土著艺术家声称，他们再也不想让其作品“屈尊于”人类学博物馆（Hill 1984）。作为艺术家，他们还是希望其作品能够被加拿大的重要美术馆收藏，并与非土著艺术家的作品共同展出。如果土著艺术品（通常情况下是因纽特人或西北海岸印第安雕刻）足以让政府官员将其在外交场合下予以展示，那么精美的土著艺术品为何无法进入国家美术馆呢？ 1985年春季，加拿大博物馆协会举办题为“印第安艺术：何处安放（It's Indian Art：Where Do You Put It）”的专题小组会议，与会者谴责了加拿大艺术机构对土著艺术的忽视，并得出结论（Anon 1985e）：“应当去除土著艺术中有关印第安人的种族主义或分离主义的标签，这么做将使其摆脱纯粹的民族学的命运，进而欣赏与评估它们的美学或艺术特性。”

“使印第安人摆脱其民族学的命运！”需要指出的是，一旦这些艺术摆脱了土著民族的标签，那么还会剩下些什么？将土著创作者或手工艺人定义为艺术家，并将其文化作为艺术来源等问题尚待进一步研究（Duffek 1983，1983d，1989，1991）。这种艺术究竟是什么？它将如何适应艺术家所属社区的生活？如何进入更广泛的社会？土著社区及其艺术家如何与那些阐释、收藏其作品的白人群体发生关联？这些作品的真实性应当如何以及由谁来决定？谁来证实土著艺术家及其作品的有效性：博物馆、批评家、市场、人类学家、还是长辈或政治领袖口中的土著传统？渴望逃离民族志博物馆的土著艺术家很可能最终会被美术馆及其研究所俘获，并依旧受制于外部主流社会的验证程序。一件艺术品要想成为土著艺术，那么它必须孕育于一个早有记录的审美传统中吗？该审美传统应当是“活的”传统吗？还是说成为土著艺术只需要共享土著经验就足够了？我们依据什么标准来评断一件艺术品的质量：是本土的、内在的审美价值（不管这意味着什么），还更通俗、更直接一点？什么时候是艺术，什么时候只是人工制品？为何人们通常把前者与男人联系起来，而将后者与女人联系起来？艺术家从其遗产或社区中汲取了些什么，又应当如何回报社区？这是一些较少提及但却更为紧迫的问题。

谁才是那个勇于向更广泛的社会表达自己文化传统中的卓越品质，抑或是无论外面世界处境如何，都会停下自己的脚步来回馈自己部落的文化英雄呢？

1983 年 8 月，加拿大各地的土著艺术家、人类学家、研究员、收藏家、经销商等齐聚英属哥伦比亚省哈泽尔顿市进行了为期五天的讨论，涉及问题包括：土著民族及其艺术和手工艺行业的状况，他们如何看待自己，艺术机构如何看待他们[①]。此次会议聚焦于加拿大和美国地区的土著知识分子、艺术家与政府官员、行政人员在某些议题上的争论，以及土著民族试图最终摆脱“民族学的命运”的努力。事实证明，该会议在社会上引起了强烈反响。（有人不禁要问，当人类学家不再拥有他们的“印第安人”时，他们会怎么做？）

一般而言，北美的当代土著艺术出现在美术馆是一个新近的现象。1982 年，萨斯喀彻温省里贾纳市的麦肯齐艺术馆（Mackenzie Art Gallery）举办了一个名为“新一代·新作品（New Work By A New Generation）”的展览，该展览是加拿大美术馆的首次尝试。时任馆长卡罗尔·菲利普（Carol Phillips）在该展览的图录序言中指出，“展览汇集了北美印第安艺术家的最新作品，既保留了其与土著遗产在意象上或哲学上的联系，又应用了当代艺术概念、技术和风格”。菲利普

① 此次“全国印第安土著艺术家研讨会”是由基特卡汕艺术家多琳·詹森（Doreen Jensen）和英属哥伦比亚大学人类学博物馆的人类学家瑞瓦·罗宾逊（Reva Robinson）共同组织的。另外两位人类学家编写了一份报告（Farber and Ryan 1983），并从 16 个小时的录像素材中制作了一段 1 小时的录像。

认为，该展览不同于历史学和人类学展览的独到之处在于，选择展品的标准是美学判断而非民族志价值。

菲利普认为这是基于审美标准的首次当代土著艺术展览，我们先将这一观点暂时搁置。自 20 世纪 70 年代以来，英属哥伦比亚省的博物馆和美术馆一直致力于将当代西北海岸印第安艺术视为“艺术”进行展示。据说在 1927 年，加拿大国家美术馆（National Gallery of Canada）就举办了第一个北美印第安艺术主题的展览（Cole 1985：285）①。暂且不管她认为民族志价值与美学判断截然对立的观点，至少可以肯定的是，该现象在最近才开始引起严肃的批判性关注。

菲利普指出，土著艺术家与他们的遗产保持着一种意象上和哲学上联系。这种意象性联系暗示，艺术源于传统的灵感，同时经由现代概念（绢本画、丙烯画、珠宝首饰）和技术（电动工具的使用）得以表达。近日，海达艺术家戴维森提到，他正在以“一首老歌、一支新舞”的方式来发展一些艺术和舞蹈形式。兼具传统意象和现代技术（imagistically-traditional-and-technically-modern）的作品通常就是现在博物馆中展出的“当代土著艺术”。相较之下，哲学性联系暗示着更多的个体表达，或许只有通过少数群体在其土地上的共同经历才能建立起来。最近，这指的是“现代印第安人（Modern Indian）”或“印第安现代艺术（Indian Modern Art）”，代表着一种与传统的彻底决裂②。如果当代传统意象已经确立，那么印第安现代主义可能也会被接受，无论如何，它作为一种可识别的类型开始在加拿大崭露头角。上述提及的麦肯齐艺术馆在 1982 年举办的展览很可能是这种哲学性联系的首次展览。温哥华美术馆计划于 1988 年举办一个大型的印第安现代主义主题的展览，尽管温哥华和华盛顿附近的西雅图商业美术馆已经展示和销售此类作品多年，但是这是英属哥伦比亚省的公共机构做出的首次尝试。

在美国，这些现代艺术形式得到的关注更多，当代土著艺术在很长一段时间里已经得到公众、机构和商业的承认。1983 年，俄克拉何马州静水镇加德纳

---

① 大卫·贝尔（David Bell）（1982：29）谈到，自 1900 年代早期，美国西南部的圣达菲就一直是“美洲土著艺术发展的支柱”。

② 埃德温·韦德（Edwin Wade）和伦纳德·斯特里克兰（Rennard Strickland）（1982：24-25）笔下的四种土著艺术的前三种——历史表现主义、传统主义、现代主义似乎都包含在菲利普（Phillips）的想象型（借鉴可识别的土著意象）。他们的第四种类型——个体主义——只是部分地包含在菲利普的哲学关联中，因为它延伸到另外一个话题，即土著艺术很可能“与主流的当代艺术根本无法区分”。

艺术馆（Gardiner Art Gallery）举办了名为“当代土著美洲艺术（Contemporary Native American Art）”的展览。在该展览的图录序言中，乔治·朗菲什（George Longfish）和琼·兰德尔（Joan Randall）详细阐发了第二次现代主义浪潮的特点、与哲学或经验相关联的个人表达等相关问题（1983）：

> 在体验上，印第安艺术家仍与生活在这片大陆上的土著美洲部落和民族之间存在着千丝万缕的联系。他们相向而行，试图分享彼此之间的差异，并比较他们之间的相似之处。土著艺术既是非常个人化的表达形式，也是一种具有共性的集体表达。他们之间共享的假设是他们都是印第安人，因此，他们可以轻而易举地让艺术“看起来”是印第安艺术。

这些现代主义艺术家在其作品中究竟想表达什么？对此，朗菲什和兰德尔指出：

> 这会让我们想起阿帕奇分族的印第安人、最后的莫西干人、莫左拉牌玉米油广告、约翰·韦恩的西部片、塞内卡苹果汁、水牛镍。还会想起俄克拉何马州印第安人的庆典活动、皮卡、陶器、珠宝、地毯、西北海岸的雕刻、酗酒、印第安人的高死亡率和发病率。再加上恶魔岛、最长之步行[①]、纳瓦霍人和霍皮人的土地之争、四角落州附近的铀矿、詹姆斯·瓦特。接下来，镜头一转切换到黑色头发棕色皮肤的年轻面孔上，在族母赋予印第安名字之后，她在长屋中翩翩起舞；然后是夏日热浪中俄克拉荷马州的太阳舞；再翻转到戴着松树和红木材质的神秘面具的人跳着马度舞；在做手工课或在厨房为另一个社区活动准备饭菜时聆听印第安老妇人讲述的故事。看着棕色皮肤的年轻男孩在阳光下昂首阔步，同时偷瞄着旁边一群看似百无聊赖的年轻女孩。看着城市里的时钟和乡间尘土飞扬的漫长道路。站在海龟的背上，遥看我们这片土地，我们不禁要问，如果哥伦布成功抵达印度而非这片土地的东海岸，那么现在会是什么情境？一个印第安人穿着李维斯牌的牛仔裤，开着丰田皮卡，听

① 1978年，“最长之步行（Longest Walk）”呼吁人们关注美洲印第安人。几百名美洲印第安人活动家和支持者从旧金山到华盛顿特区，进行了为期5个月的游行，抗议对部落土地和用水权的威胁。作为红权运动（Red Power Movement）的最后一次重大活动，“最长之步行”旨在象征着美洲印第安人背井离乡的情形，引起人们对印第安人及其社区问题的持续关注。详见 https://www.nlm.nih.gov/nativevoices/timeline/546.html。

着莫扎特、齐柏林飞艇或苏族仪式歌曲，然后仰头大笑——你是一个被殖民民族的幸存者。画出你看到的、雕刻出你感受到的，并保持愉快的心情。

命运让你成为一个印第安人，或许这也与你成为一名艺术家有关。你的孩子是获悉故事、仪式，且与主流文化中的人有着深刻差异的印第安人。与此同时，他们也会学习操作电脑、驾驶汽车、观看莫左拉牌玉米油广告、在现代印第安世界谋生。

如果能够考虑到这些因素，你或许就会发现，有着这些矛盾的印第安人才是真正的印第安人。

要想欣赏土著艺术真正发生了什么变化，我们必须要了解土著的历史与过去。萨克拉门托加州州立大学（California State University，Sacramento）艺术史教授艾伦·戈登（Allan Gordon）在1981年现代印第安艺术展览“传统与变迁的融合/24位美洲印第安艺术家（Confluences of Tradition and Change/24 American Indian Artists）”的图录中写道（1981：4）：

鉴于历史现实——印第安经济的不确定性和社会政治的紧迫性，对于印第安艺术家来说，最可靠的替代性路径就是重新占有过去，将旧的自己转变为新的、更好的自己。这绝不是一种倒退或退步，而是一种解放过去的重振旗鼓。这也让艺术家得以放开手脚，从而更加诚实与公正地阐释过去。

重新占有与复兴过去很可能将其从传统的保管者和阐释者，尤其是人类学家和博物馆中解放出来。来自加拿大的土著艺术家也出现在美国现代印第安艺术展览中。朗菲什本人是一名来自安大略省的易洛魁人，同时也是加州大学戴维斯分校美洲土著研究专家和C.N. 戈尔曼博物馆（C.N. Gorman Museum）馆长。尽管许多人仍然在西方艺术理论的限制下挣扎，但是偶尔会看到加拿大的一些人类学家和博物馆研究员表现出对当代土著艺术的兴趣。当然，日渐不安的心态在加拿大土著艺术家中弥漫，最终的爆发看来也只是时间的问题。

我不知道所有这一切叠加在一起会发生什么，也不知道未来会带给我们什么。所有的来自土著民族的学生都是变迁的观察者和见证者，也是变迁的行动者，同时也受到变迁的影响。就目前而言，只要我们意识到自己的位置、密切关注那些哪怕暂时无法回答的问题，我想就足够了。

不过，至少有两件事情是确定无疑的。首先，当前的运动不是早期审美传统的简单“重生”或“复兴”（Duffek 1983，1983d，1991；Wade and Strickland 1982）。许多观察者将“真实性”视为评判土著艺术的唯一标准，实际上，还有一些新的发展。土著社会像其他社会一样，也处于继续演变之中，其艺术表达的形式也构成了演变的组成部分。正如埃德温·韦德（Edwin Wade）和伦纳德·斯特里克兰（Rennard Strickland）所言（1982：24）：

> 当代土著艺术家描绘的他们眼中变化不是衰退，而是增长的自然过程，是一种与美洲印第安人不断演变的世界相一致的历时性演变。困难的是，进入白人主流社会和新的艺术环境的印第安艺术家被许多人视为在文化和艺术上是静止的。无论污染与否，这都是艺术家及其部落生活的世界。

其次，作为更广泛的土著民族社会政治和文化运动的一部分，土著艺术的新发展必将造成一些骚乱（1982：24）：

> 当代美洲印第安艺术在定义的极具变动性和未来的不确定性让许多传统学者和赞助人，甚至是一些土著艺术家都感到困惑和不安。印第安艺术的世界正处于碰撞和转型的过程中，这种调适没有想象的那么简单。印第安艺术再也不是原来的样子了，它们再也不会令人感到舒心和宽慰了。当代印第安艺术已经、正在且意图让人感到不安。

当土著知识分子重新控制自己的形象和命运时，他们会声称有权利来探索未来的出路。土著民族日益增长的智识自主性将会对人类学家和博物馆如何与土著群体打交道一事上产生相当大的影响，即便偶有异议，但我们也要仔细倾听土著民族的心声。就本章揭示的内容来看，事情远比将标本简单地转化为精美艺术来得复杂。同样，北美历史中的白人形象也将发生转变：有感于自身历史和新大陆文化的匮乏，北美的欧洲人通常将第一民族的历史挪为己用。就像我们经常听到的客套话——“我们的土著遗产（our native heritage）”和“我们的土著民族（our native peoples）”。加拿大作家玛格丽特·阿特伍德（Margaret Atwood）曾观察到（1972：104）：“作为一个来到这片大陆不久且非土生土长的白人，你能够为过去做些什么？”我们白人将印第安人视为自己的祖先。既然土著民族正在重新占有他们的历史，那么这还会给我们白人留下些什么？

虽然欧洲民族有自己的历史和文化，但是他们也利用北美印第安人和土著民族来塑造恰当的历史概念和良好的社会形象。罗伯特·伯克霍夫（Robert Berkhofer）在研究白人对印第安人形象的认知中指出，绝大多数白人“将印第安人视为一个一般性的类别，以此来对照、衡量他们在当时最珍视的信仰、价值观和制度”（1979：27-28）。也就是说，欧洲人使用自我的反面来描述印第安人，与此同时，印第安人成为自我描述的镜子（Berkhofer 1979：27-28）：

> 由于白人对印第安人的看法与白人对自己社会和文化的评价密不可分，那么我们就可以从他们对印第安生活的评价中窥探欧洲人和美洲人对自身文化习俗和文明价值的矛盾心理。如何看待印第安人缺乏白人文明的某些或所有方面这一事实，这完全取决于观察者对自我社会的感受以及使用印第安人这一形象的方式。

让我们再次回到本章开始讨论的问题：当土著民族从其民族学的命运中解放出来之后，民族学的命运将何去何去？众所周知，人类学是帝国主义的产物，当世界步入一个新时代之后，这对人类学意味着什么？“就像第三世界在去殖民化时代的崛起一样，第四世界在当今西方世界的重新崛起对也是一个巨大的挑战”（Berger 1985：178），这是否意味着人类学的重生呢？

第九章

博物馆的去制度化：建议提高博物馆及其资源的公众可及性[①]

在快速变化的社会中，博物馆如何才能变得更加有用？这是1983年8月在伦敦举办的国际博物馆协会第13届全体大会的讨论主题。国际博物馆协会委员会（ICOM Council）指出，我们似乎无法从欧洲和北美发展出来的经典博物馆理念中找到答案。因此，要想让博物馆更加有用还需要一些新的东西。

借鉴伊万·伊里奇（Ivan Illich）在1971年提出的“去学校化”概念[②]（Illich 1971），我将在此提出一种新的博物馆组织路径。伊里奇认为，博物馆在当代社会的相关性很可能取决于博物馆的民主化程度。具体而言，博物馆在多大程度上实现了在行政决策（包括给予管理人员在工作组织和条件方面更大的发言权）、教育项目（包括消减教育中介的作用、增加独立和个人学会的机会）、藏品管理（包括提高藏品的用户可及性）等方面深入而广泛的参与。除此之外，在涉及文化事务时，博物馆是否为个体的独立思考和行动留有余地。[③]

发轫于欧洲和北美的传统博物馆最初是一个旨在向特权阶层开放的精英机

① 本章的早期版本曾发表于联合国教科文组织出版的期刊《博物馆》[*Museum*，1985（1）]上，此次再次修改发表已经获得联合国教科文组织的许可。早些时候，本章还曾分别在1984年1月提交给兰契大学，1983年8月提交给伦敦举办的国际博物馆协会建筑与博物馆技术委员会会议。

② 伊里奇的《去学校化社会》揭露与批判了学校存在的弊端，并在此基础上构想了“学习网络”以取代学校，进而达到“非学校化社会”的理想。事实上，伊里奇并非单纯地主张“去学校化”，而是追求社会的“去制度化”，想要扭转制度化给社会造成的不幸。除此之外，本章将“de-schooling”翻译为“去制度化”。参见李丽：《是“非学校化”，更是“非制度化”——对〈非学校化社会〉的再思考》，《现代教育论丛》2014年第5期，译者注。

③ 我的讨论仅限于我所擅长的历史、文化和艺术博物馆。

构。如今，博物馆的服务范围更加广泛，但是它们却依然保留着诸多排他性的特征。譬如说，许多大型博物馆只向公众开放很小一部分藏品，通常只占总体收藏的 1%～5%，有时数量甚至更少；那些物件通常也是在经过一系列精心阐释的情境之中进行展出。因此，可及性通常是博物馆专业人员高度结构化、预设性和操纵化的产物，以达成“准确”“安全”“可理解”和“教育性”目的。

在过去 30 年间，博物馆及其运作一直朝着民主化和大众化的方向发展。目前，博物馆以多种方式服务于更加广泛的公众，提高藏品的公众可及性和实用性。在这种情况下，展览获得了更多的发展空间和细心呵护，临时展览的数量越来越多，其他机构对展览的资助也有所增加，将非法取得的物件归还给其他国家的议题也引起了更多注意。上述这些新策略都再次提升了博物馆的世俗功能，虽然维护与运作成本很高，但是它们依然只向公众开放非常有限的收藏，并继续为部分特殊公众而服务（Kelly 1982）。

博物馆观众调查一再表明，博物馆几乎只满足受过高等教育阶层的需求。尽管在过去 50 年间，博物馆的参观人数有所增加，其原因很可能是教育水平的普遍提高，而不是博物馆正在满足更广泛的需求。

直到最近，提高博物馆的可及性的做法尚停留在改善物理层面上的通道和设施、制作精心设计的展览上（Cameron 1982：179）。在这种情况下，与其相关的藏品和观念则被贬抑为最低层次的需求（the lowest common denominator）（Cameron 1982：180）。加拿大的知名博物馆管理者卡梅隆最近写道（Cameron 1982：180）：“我们通过降低而非提高知识层面上的可及性来服务观众，而且这种降低是我们专家做出的选择，这是何等傲慢的事情。”卡梅隆接着说道，博物馆致力于公众化，“我们将提升定位和改进阐释作为达到该目的的主要手段，但却没有意识到，我们在向观众展示精美的菜单和酒菜的同时，可能没有允许他们前来参加宴会”。

另一种蓄势待发的公众化形式是直接提高博物馆藏品和知识资源的公众可及性，主要指的是将博物馆存储区域向公众开放。较之于前者来说，这种公众化形式既容易执行，又具有激进意涵。从某种意义上来说，这意味着要更新旧有的、过时的成排摆放标本的博物馆风格。开放存储有助于建立博物馆与公众之间的相关性吗？是否有助于博物馆更好地服务公众？

我在此列举与描述加拿大西部最近出现的开放存储的案例，并就其衍生的问题进行讨论。

这些试图提高公众可及性的做法尽管并不完美，但至少为更深入的讨论奠定了基础。在快速变化的社会中，这些案例能否作为真正有效的典范之举尚待确认。不过，至少有证据表明，博物馆采取的存储系统对公众和学者可及性的影响远不止于此。至于是选择相对封闭还是相对开放的存储系统则与人们对博物馆角色的体认、博物馆知识建构与传播的方式有关。

大学博物馆的可视化存储：英属哥伦比亚大学人类学博物馆

1976年，英属哥伦比亚大学人类学博物馆引入“可视化存储（visible storage）”系统（Ames 1977）。作为一家与加拿大知名大学有关的教学型博物馆，该馆意识到应当尽可能地提高教学藏品的可及性。为此，该馆推出了一种可视化的存储（或开放存储）系统：一方面，把对光线不太敏感的藏品放置于上锁的玻璃展柜中，并向公众开放；另一方面，为公众提供囊括所有藏品数据的电子打印版手册。这个系统犹如一个大型的图书馆或超市，旨在让用户不仅可以在工作人员的监督下接触藏品，而且也能够无障碍地接触藏品和目录数据。

在这种情况下，教学实验室被安置在开放存储空间的附近，而阐释性和艺术性展览被安排在博物馆的其他地方。大部分对光线敏感的服饰、纺织品、印刷品等藏品则不包括在可视化存储空间内。针对这些材料，博物馆专业设计了一个单独的、可及性不高的研究存储系统（study-storage system）。由于博物馆空间受限，这些做法尚未完全落实（Ames 1981a；Lambert 1983）。

人类学博物馆的可视化存储系统主要是为学生和学者设计的，一直以来都颇受好评。就大众娱乐方式而言，它显然并不成功。因为可视化存储系统不仅有一定的门槛，而且需要观众具备在通常情况下不会派上用场的使用数据手册的基本知识。为了保证可视化存储空间的安全性，安装了更具安全性能的防盗系统和闭路电视监控系统。虽然光线在过滤器的介入下变得相对柔和（Clavir 1982-1983），但是光线强度依然偏高。（为了降低成本而在物件架子的顶部安装了荧光管，这意味着上面的藏品会接收到更多的光线。）如果有充足的资金，类似的许多问题都可以通过使用更精密的橱柜、照明和计算机辅助信息系统得到彻底解决。

适应社区博物馆的可视化存储：阿尔伯尼港实验

英属哥伦比亚省阿尔伯尼港（Port Alberni）是一个拥有2万人口的小镇，当该地的一个小型社区博物馆采取可视化存储系统之后，观众的参与热情空前高涨[①]。1983年，扩建后的博物馆拥有三个公共展厅：展厅一展示当地印第安社区的人工制品；展厅二的面积是展厅一的两倍，展示欧洲定居者和先驱者的历史材料；展厅三专门用于举办临时展览。其中，前两个展厅按照改良之后的可视化存储模式进行布置。阿尔伯尼港博物馆（Port Alberni Museum）的馆长解释说（Mitchell 1983）："通常情况下，藏品的公众可及性仅限于以简化的、大众化的目录格式进行展示的公共区域，现在，一系列阐释导向的陈列则贯穿整个存储区域，以引导观众的参观。"

阿尔伯尼港博物馆的工作人员报告说，当地观众对目录系统非常感兴趣，因为他们通过目录系统知道了这个物件或物件之前的主人，并能够为我们提供与该物件直接相关的、个体化的其他知识。因此，该小镇的开放存储系统为社区成员集体参与到自己历史的记录与复兴中创造了机会。藏品和目录系统成了记忆释放器（memory releasers）和讨论指南（discussion guides），博物馆工作人员则充当记录器。博物馆融入社区，并成为社区的重要组成部分。很显然，公众的参与热情非常高涨。尽管如此，该项目的持续成功依然需要博物馆工作人员动员公众的高度参与。通常情况下，这种参与是大型博物馆工作人员所试图避免的。还有一个问题，即一个社区博物馆的有限收藏是否能够提供持久的兴趣？这种新鲜感会最终逐渐消失吗？

大型城市博物馆的分层存储：葛伦堡项目

第三个案例是加拿大西部的一个大型城市博物馆所开展的研究 / 存储实验。卡尔加里市的葛伦堡博物馆（Glenbow Museum/Glenbow-Alberta Institute）是加拿大第四或第五大历史和艺术博物馆[②]。该馆馆长邓肯·卡梅隆（Duncan Cameron）谈到了该实验项目的哲学（1982，1983），接下来，我会基于他的描述来进行讨论。

---

① 我想感谢约翰·米切尔（John Mitchell）和纳塔利·麦克法兰（Nathalie Macfarlane），当开放存储系统建立之时，他们分别担任阿尔伯尼博物馆的馆长和研究员。感谢他们提供相关的项目信息。

② 我要感谢葛伦堡博物馆的馆长卡梅隆，他帮助我们获得了有关葛伦堡博物馆实验项目的信息。

卡梅隆提醒我们，公共博物馆的藏品是替公众代为保管的，因此，公众有权利以最舒适的方式接触这些藏品，并获取相关信息（Cameron 1982：179）："对于公众而言，博物馆资源（museum resource）指的是将博物馆的各个方面都设计的具有公众可及性，包括博物馆藏品及其相关信息、博物馆研究员和教育人员等人力资源，其任务是通过一切可兹利用的手段发掘藏品在知识上的意义和价值。"

卡梅隆继续说道，可及性不仅意味着藏品在物理上的可及，而且还意味着藏品信息在知识上的可及，包括必要时研究员的解码和阐释。然而，受限于特定藏品的具体需求和观众群体的知识兴趣，可及性必然是分层的。因此，可及性是按照藏品数量增加和藏品阐释减少的程度来组织的（Cameron 1982：187）：第一个层次是"阐释程度最高、展品密度最低"的教学展览（didactic exhibits）；第二个层次是具有公众可及性和研究意味的开放存储（accessible storage）；第三个层次是受控存储（controlled storage），要求最低限度的阐释和最高密度的藏品。从策略上来讲，这三个层次分别对应的是教育资源中心、研究区域和藏品保管办公室。

可及性的分层原则指的是藏品及其信息的可及是分层次、分等级的（Cameron 1982：187）："起初是简单的介绍；接下来是培养研究与探索藏品的兴趣；最后是对人力资源进行严肃的调查与研究，满足那些具有好奇和渴望之心的观众需求。"

通常情况下，传统博物馆的研究员（curatorial staff）是远离公众和公共展厅的，目前，研究员所处的位置意味着对传统博物馆的背离。在葛伦堡博物馆的规划中，研究员不仅被置于"中心位置，以此来保证他们对负责的藏品拥有全面的指挥权"（Cameron 1982：187），而且有时候也要对公众可及性负责。

存储橱柜是模块化设计、可调整规格的，"以适应大型藏品摆放的开放式搁架，以及能够在垂直和水平两个方向操作的不同比例的抽屉系统"（Cameron 1982：189）。

藏品信息主要由说教式展览进行传递，其运作过程是通过计算机终端连接开放存储、教育资源中心的藏品目录系统，并最终由研究员通过预约来获取。

葛伦堡博物馆设计了一个系统原型，并借用北美西部的民族志藏品来测试其运作效果。一种分层路径——单独设计的橱柜、微环境系统和计算机辅助下的信息资源整合——有望解决开放存储系统所面临的诸多问题。然而，在创建与操作层面，葛伦堡项目都是一个相对来说非常昂贵的系统，不仅如此，将藏品划归为教学展览、开放存储和受控存储的做法也带来了如何选择、分配和管理藏品的问题。较之于其他替代性的可视化存储方案，葛伦堡项目还赋予研究员更多的筛选或调解的作用。遗憾的是，葛伦堡的项目实验因为高昂的成本、藏品选择与记录的研究员的缺少、认为开放存储系统将不会物有所值的认识等原因而停留在原型建构阶段。

结　　语

提升博物馆相关性的一种方法是提高博物馆藏品及其信息的公众可及性，如此这般，人们才能更加全方位地理解他们的遗产①。对于因快速变迁而面临风险的人们来说，“为了迈向未来，拥抱其过去、传统和文化”（Appell 1980：14）是至关重要的。之后，人们便可以“积极地评价他们的过去，并将过去的生活意义、宗旨和目标与不断变化的新生活、新宗旨和新目标联系起来。这样一来，社会变迁就能以一种更富成效、更具创意的方式完成，避免转型过程中错位带来的痛苦”（Appell 1980：14）。

本章介绍了三种提高观众可及性的存储类型：其一是为大学的教学博物馆而设计；其二是要适应一个小型社区的需求；其三是一个大型城市博物馆的实验。当然，其他博物馆也在考虑如何进一步提高博物馆藏品的可及性，比如加拿大文明博物馆、西雅图的伯克纪念馆，这两座博物馆都试图通过电视唱片来展示藏品；伦敦的大英博物馆专门将一处地下室空间开辟为罗马雕塑的开放存储空间。针对开放存储的观点，学界主要提出了三个批评：第一，藏品面临更大的环境和安全风险；第二，展示的藏品数量过多而难以对其进行恰如其分的阐释；第三，削弱了研究员的责任和权威。

从本质来说，前两个问题是机械性的，完全可以通过现代技术解决。光线、湿度、空气纯度和安全性都可以通过多种方式进行控制，而且计算机辅助技术还可以增加信息的流动。博物馆在多大程度上能够解决这些机械性问题主要取决于博物馆的资金状况。然而，上述阿尔伯尼港的实验表明，低预算的解决方案也是可行的。第三个问题——开放存储带来的研究员责任的变化——是一个完全不同的问题，毕竟人比机械系统更难改变。更重要的是，开放存储明显威胁到了研究员普遍奉行的特权和假设。

根据博物馆世界普遍流行的观点，博物馆一方面应当解释或阐释精心挑选的

① 感谢斯蒂芬·英格利斯（Stephen Inglis）提供的信息，这对于结语的写作帮助颇大。

展品，另一方面还要在相对封闭的库房中保存绝大多数的藏品。各种各样的理由支持如下观点，即如果没有专家的阐释，那么藏品就不能展出。这些理由包括：博物馆的使命是教育；公众被认为是需要引导的，否则就会对缺乏阐释的物件不感兴趣；重建物件的原初情境有助于证明或弥补其从原初文化情境中抽离的事实。如果无法在博物馆展览中重建这样一个文化情境，那么就意味着犯下了“去情境化”的罪行，更严重的说法是亵渎了物件的原初文化。

为了更具体地呈现人们对开放存储的反对意见，我将如实陈述北美一家大型博物馆内一些工作人员的态度，他们正忙于为自己的机构规划一个耗资数百万美元的新馆：

1. 开放存储让观众感到困惑：“一个人在那里面会发疯的。”当一个人有充足时间看到数以百计的斧头或烟斗时，他的第一反应肯定是无聊，接下来就是一种迷失感，这会让观众陷入筋疲力尽但仍然一无所知的境地。

2. 博物馆工作人员通过可视化存储规避了其对观众的责任。博物馆工作人员有责任展示物件固有的重要品质，并以吸引人的、教育的方式进行排列。因此，把所有藏品一股脑塞进展厅的做法是对博物馆基本角色的否弃。要知道，博物馆中的许多藏品从来就不是用来展示的，仅是满足研究之用。因此，绝不能将这类藏品强加给观众。

3. 可视化存储意味着对博物馆人员隐私的侵犯。博物馆和库房等工作场所是一个与公众无关且相对私人的地方，没有人希望整个工作过程一直处于他人的监督之下。开放存储使所有工作人员在玻璃后面开展工作成为可能。事实上，库房是博物馆工作人员专属的工作场所，公众也没有权利在那里满足其好奇心。

4. 究竟是谁需要开放存储呢？是否有切实的证据表明公众想要或要求开放存储？似乎开放存储的整个想法都是被博物馆的教育部门推动的，教育部门一直声称每个人都需要开放存储，但是却从来没有给出任何证据。从表面来看，把所有东西都置于开放存储中可以最大化地激发它们的阐释作用。在这种情况下，还需要研究员做些什么？教育人员会取而代之来接管藏品吗？

博物馆工作日益专业化的后果之一是专业人士开始认为，控制和构建藏品与公众之间的关系是他们专属的责任和特权，这与上文引述的态度非常相似。持这种观点的研究员将自己视为在照料和阐释遗产方面不可或缺的能动者，这和教师将其课程视为学习的必要条件是一样的（Illich 1971）。他们都将组织观众和学生的体验视为他们的责任，其中，说教式展品和教科书是主要的组织手段。尽管没有什么切实的证据，但这两种手段被认为是传达知识的最有效工具。

相反，支持提高藏品更广泛的可及性的观点，很有可能与博物馆世界的“去制度化”的想法有关，其基本主张是尽可能减少而非增加藏品与公众之间的制度性安排（Rowan 1978）。博物馆展览重构了人工化和刻板化的文化情境，这可能会掩盖意图在展览中予以强调的物件（Halpin 1978）。根据这一观点，遗产可及性是一项民主化权利，这意味着除了研究员的阐释之外，还应该提升博物馆藏品本身以及相关信息（目录数据）的可及性。该观点鼓励博物馆观众通过独立学习的方式开启自己的探索之旅，在这个过程中，博物馆也会提供各种各样的辅助手段，比如计算机终端系统、小型的介绍性展览、偶尔以顾问或图书馆员的身份出现的研究员。

对存储技术的态度似乎与知识在社会中的作用等更深层次的感知观念有关，譬如，知识在多大程度上是由专业人员建构和介导的，又在多大程度上是从制度化阐释中解放出来的。

如果博物馆想要提高他们的社会价值，那么与公众分享更多的藏品与知识资源或许是一个很好的出路。目前，北美和欧洲博物馆的普遍做法是将可及性限定在结构化和阐释性的展览上。如果止步于此，那么博物馆只能满足那些寻求正式学习或旅游体验的少数受教育阶层的需求（Kelly 1982）。博物馆运作的公众化程度和资源的公共可及性越高，博物馆就越能吸引更广泛的观众群体。可及性可以通过改善物理设施、开放存储和提供目录信息等方式得以提升，只有这样，人们才能探索研究员挑选出来并展示给公众的那 1%～5% 之外的藏品。

博物馆可以通过观察成功企业的做法来增加社会贡献。以大众营销的宜家（IKEA）为例，这家公司起源于瑞典，并在加拿大取得了较大成功，它为购买中等价位家具的消费者提供方便的超市式购物体验。或许该案例的一些理念和做法值得博物馆借鉴与学习，譬如，如何让观众感到舒适，如何以一种既有意义又阐释得当的方式来展示物件。唯有如此，观众才能根据自身的兴趣去探索与实验。

第十章

我们真的还需要博物馆或人类学吗？①

几年前，史密森学会的资深研究员威尔科姆·沃什伯恩（Wilcomb Washburn）曾发问——我们是否还需要博物馆（Washburn 1968：1）：

> 未来，博物馆物件难道不会变成像物件本身一样令人满意的信息吗？如果发生这种情况，那么我们是否还有保存物件、展示物件的必要？可以想象的是，较之于准确记录且随时可用的信息描述，从原初情境中抽离出来的且被时空环境破坏与扭曲的物件本身就是一种不那么准确的陈述。

与此同时，社会和文化人类学家——接下来，我将遵循博物馆传统将其称为民族学家——却尚未质疑自身存在的必要性。显然，他们很乐意对此作出肯定性假设。话虽如此，他们也在探寻人类学专业的未来走向。理查德·普雷斯顿（Richard Preston）在回顾加拿大人类学的社会结构时曾提问（1983：294）："我们将去往何处？" 作为加拿大最杰出的人类学家之一，马克－阿德拉德·特伦布利（Marc-Adélard Tremblay）指出："我们正同时受到多重挑战"（Tremblay 1983：332）。无独有偶，其他学者（Hoebel，Currier，and Kaiser 1982）也对人类学的未来走向发出了类似的哀叹。

特伦布利认为，人类学"正在经历一场危机：通过质疑其传统目标动摇了人类学生存的根基"（Tremblay 1983：332）。这实际上是整个科学世界面临的危机（Tremblay 1983：333）：

> 我们可以宣称人类学已经实现了其开创者所设定的科学目标了吗？

① 本章的最后一部分摘自提交给 1982 年 5 月 11 日举行的加拿大应用人类学学会第一次年会的一份文件，随后发表在该学会的专题选刊上（Ames 1983a）。

人类学难以向政府、大型公营公司、私营企业的委托人或官僚权力经纪人展示其效用。人类学遭遇的危机是多方面的，且造成了影响深远的后果。这是一个前所未有的理论分裂的时代，为实现人类学向新科学的突破与迈进，各种新方法层出不穷、彼此竞争。与此同时，行动或应用人类学则趋于停滞。其原因包括两个方面：这些努力的最终目标引发了广泛质疑；对知识的探寻不仅依赖于科学假设而且还与意识形态范式密切相关。

更糟糕的是加拿大的大学入学率在 20 世纪 80 年代下降约 20%，这与二战后的婴儿潮的出生率下降有关（Siminovitch 1979：11，18）。毫无疑问，这将导致人类学家和其他学者学术机会的减少。

20 世纪 80 年代初，有 300～400 名民族学家在加拿大境内工作。其中，大多数民族学家在全国 35 所大学内任职，其他民族学家则任职于博物馆或私人机构（Burridge 1983：307）。根据凯内尔姆·波利奇（Kenelm Burridge）的估算，在加拿大，每 9 万人有一名民族学家；在美国，每 8 万人有一名民族学家；在英国，每 33 万人有一名民族学家；在澳大利亚，每 12 万人有一名民族学家。相较而言，加拿大民族学家在数量增长方面毫无潜力。

那么，加拿大民族学家将去往何处呢？其本身的境况与其他的西方国家有何不同？ 1983 年 9 月，美国人类学协会通讯上的一篇报道指出："在博士毕业后，超过 40% 的人类学博士学位获得者仍在寻找工作，这是所有学科领域中最高的，而且较之于 10 年前 12% 的数据有大幅增长"（American Anthropological Association 1983：6）。

人们越来越频繁地问道：我们真的还需要博物馆吗？民族学在哪些方面的作用是诸如社会学、地理学和经济学等其他学科无法取代的？除了民族学家需要民族学之外，还有谁需要这门学科？科学作家克里斯托弗·哈洛威尔（Christopher Hallowell）在最近发表的文章中问道（1983：46）：

目前，人类学的价值体现在哪儿？作为人类学的近亲，社会心理学和社会学通常更贴近人们的生活。这些领域的科学家告诉我们如何才能更好地生活、如何处理压力、如何理解城市生活对我们的影响、如何去应对无所不在的风险。社会心理学和社会学等领域告诉我们长途飞机旅行对我们身心的影响，人类学的研究则更关注飞机上空姐的行为，相较之下，前者与我们的生活更加相关。

尽管大部分批评是针对社会科学的整体观念提出的，但不可否认的是，人类学的大众印象可能更加糟糕。在一般情况下，社会科学被指责模糊了具体和普遍之间的阐释边界。正如一位直言不讳的评论家、退休的地方法官在温哥华的一份日报上所写的专栏文章中指出的那样（Bewley 1983）：

> 人类学家、社会学家、心理学家、政治学家或犯罪学家可以连续几代兜售关于教育、育儿、人际关系、政府和改革不正当行为等荒谬、甚至灾难性的观点，却不会被识破。
>
> 如果轻信这些学者的愚蠢的想法，人们有可能毁掉几代公民及其家庭、破坏他们内心的安宁、毁灭街头安全的幻想、造成国库的空虚。等到事实真相大白，并最终拆穿其预测的灾难性后果时，这些愚蠢的家伙已经获得名誉教授的头衔。他们如此光荣、苍老、年迈和虚弱，我们都不忍心给他们涂上柏油、插上羽毛，然后将其赶出城外。

幸运的是，这些挑战也有一些令人欢欣鼓舞的回应。当然，博物馆有必要做出回应，因为每年都有那么多新、旧博物馆被建造或改造。正如史密森学会的沃什伯恩所说（1968：9）："任何关于物件的陈述都不如物件本身来的完满。"因此，博物馆必须将收藏、保管、研究和展示等功能进行到底。传统手工艺品以及制作和使用它们的部落人口消失得越快，博物馆拯救这些见证物的责任就越大。

社会心理学家罗伯特·凯利（Robert Kelly）一直专注于博物馆之于个体地位和身份价值的研究。根据他的观点来看，越来越多的观众开始参观类似机构，其原因只是"为了获得一种*曾经去过那里*的状态"。如今，人们已经广泛意识到博物馆是地位和声望的象征（Kelly 1983）。参观某个重要的博物馆就是一种被高度认可且具有社会可见性的方式，可以证实和展示自己在社区中的地位。

博物馆是现代社会的神庙和殿堂，通过其建筑和内容来表达某个共同体的基本价值。如此这般，博物馆就有可能履行与共同体地位相称的角色（Kelly 1983：12）。博物馆，尤其是国家级博物馆，是国家的政治工具，要么旨在展示国家历史、文化权威、既定图景，要么是执政党本身的仁慈与文化的纪念碑（譬如法国计划在巴黎建立一个具有纪念意义的新的科学博物馆的案例，详见：Dickson 1983）。大型艺术博物馆是一个城市精致形象的必要组成部分。近日，温哥华的美术馆搬进一个刚刚改造完工的遗产建筑里，这件事情似乎宣布着这座城市最终走向成熟。当地一家报纸宣称，这座令人印象深刻的古老建筑在经过现代化改造后，"标志着温哥华足以与加拿大其他最好的城市相媲美"（McMartin 1983）。

温哥华美术馆的开幕庆祝活动持续了 4 个晚上，每天晚上，兴奋的人们成群结队而来。率先到访美术馆的是当地名流，他们开着劳斯莱斯、奔驰、捷豹、宝马、凯迪拉克等豪华轿车来到美术馆，高调地将车停在草坪和人行道上。当地一家报纸报道称（McMartin 1983）：“也就是那些有钱有势的人才敢这么做。”500 多名身穿正装的客人出席了第一天晚上的纪念活动，每个人为香槟、晚餐和弦乐团表演支付 250 加元。在接下来的三天里，普通公众纷纷到访新成立的美术馆，其中，前两天主要是接待美术馆邀请的公众，最后一天则接待仍然感兴趣的其他公众。

据当地一家报纸报道（Johnson 1983），温哥华美术馆是温哥华城市史上首个“真正的美术馆（real art gallery）”。实际上，这家美术馆在温哥华已经存在了 50 多年，只不过它一直栖身于一座普通的建筑里。虽然美术馆的藏品质量并未改观，但如今，它搬进了一个巨大的、纪念性的建筑里。一位当地报纸的记者解释说，“真正的美术馆”应该是“一座处于优雅而气派的建筑中的美术馆。真正的美术馆应该尽可能多地展出任何人都无法一次性欣赏和理解的作品。迄今为止，只有在相对精致的城市中心才有为公众提供目不暇接、令人愉快的视觉体验的美术馆”（Johnson 1983）。

城镇也希望博物馆和美术馆能够保护与展示城镇地方的历史及其艺术和手工艺。每个有自尊心的社区都需要一座博物馆来促成和保障这种自尊感。现代社会越是保持自身与过去的疏离关系，并把变迁当作进步、把创新视为改善（Shils 1981：4），过去就越有可能沦为怀旧的记忆。在这种情况下，人们就越需要博物馆来存储他们的怀旧之情、过去的信念和价值观。尽管这些东西仍然备受推崇，但是它们却无法成为未来的典范（Shils 1981：3）。

那么，在那些继续利用其过去传统作为未来行动的标准典范的社会中，博物馆是否会发挥截然不同的作用？当博物馆试图将有生命力的传统“博物馆化（museumify）”时会发生些什么？斯里兰卡古物特别委员会在 1959 年发表的总结报告中描述了这样一个问题（Special Committee on Antiquities 1959：17；Bandara 1972：53）：

> 斯里兰卡的考古学必须处理与佛教和印度教这两种有生命力的宗教有关的宗教建筑的遗迹。就此而言，斯里兰卡的考古工作比诸如埃及这样的国家、印度的某些地区的考古工作更加棘手。在斯里兰卡，大多数人们将考古遗址视为圣地和宗教建筑，而非历史或科学证据。就此而言，

考古遗址触发的愿望和情感最重要的，而其作为历史或科学证据的价值与意义是相对次要的。即便如此，我们仍然有必要直面该问题，并力图在宗教热情和科学研究之间寻得彼此妥协的平衡点。因为对于历史学家和考古学家来说，这些纪念碑性的遗迹是无价的、不可或缺的物质材料。

博物馆参观人数持续增长，据称甚至超过了专业体育赛事的上座率。因此，那些博物馆工作人员可以大胆地喊出："是的，博物馆是非常必要的，人们确实需要它们。"博物馆真的是不可或缺的吗？博物馆的大众化是否会破坏其作为学术机构的最初使命？是否会颠覆与之相关的工作与责任？换句话说，如今的博物馆工作人员，尤其是民族学家是否接受过公共服务方面的专业训练？他们能否胜任这项工作？事实上，当代博物馆与美术馆期望民族学家承担更多的任务与责任，遗憾的是，他们尚未接受与之相关的培训。我想，这就是问题所在。

学术民族学家自然而然地认为其从事的民族学是非常必要的，但是他们却无法得出公众是否需要民族学的结论。事实证明，民族学在学生和普通公众中受欢迎的程度正在下降。最令人尴尬的是，在从事传统研究的民族学家内部，民族学的前景也比较暗淡（Lurie 1966）。一个民族学家体验到的最大冲击之一可能是被研究者阅读到有关他们的文章，并尖锐地公开批评民族学家对被研究者的误解和歪曲。有证据显示，这种事情发生的频率越来越高。生成于民族志技术的个人阐释很容易将民族学家置于被批评的尴尬境地。

在这种情况下，最好的做法不外乎是更加认真地关注我们的专业状况。近日，普雷斯顿在谈及加拿大民族学现有结构的一篇文章中警告我们（1983：294）："我们不得不承认，大学入学人数的下降，通货膨胀，经济衰退，政府、民众和大学资助的缩减宣告了文化繁荣时代的终结。基于此，我们不得不从过去10年的抱负和期待中进行战略性撤退。"

究竟出了什么问题？尽管博物馆更多是作为地位象征而非研究员设想的研究和教育机构而出现，但是一个不争的事实是，博物馆比以往更受欢迎了。尽管在数量上、理论和方法的复杂性上呈现出空前的增长（Tremblay 1983），但是民族学的学术出版物似乎在受欢迎程度和受尊重程度上大不如前。不知何故，民族学家与机会擦肩而过：博物馆里的民族学家抱怨公众服务工作比重的日益上升；而学术界的民族学家则哀叹其受欢迎程度的不断下降。

如今，在博物馆与大学工作的民族学家所接受的学术训练是非常相似的，即研究和科学自由的法则是首要的，甚至超越了回应公众需求的责任。在我看来，这种观点的根基可以追溯至文艺复兴和随后的“教育革命（educational revolution）”（Parsons and Platt 1973：3）。其时，学者们将知识获取和自由交流视为整个文明世界的普遍做法。“不受阻碍地从事研究、讨论问题和发表想法是科学发展和改善人类生活的核心”（Nason 1981：3）。然而，随着民主化的演进，尤其是平等概念渗透至日益广泛的人群和社会之中，科学自由的法则开始感受到来自民主化的压力。

在现代社会，公众有权利知晓和分享科学知识所带来的益处。具体而言，这意味着公众需求的增加，即要求纳税人在教育和研究上的投资必须得到可见的回报（Manning 1983；Loubser 1983）。例如，博物馆必须回应公众在博物馆如何收藏、如何处理藏品等方面日益增长的兴趣。正如博物馆人类学家詹姆斯·纳森（James Nason）所说（1981：18）：“在新的法律和社会条件下，我们自由收集数据的能力和认为研究是一项神圣活动的观念都将受到前所未有的挑战。”在这种情况下，博物馆必须对国家、民族和地方的利益保持敏感，并更仔细地考虑向来源民族或国家归还部分藏品的可能性（Inglis 1979）。

鉴于这些情况——无论是民主化公众化思想的必然演进，还是学者们仍不愿放弃传统的学术特权，我们应该如何回答文章最初提出的问题呢？我们还需要博物馆吗？民族学还有存在的必要吗？

博物馆可以通过其传统的收藏、保护、研究和公共教育的功能来证明其存在的合法性，也可以通过在地位象征、身份赋予、国家纪念碑性等方面发挥的作用来证明其存在的合法性。但是有些博物馆并不想止步于此：一些博物馆正在努力尝试提高博物馆藏品及其知识资源的公众可及性；一些博物馆也开始在复兴和发挥文化传统方面发挥更加积极的作用，尤其是对于在经历快速社会变革的“高危人群”来说，情况更为迫切。在此，我将以几个案例来阐述我的观点。

首先，提高博物馆的公众可及性。绝大多数的大型博物馆在继续履行教育使命的同时，也尝试推行开放存储的政策，从而让公众能够接触到更多的博物馆藏品。虽然库房里的物件可以与展出的物件彼此轮转，但是就目前来说，这种轮转的程度非常低。人们也习惯在说教式的情境中展示博物馆物件，在这种情况下，物件被视为教育信息的视觉辅助工具。所谓的公众可及性实际上受到严格挑选的物件和高度结构化的阐释框架的制约，以至于公众没有选择的自由，也不会发展出自己的阐释。事实上，这种模式的有趣之处在于几乎没有任何证据能够证明其达成了预期的目标——公众的道德与教育提升。因此，一些博物馆开始质疑这种实践模式，并探索其他的替代路径。

近日，英国博物馆学家布莱恩·刘易斯（Brian Lewis）（1980：151）指出，“无论我们的博物馆做得如何，可以肯定的是它们无法为普通观众提供良好的教育体验”。有证据表明，说教式展览并非有效的教育工具。通常情况下，博物馆观众在任何一个地方的停留都不会超过20～40秒；尽量避免阅读展览中的大部分标签；越接近出口标志，对展览和标签的注意力越低——这种现象被称为“出口梯降（exit gradient）”（Brown 1978）。当涉及展览结果的评估时，其结果往往是不稳定且特殊的。这“让博物馆工作人员相信他们正在获得某些东西，但同时又无法说明或阐释其具体内容”（Brown 1978：6）。虽然很少将展览与其他教学媒介进行比较，但是我们有理由相信展览在有效传递信息方面可能无法与讲座、教科书或视听演示等手段相提并论。一项瑞典的研究（Arnell et al. 1976：50）将涉及同一主题和类似内容的展览与录像带进行比较，该研究发现录像带在传达知识方面更有效，而且更受被测者的欢迎。先看录像带再看展览的被测者小组的知识保留率最高，只看展览的被测者小组的知识保留率最低。

由于限制公众可及性的说教式展览没有实现预期的教育目的，因此，一些博物馆正在考察其他的替代性路径，其中就包括“去制度化”的多种尝试。“去制度化”路径指的是减少正式的、说教式的展览和项目，并通过开放存储技术提高博物馆藏品及其信息的公众可及性（Ames 1983b；第九章）。在这种路径下，博物馆更多地将自己视为学习中心和文化资源库，而非学校系统的附属之物。

博物馆在复兴和推广社区文化传统和社会历史方面发挥着积极的作用，尤其是对于经历快速社会变革的“高危人群”来说。在回顾快速变化所造成的冲突时，乔治·阿佩尔（George Appell）注意到了文化规划在应对社会变迁中的重要作用：包括民族志研究，博物馆发展，涵盖濒危状态下的口头文学、歌曲、舞蹈和艺术的档案创建，研究社会历史和口头传统。阿佩尔继续说道（1980：14）：

> 这些路径为经历快速社会变革的“高危人群”提供了积极评价他们过去的机会，并将过去的生活意义、宗旨和目标与不断变化的新生活、新宗旨和新目标联系起来。这样一来，社会变迁能够以一种更富成效、更具创意的方式完成，避免转型过程中错位带来的痛苦。为了迈向未来，拥抱其过去、传统和文化对于人们来说至关重要。

因此，要想成功地适应快速的变化，就必须将过去建构成为一种有意义的、重要的体验。很明显，博物馆可以在这一方面大展身手（Appell 1980）。

当我说博物馆应该积极为经历快速社会变革的“高危人群”进行文化规划

时，我的意思并不是简单地推广、传播过去在民族学家的协助下展演与重构的传统手工艺和习俗，也不是保护作为活态的博物馆好奇之物的手工艺或部落习俗。过去博物馆和民族学家惯常推行的冻结部落文化的观点与行为也许是出于好意，但实际上却损害了相关群体的利益。虽然博物馆的任务是保存物件、重新恢复过去，但是将有生命力的民族置于一个民族学重构意义上的过去图景中却绝非博物馆应该做的事情。显而易见的是，就像语言、亲属关系或经济模式一样，艺术和手工艺传统及其社会历史的阐释都是随时间的推移而逐步变化的。就此而言，博物馆可以鼓励进行传统的实验来记录正在发生的社会变化，帮助制定能够评判人们用自己的文化模式进行实验的关键标准。在我看来，博物馆可以在以下方面充分发挥文化规划的作用：介绍合成纤维、电动工具和机器的功能、传统设计在现代媒介上的应用（如限量版绢本画或丙烯画）、对设计本身进行实验、在传统的启发下和与其他风格的比较中开发新的文化展演形式、为精美艺术和廉价的纪念品开拓新市场。

如果博物馆在继续接纳其传统功能的基础上再履行一些新功能，那么博物馆仍然是不可或缺的。如上所述，这些新功能包括提高博物馆藏品及其知识资源的可及性，积极支持手工艺、传统和文化展演的演变。对于那些经历快速社会变革的“高危人群”而言，情况更为迫切。那么，博物馆之外的民族学呢？民族学还有存在的必要吗？

对于民族学家来说，民族学的实用性是显而易见的，他们面临的挑战是如何说服他人相信民族学的实用性。据说，当前民主社会中的公众正在争取一项权利，即必须知道政府都用纳税人的钱做了些什么。即便如此，这也无法保证研究工作始终会以直接和可应用的方式为公众服务。受此影响，如果民族学家想要证明其获得公众支持的合理性，那么他们就需要花更大的力气向公众阐明其所做事情的重要性。科学作家哈洛威尔在讨论美国电视纪录片《人类学的审判》（*Anthropology on Trial*）时指出：“大多数人类学家要么不知道如何与公众交流，要么直接选择不与公众进行交流。”现在，我们需要更加深入而全面地了解民族学家的工作。

民族学家能够为自己争取更大的公众支持的方式之一是让民族学学科的实际用途得到广泛认可。应用人类学历史悠久，但至少在北美，人们对它的理解和认识非常不足，大多数学者都认为它是次要的（Salisbury 1983：196-197）。一些人类学家或许出于其与殖民主义有关的考虑而拒绝应用人类学，然而，作为人类学的一个分支，应用人类学实际上更容易被公众理解和赞赏。

应用人类学的前景一片大好，然而只有部分民族学家意识到了。最常见的形式是传统意义上的应用人类学，即“客户赞助研究（client-sponsored research）”。其中，最为人熟知的例子就是为殖民当局进行的研究、为政府机构和私营公司进行的影响评估和对土著民族的历史研究。（加拿大的应用研究详见：Manning 1983；Weaver 1981）

博物馆和学校也进行类似的客户赞助研究。人类学家利用民族志的调查技术来评估特定项目或展览的效果，发现其背后隐藏的微妙信息（Halpin 1978）。与史密森学会关系密切的已故博物馆学家罗伯特·沃尔夫（Robert Wolf）谈到了“自然反应（naturalistic-responsive）”的评估技术（1980），从本质上来说，这就是民族志的调查技术。目前，类似的方法也广泛应用于教育领域（Guba and Lincoln 1983）。沃尔夫（1980：39）指出：“在过去10年间，问责制席卷了公共、社会和文化机构，目前已波及博物馆世界。”因此，评估研究已然成为一个快速发展的领域，而民族学家才刚开始涉足其中。

除了上述提及的众所周知的形式外，应用人类学还有两种不太常见的、实践频率相对较低的形式。从长远来看，这种形式对专业和社会的意义可能更加重要。第一种应用人类学的替代性路径是对人类学本身进行人类学研究，即“反身人类学（reflexive anthropology）”。其法则非常简单：我们要像习惯研究他者一样来研究自我，即以土著视角来审视自我。也就是说，我们是我们自己的客户。反身人类学的案例包括研究人类学的入门、人类学家如何组织写作、人类学家如何建构理论（Scholte 1969；Ames 1979，1981b）。关于什么才是恰当的“印第安社会学（Sociology of Indian）”的持续辩论也是一个很好的案例，其他的民族学家可以效仿、借鉴。

如果说第一种形式的反身人类学是将人类学本身作为研究对象，那么另外一种形式的反身人类学是将人类学知识和技术运用到管理工作中，我们可以称之为“工作人类学（working anthropology）”。通常情况下，当成为行政管理人员之后，民族学家很快就会发现其人类学视野是如何在探寻他者的观点、发现隐藏的意义和假设、辨识文化和族群的细微差异、识别权力和权威的象征、评估现实的替代性路径、尊重不同观点的分歧上发挥作用的。人类学的洞察力直接有助于做出实践决策，以及权衡决策背后的成本与收益（功能与失调）。

第二种应用人类学的替代性路径是将民族学作为一种社会批判形式。在此，我们想到的是作为知识分子的民族学家，他们“向自己的同胞和世界批判性地阐释其所在的社会和文化”（Green 1977：39）。劳拉·纳德（Laura Nader）（1969：

293）曾将这种实践称为“为土著写志（writing ethnography for the natives）”，在这种情况下，民族志的内容为土著民族改善生活提供了必要的信息。戴尔·海姆斯（Dell Hymes）在《重置人类学》（*Reinventing Anthropology*）一书的导言中写道（1969：54）：“通过帮助社区成员更清晰明了地理解其社会现实，民族学家很可能会让人们调动起赖特·米尔斯（Wright Mills）所说的‘社会学的想象力（sociological imagination）’，从而更好地控制自己的命运。”

当然，民族学家可以在理解现代社会的权力和责任如何运行方面贡献自己的力量。事实上，我们非常需要关注权力运作的人类学研究，纳德观察到（1969：284）：

> 我们生活本身及其品质的好坏在很大程度上取决于公民究竟在多大程度上能够理解是谁形塑了他们的生活态度和制度结构。目前来看，对人的研究步入到一个前所未有的境地中：如此少的人通过作为和不作为就掌控着如此多生命的生杀大权。

社会学家拉尔夫·达伦多夫（Ralf Dahrendorf）曾经说过，社会批评家犹如现代社会的“演艺小丑（court jesters）”，其主要职责是“怀疑所有显而易见的事情、促进绝对权威的相对化、提出其他人都不敢提出的问题”（1970：55）。作为社会批评家，知识分子的任务是敢于表达令人不安的和令人信服的社会真理，从而为理解和变革创造机会。

1971年，圣地亚哥自然史博物馆（San Diego Natural History Museum）的时任馆长威廉·伯恩斯（William Burns）倡议博物馆研究员应当像金丝雀（canaries）一样发挥批判作用（Burns 1971：217）。地下矿工经常用金丝雀来检验尚未消散的烟雾是否有毒。“作为金丝雀的研究员（curator-as-canary）”应当扮演社会预警信号灯的角色，经由艺术手段向公众告知前方可能存在的危险。

作为金丝雀的研究员即是“具有社会良知的研究员（curator-with-a-social-conscience）”（Burns 1971：219）。在实际生活中，作为金丝雀的研究员和民族学家几乎都没有扮演“演艺小丑”的角色。质疑既有的价值和制度是一项令人不安、不受欢迎的做法，而且经常遭到公众的批评与嘲弄（Dahrendorf 1970）。不管怎么说，博物馆更偏向于积极的、正面的而非消极的、批判的历史叙事。展厅中展出的恐龙、土著和先驱（除了新世界的欧洲定居者）都是典型的高贵生物，它们曾在遥远的过去英勇地挣扎过，但最终却没有抵挡住大自然的洪荒之力。尽管北美的博物馆对欧洲先驱破坏北美土著民族传统文化的历史进行了低调的批评，而且这种做法仅是当下的风尚。总体而言，博物馆展览很少会批评过去或现在。与此同时，北美的博物馆从来不敢直面土著民族、当代制度、客观审查、批判性评估等议题。对于博物馆民族学家来说，土著民族是神圣的，因此几乎被排除在所有的批评意见之外。考虑到博物馆薄弱的财政基础，我们就可以理解为何它们会回避对主流社会的批评了。

至少在北美地区，大学的人类学系的学术自由度比博物馆高，但是其批判精神并不尽如人意。土著民族，尤其是那些生活在我们身边且经常在当地报纸上被报道的土著民族对学术民族学家来说同样神圣。这些土著民族曾经是学术民族学家的研究对象，如今，他们的批评成为民族学家避之不及的事情。在社会和文化政策的公共讨论、社会机构的批判性评估方面，民族学家似乎没有做出过什么贡献。不过，还是有一些值得注意的例外（详见：Nader 1980a，1980b，1983）。

客户赞助形式见证了应用人类学最繁荣的发展。反身性和批判性路径虽不成熟，但可能是最重要的视角。毕竟，我们需要更多的“演艺小丑”和“金丝雀”。

50 多年前，马林诺夫斯基（Malinowski）（1929）呼吁集中精力来弥合人类学理论和实际应用之间的鸿沟，因为两者之间是一片“人类学意义上的无主之地（anthropological no man’s land）”。从事实践的人们需要人类学家为其提供知识，然而，学术人类学则以“重大发现或古物研究”为志业。马林诺夫斯基指出，人类学家“仍然试图对周遭现实置若罔闻，从而费尽心机地重构一个不再存在的野蛮人。在美拉尼西亚，人类学家重构出来的野蛮人实际上早在一代人之前就不复存在了，在非洲早在两代人之前就不存在了，在北美可能 100 年或更长的时间之前就不存在了”（1929：37）。

如果人类学家希望其他人相信他们的价值和存在的必要，那么就必须搭建理论与实践、学术兴趣和社会反应能力之间的桥梁。就这一点来说，在博物馆和大学工作的民族学家有着共同的兴趣，因此，他们可以集思广益，有效地探寻解决之道。

博物馆仍然有存在的必要，它们的社会实用性将持续得到认可。博物馆不仅依然发挥着收藏、保护、研究、教育、强化地位等传统功能，而且也致力于为面临风险的“高危人群”而服务。但是人类学专业呢？它还有存在的必要吗？鉴于周遭世界的境况，我们只能做出肯定的回答，因为我们确实需要人类学家提供的特殊知识。为了让人类学的实用性更加明显，我们必须得去提高这些知识的公众可及性。

第十一章

世界博览会和社会的构成：1986 年世博会的意识形态[①]

知识、艺术和物质产品是如何参与到社会自我形象的建构的？又是如何参与到希尔斯（Shils 1972）所说的“集体自我意识（collective self-consciousness）”的演变过程中的？

我选择世界博览会作为探讨这个问题的原因有四个：其一，1986 年世界博览会在温哥华举行，为我提供了实地考察的契机；其二，对于人类学家来说，对西方世界公共文化进行研究是一个相对新颖的领域；其三，作为“流行文化的博物馆（museums of popular culture）”，诸如市集、购物中心和快餐连锁店等流行活动和大众机构是展演意识形态的重要场所，我也将在下一章继续讨论这个问题；其四，1986 年世界博览会现在已经尘封于记忆之中，但是与之相关的分析可能会启发未来博览会的阐释方法，其中就包括 1992 年在北美举行的富有争议性的庆祝活动和在西班牙举行的纪念克里斯托弗·哥伦布（Christopher Columbus）发现新世界 500 周年的世界博览会。“对于土著民族而言，这标志着 500 年的苦难生活行将结束”（Harjo 1991：32）。

---

① 本章的早期版本曾提交给 1986 年 5 月 16 日在埃德蒙顿举办的加拿大民族学学会年会和 1986 年 5 月 23 日在维多利亚举办的加拿大博物馆协会会议。与一些人的讨论让我受益匪浅，特别黛安·本内特（Diane Bennett）、布伦达·伯克（Brenda Berck）、茱莉娅·哈里森（Julia Harrison）、玛格丽特·霍尔姆（Margaret Holm）、大卫·詹森（David Jensen）、纳塔利·麦克法兰（Nathalie Macfarlane）、比尔·麦克伦南（Bill McLennan）、罗恩·伍德尔（Ron Woodall），以及 1986 年世界博览会英属哥伦比亚场馆的官员。当然，本章在文字和内容上的责任与他们无关。本章的较短且略有不同的版本曾提交给加拿大举办的美国流行文化的会议（Ames 1988d）。

首先要提出的问题是，人们是如何从人类学的角度来看待世界博览会的？我们将采取何种人类学态度来理解 1986 年的世界博览会呢？为此，我将从日益发展的类博物馆文化机构——汉斯·哈克（Hans Haacke）（1986）将其称为“意识的管理者（managers of consciousness）”——的批判性分析入手，不仅揭示这些文化机构在塑造意识形态和社会形象等方面发挥的作用，而且探究这些机构是如何形塑和引导意识形态，且“长久地耕耘于此的”（1986：67）。这些机构通过展览和项目等文化活动（cultural work）制造了历史、自然和社会的秩序，从而建构人们思考这些问题的方式。权力和地方、时间和自然、艺术和事实等思想都被构筑起来，并纳入到现实的社会构成中。在这个过程中，某些观念会被客观化，成为显而易见的常识；另外一些观念则被无情地压制。

相关文献涉及广泛且始终处于增长态势，因此，我不打算对此进行全面的梳理和总结。读者可以参考最新的一些研究，包括乔治·斯托金（George Stocking）（1985）的《物件与他者：博物馆与物质文化论文集》（*Objects and Others: Essays on Museums and Material Culture*）、理查德·古尔德（Richard Gould）和迈克尔·希弗（Michael Schiffer）的《现代物质文化：我们的考古学》（*Modern Material Culture: The Archaeology of Us*）。就我本身的思想脉络而言，我借鉴了弥尔顿·辛格（Milton Singer）关于文化展演和符号学的讨论（1959，1977，1984）；格雷本（1976）、哈里斯（1978）、霍尔（1981）、麦坎内尔（1976）、温纳（1980）、邓肯（1983，1985）、邓肯和沃勒克（1978，1980）、霍恩（1986）等学者关于博物馆公共文化和旅游的研究。相似的、有价值的研究也集中在广告审查（Williamson 1978）、有组织的体育运动（Hargreaves 1985）、从结构主义和符号学视野进行研究的消费者行为（McCracken 1986，1988）、晚期资本主义文化逻辑的马克思主义分析（Jameson 1990，1991）等领域中。一般情况下，学术界习惯将博物馆、美术馆视为“活跃的意识形态环境”（ideologically active environments）（Duncan and Wallach 1978）。目前，这种思考方式也相应地发生了变化：伯顿·本尼迪克特（Burton Benedict）在其《世界博览会的人类学》（*The Anthropology of World's Fairs*）（1983）和罗伯特·莱德尔（Robert Rydell）在其《世界博览会纵览》（*All the World's a Fair*）（1984）分别考察了世界博览会的意识形态内容。

我在本章中将着重探讨那些遗产机构内之外的，诸如超市、购物中心、世界博览会等更加流行的“日常生活的博物馆”——莱德尔（1984：45）将其称为“插图版的文明百科全书（illustrated encyclopedia of civilization）”内进行的文化活动。经由反复展示和传播物件及其彰显的社会关系，来自社会中心的主流思想被视为普通的和常识性的，因而理所当然地被认为是自然世界的一部分。在普通的大众层面，市场、购物中心和市集再生产了遗产机构为吸引精英观众而提供的内容。虽然符号、语言和表征风格可能不同，但是其背后的信息在很大程度上是共通的。莱德尔（1984：2）在谈及世界博览时指出，在意识形态表达上，世界博览会起着“象征性宇宙（symbolic universes）”的作用，确认、拓展与再造了来自社会中心的权威和价值。确认创造与再造内容的实践正是上述提及的文化活动。

如上所述，流行文化参与了与意识形态相关的重要工作。向他者展示自我和向自我展示他者也决定或建构了我们看待周遭世界的方式。很显然，这不是什么新颖的观点。本章的任务是用这一概念来分析具体案例，如 1985 年在筑波举办的世界博览会、1986 年在温哥华举办的世界博览会、各国进行自我展示的英国伦敦英联邦学院（Commonwealth Institute in London，England）。通过这些案例，我要阐明具体展览中的某些理想和社会关系是如何与更广泛的经济和政治议题联系在一起的。这些偶然的例证揭示了一种关于世界博览会和其他公共仪式如何发挥意识形态作用的“理论”。这些案例似乎无法“证明”任何论点，它们或是作为讨论要点或指标而出现，用于探究可能出现的问题；或是作为假设而出现，用于决定值得关注与搜集的事实有哪些。与 1986 年世界博览会的举办密切相关的“隐于幕后的过程和交易”（Anderson and Wachtel 1986：3）并没有得到关注。哪些人主要负责世界博览会的信息，意识形态是如何被投射到信息之中的，观众是如何接受这些信息的等问题也没有得到相应的重视。虽然这些问题很重要，但是却超出了本章的书写范畴。

在此，我主要探究的是加拿大和其他几个国家是如何展示自我，又是如何将自我建构成社会—政治实体的。在向自己的人们和他者进行展示时，如今的国家均将自我定义为社会进步、道德高尚、技术先进的国家。这种基本模式贯穿于整个世界博览会的始终，每个国家都以一种积极的、进步的眼光展示其历史、文化和技术。每个国家都颂扬为美好生活奠定基础的科学技术和经济发展，特别是在以技术为主题的世界博览会上，比如 1986 年温哥华“交通和通信（Transportation and Communication）”世界博览会。很显然，各个国家之间会存在差异，其中，加拿大和第三世界国家之间的差异构成了本章的主要分析内容。这些国家都在建构自己的国家形象，这不仅反映了各自的价值观，而且也表达了作为现代民族国家的共同关切。尽管这些国家都希望表现得精致、善良、进取，但是彰显这些品质的行动却因国而异。借用文学史家菲利普·费舍尔（Philip Fisher）（1985：9）的概念来说，每个社会都有其具体的“特权设置（privileged settings）”和“符号景观（symbolic landscapes）”，它们“成为各种投影和视线交汇的没影点（vanishing points）”。不管是谁——政治家、设计师或学者——负责世界博览会，他们的工作都可能折射出其所在社会的占主导地位的意识形态信念。

本章将阐释其中几个意识形态的没影点：其一，国家是如何通过展示方式进行分类的；其二，它们是如何处理过去的；其三，它们是如何与自然达成一致的。在本章的最后，我探讨了1986年世界博览会的两个关键符号和意象，这两个意象不仅凸显了加拿大平民主义的意识形态，而且进一步阐明了流行文化所开展的“文化活动（cultural work）”的重要性（Fisher 1985）。

民众与文化的分类以及国家的价值

本尼迪克特（1983：52）指出，人的展示（display of people）实际上是“一种表达权力关系的象征性展演”，从这个意义上来说，人的展示即是权力的展示。在世界博览会上展示什么、不展示什么，谁在展示、谁在被展示，在哪儿展示、如何展示，有谁展示、为谁展示等一系列表述都与不同思想、传统和文化的相对价值与权力密切相关。世界博览会可能是提供赞助的政府和企业表达它们对世界万象基本看法的政治工具，其他的参与者为了获得认可而彼此竞争。国家、民众和生活方式根据其展览的规模大小、华丽程度和地理位置进行等级排名，这样的世界博览会可以被视为展示、描绘统治阶层的价值、形象和思想的盛大仪式（Benedict 1983，1985，1986；Margaret Holm 1986；Rydell 1984）。

在世博会上，国家的形象体现是根据其场馆的规模大小和华丽程度来衡量的。它们究竟能在场馆建设上花多少钱呢？加拿大政府和1986年世界博览会曾向8个南太平洋国家拨款12万美元，用于设计和布置展示其国家形象的展览。通常情况下，世界博览会都会为某些“发展中国家”提供资金，不然，它们很难有资金来参加世界博览会。这些国家是如何展示其国家形象的呢？事实上，出于预算的考虑，这些国家对此事没有发言权。1986年世界博览会专门聘请温哥华当地的一家建筑公司来设计场馆，并邀请英属哥伦比亚大学人类学博物馆负责收集展品、布置展览。1986年世界博览会至少将十几个受邀参加的小国（很可能是接受加拿大对外援助的国家）整合到一个大的场馆（以25万美元的价格租给较富裕的国家）中，然后再支付6万～10万美元用于展览的设计和布置，而通用汽车公司（General Motors）花费 10 万～11 万美元来建设自己的场馆。那么，这种现象对于发展中国家和大型跨国公司的相对价值来说究竟意味着什么？南太平洋一个小国的代表在该国国庆节庆祝活动上说：“我们很高兴来到这里，感谢世界博览会和加拿大政府”。这些接受资助前来参加的小国与诸如通用汽车公司等实力雄厚的跨国公司之间形成了鲜明对比，后者有充分的自由来布置自己的展览、传播自己的信息。

加拿大联邦政府的场馆（the federal government’s Canada Pavilion）是此次世界博览会上最奢侈的场馆（虽然它位于距离主场区 10 分钟车程的城镇以外），其预算大约为 7800 万美元，其中，4000 万美元用于购置展品、570 万美元用于建造现场娱乐设施、500 万美元用于营销和公共关系、170 万美元用于期间的保洁服务、1400 万美元用于 6 个月之后拆除展览的费用（Hamilton 1985）。在规模和声望上，其主要竞争对手是由三座建筑组成的英属哥伦比亚省的场馆（Provincial British Columbia Pavilion）。该场馆耗资 6500 万美元，其中，2800 万美元用于组织临时展览（Hamilton 1985d）。按照最初的设想，这两个政府场馆将会永久存在，其他大多数场馆则会在世界博览会之后拆除。第三大场馆是安大略省的场馆（Provincial Ontario Pavilion），该馆大约耗资 2500 万美元（Kettner 1986b）。一些其他的数据如下：加拿大电信馆耗资 1450 万美元，国际商用机器公司馆耗资 1350 万美元，加拿大太平洋铁路公司馆耗资 1100 万美元（Anderson and Wachtel 1986: 16-17；Hamilton 1985d）。

当一个国家或地区（比如加拿大、俄罗斯、美国、中国，或加拿大英属哥伦比亚省、安大略省）有足够的实力来做到最好时，它将如何展示自己？大型跨国公司（比如通用汽车公司、加拿大太平洋铁路公司、加拿大航空公司）将如何展示自己的风采？在这两种情况下，它们的展品无一例外都是现代的、精巧的、高科技的、昂贵的。这些场馆传递的信息似乎也是高度一致的：“看看这些复杂的机械和电子化演示，我们在科学技术上是多么先进！”“看看这些技术是多么地迷人、强大和有益！”技术展览中也点缀着一些艺术品，好像在说：“我们不光有技术，而且有文化！”譬如说，加拿大联邦政府的场馆成功地将艺术、文化与技术整合在一起，以此来否弃“传统上艺术与工业相分离”的观点（与纳塔利·麦克法兰的私人交流，1986 年 5 月）。在加拿大联邦政府和英属哥伦比亚省这两个场馆里，艺术展览和表演有趣、时髦，具有非常典型的民族或民俗特性。加拿大联邦政府的场馆聘请多伦多艺术顾问彼得·戴（Peter Day）负责展出艺术品的委托工作。戴表示，展示的重点是根植于民俗艺术的“流行的文化符号（popular icons）”（Godfrey 1986）：“我们发现很多年轻人和重复参观的观众在场馆中自由地活动：他们像比赛跑步一样穿过整个场馆。在这种情况下，我们必须努力让观众的所有感官都参与进来，并为其赋予色彩感。此外，我们也尝试创造一些有趣的东西、一种狂欢般的感觉，从而将创造力融入这个愉快的参观过程中。”在提及受英属哥伦比亚省场馆委托而制作的民俗艺术（在一项报纸调查中被评为此次世界博览会最受欢迎的作品之一）时，其主任大卫·博德莫尔（David Podmore）指出：“人们来世界博览会不是为了欣赏当代艺术作品，而是为了好玩，因此他们并不在意你为此付出了多少努力。”

因此，诸如绘画等较为传统的“高雅艺术”形式，要么在世界博览会的会场之外（主要在温哥华美术馆和英属哥伦比亚大学人类学博物馆，前者强调外来的欧洲艺术而非本土地加拿大作品）进行展示，要么在加拿大联邦政府和英属哥伦比亚省场馆的贵宾休息室进行展示，只有那些参加鸡尾酒派对的贵宾才能欣赏。因此，世界博览会的绝大多数场馆的主要任务不是展示艺术，而是以一种娱乐的方式向公众传递其意识形态。

一个没有足够的实力而且大部分现代技术依靠引进的国家是如何展示自我的？巴基斯坦、斯里兰卡、塞内加尔、科特迪瓦、哥斯达黎加、文莱达鲁萨兰国、东加勒比海地区的国家、肯尼亚、巴巴多斯等发展中国家会展示什么？在1986年世界博览会上，斯里兰卡的场馆展出了一位荣誉公民的照片，即由卫星光环笼罩的科学家亚瑟·卡拉克（Arthur Clarke）。太平洋岛屿上拥有7000人口的瑙鲁与其他7个岛国共同出现在南太平洋场馆中，作为世界上最小的国家，瑙鲁会展示什么？每个小国的展览预算仅为数千美元，这与动辄数百万美元的大国是无法相提并论的。如果太平洋展馆中的8个国家平均分配展览预算的话，那么瑙鲁可支配的份额大约为15000美元。在发展中国家，几乎所有的现代技术都依靠进口，因此，它们的本土交通和通信模式都是非技术性的。在这种情况下，小国通常倾向于强调其历史、自然、艺术和文化。巴基斯坦场馆以5000年前的摩亨朱达罗（Mohenjodaro）和伊斯兰教源流的照片开始其展览，当地一家报纸的以题为《穿越时空的巴基斯坦场馆》（*Pakistan Pavilion Zooms Through the Ages*）进行报道（Dharamsi 1986）。东加勒比海场馆共有7个展台，分别对应着七个岛屿国家。高级专员亚赛尔·华纳（Asyll Warner）告诉记者（Farrow 1985）：“我们想要展示岛屿的色彩与美丽。”展台内有一家出售热带水果饮料和坚果的特色小吃店，还有钢鼓乐队的表演。秘鲁专员谈到（Farrow 1985）：“虽然秘鲁场馆很小，但是里面的东西却很宝贵。”随后，他补充说：“我们也许没有技术，但是我们拥有悠久的历史。”这是参与世界博览会的所有发展中国家共同的心声。秘鲁场馆展示了来自私人所有的秘鲁黄金博物馆（Museo de Oro del Peru）的 300 多件黄金和其他珍宝。

因其对现代技术的重视，1986 年世界博览会将大国和小国分开。那些拥有现代技术的国家很容易展示它们的现代性、国家的荣耀、受惠于技术进步的民众。相比之下，历史、文化和艺术被贬抑到次要位置上。国家将它们作为科学和工业的补充、现代社会的产物，抑或是现代技术缺失的替代品而进行展示。如果说世界博览会是世界的一个缩影、“一本插图版的百科全书”，那么，在此展示且经由博览会的光鲜亮丽而强化的价值等级就成为外面世界的典范。其中，科学技术至高无上的地位得到了肯定，文化被定义为有趣的，历史被定义为奇想，第三世界被定义为异国情调的、欠发达的、依赖于西方科学的、本质上是弱势的（如果不是一文不值的话）。

世界博览会也是各国竞争的竞技场（Benedict 1985）。一位当地报纸记者宣称（Kettner 1985）：“超级大国正在 1986 年世界博览会上斗智斗勇。”她援引一位苏联代表评价其政府场馆的话说：“我们的规模是最大的，其他国家都无法与我们抗衡。”美国联邦政府的场馆负责人则说：“精神是无法竞争的。”他随后指出，如果将华盛顿、俄勒冈州和加利福尼亚州的场馆也纳入到美国联邦政府的场所的话，那么美国的场馆规模实际上要比苏联大得多（Kettner 1985）。多伦多环球邮报的记者约翰·克鲁克申科（John Cruickshank）谈到（1986a）：“超级大国之间的空间竞赛在 1986 年英属哥伦比亚的海岸重新上演”：在各自的场馆中，中国装置了装载火箭和通信卫星、美国悬挂了水星火箭太空舱、苏联悬置了一个 35 吨的空间综合体。

对待过去的态度

社会处理其过去的方式在很大程度上阐明了其当前的存在形式（Lowenthal 1985），也就是说，我们是根据当前的价值和信念来重构过去与自我的。那么，不同的国家是如何在世界博览会上描绘其各自历史的？又是如何揭示其目前处境或“没影点”的？

在世界范围内，日本似乎以一种相对舒服与自然的方式将过去的智慧与最新的技术成就结合起来，并时刻准备好接纳外来文化。日本政府在 1985 年筑波世界博览会历史场馆（Usukuba Expo’85 History Pavilion）发放的小册子写道：“日本社会与外来文化、传统力量的无数次碰撞最终导致了技术的成熟。”1986 年世界博览会日本场馆的一个标签写道：“特别是在过去 100 年间，日本已经将从西方国家学到的最新技术和自身传统融合在一起。”迎接观众的介绍性影片——《变化的脉搏》（*Pulse of Change*）谈到，“我们的祖先”为目前技术先进的国家奠定了基础。该影片的幕后解说说道：“多亏了祖先的勇气和智慧，交通运输才得以发展，文明才得以繁荣……西方为日本人睁眼看世界提供了契机。得益于祖先的辛勤努力，交通才能一直在我们生活中扮演着重要的角色。”

在日本，观众经常见到过去与现在的并置。一本旅游小册子写道：“日本境内并非全是寺庙，在了解完过去后，你还可以到日本电气公司（NEC）专门设立的计算机和通信展厅来欣赏与展望未来。”另一本小册子描绘了另一番景象：“如果将其与日本古代的文化背景、具有历史重要性的一甲（Nikka）联系在一起，那么观众可以更好地欣赏超现代的 1985 年筑波世界博览会。”

上述两本小册子表露出过去仍然是一股重要力量的观点，这一观点由 1985 和 1986 年世界博览会中日本政府场馆进一步强化。在日本的自我形象建构中，历史是现代的重要补充。传统的力量——祖先的勇气和智慧——使现代性成为可能；不仅如此，过去仍然存留在现代社会，与现代技术一道被体验、欣赏和尊重。

接下来，我将比较 1985 年世界博览会日本场馆和 1986 年世界博览会加拿大场馆在对待历史方式上的不同。在为场馆准备的设计简报（Canada Pavilion 1985）中，设计师建议应当凸显个体与自然、技术的对抗。历史将以“一种机智而幽默”的方式进行展示，以此来庆祝那些“利用创造力为本土问题提出独特解决方案”的英雄，其在交通和通信方面取得的成就“是加拿大历史上伟大时刻的象征”。场馆大厅里的一个标签写道：“风洞帮助我们获得更大的升力。自从 1902 年华莱士·鲁珀特·特恩布尔（Wallace Rupert Turnbull）在加拿大建造第一条风洞以来，加拿大科学家一直站在空气动力学研究的最前沿。”无人区飞行员是加拿大探险英雄的典范。大厅中的介绍标签写道：“无人区飞行员开辟了北方，他们的事迹是非凡的，象征着人类坚韧不拔的毅力和在巨大困难面前所取得的成就。”随后，该标签记录讲述了个别飞行员的探险经历。

加拿大历史被呈现为一系列离散的问题或任务是如何被富有创造性的个体超越或克服的，这种叙事情节是以一种异想天开或浪漫主义的方式展开的。因此，历史被看作是对先锋个人主义的赞扬，是对伟大个人英勇地克服时间、距离和自然等经常出现的敌对力量的庆祝。上述内容几乎没有涉及制度、集体、社会、政治、宗教政策等贡献，换句话说，历史是由天才般的个体——典型的男性——所支配的。在对 1986 年世界博览会上 12 个北美、欧洲场馆和中国场馆进行的一项调查中，英属哥伦比亚大学人类学博物馆研究员黛安·本内特（Diane Bennett）统计了总共展出的 889 副男性和女性形象。其中，女性形象只占 21%，而且大多数都是护士、空姐、计算机录入员等传统女性形象（Bennett 1986）。虽然美国和加拿大场馆都展出了女性宇航员，但是这些场馆都没有展示女性科学家的形象。当阐释世界博览会，或其他具有重要性的任何事件或机构的信息时，注意到什么包含在内、什么排斥在外、什么被提及、什么没有被提及也是至关重要的。我们知道，沉默同样也是一种表达。

在 1986 年世界博览会上，加拿大的历史展示几乎没有什么深度。虽然简略提及了美洲大陆的历史、表达了对“我们的土著民族”——印第安人和因纽特人的尊重，但是主要的关注点还是集中在欧洲人到来之后的这段历史。

譬如，安大略省场馆承诺“几分钟内带你穿越五千年”。由此可见，我们处理历史的方式是将其压缩为几分钟。小册子说：“准备跨越几个世纪，来到欧洲定居者和我们的土著民族首次相遇的瞬间。”这本小册子直截了当地指出真正的历史是何时开始的，进而补充：“自从 200 多年前欧洲定居者以来，100 多个国家的人们来到安大略省。现在我们拥有 900 万人口，其中每个展览区域都提供了一种审视这段历史的独特视角。”在欧洲人到来之前，印第安人和因纽特人显然没有定居点，因而，他们的历史处于沉默的、不被承认的尴尬境地（Wallace 1985：47）。

在 1986 年世界博览会上，其他几个加拿大场馆对待加拿大土著民族的态度与上述论及的观点基本相吻合。阿尔伯塔省的第一个展厅展出了色彩鲜明的萨西族兽皮内衬（现代复制品）和一段时长 1 分钟的传统平原地区印第安人猎杀水牛的视频。他们被称为“第一民族”，随后就消失在了我们的视线之中。除了那些偶尔与“民俗艺术家”一起在场馆之外的舞台上表演的当代印第安人之外，大家都普遍认为大概不存在像以前印第安人一样的当代印第安人了。温哥华福溪（False Creek）的卑诗体育馆是 1986 年世界博览会的主办场地，其刊物（1984 年春）最近写道：“在欧洲探险家到来之前，这里（福溪）寂寂无名。”1984 年，常青藤出版社出版的一本纪念卑诗体育馆的小册子中谈到：“曾经，福溪地区是一片高耸树木和温柔水域覆盖的寂静旷野，欧洲定居者随后发现了这片肥沃的平原并在河里捕鱼，最终将这片自然土地变成宜居的家园。”多伦多环球邮报的记者克鲁克申科在评论 1986 年举行的温哥华百年纪念活动时提到（1986b）：“这座城市是如何在如此短暂的时间里从荒野中发展起来的。”事实上，萨利希

（Salish）印第安人已经在这个区域居住了几千年，然而，一系列的表述都不约而同地忽视了这一点。玛斯昆撒利希人（Musqueam Salish）的酋长欧内斯特・坎贝尔（Ernest Campbell）对克鲁克申科说（1986b）："所有的百年纪念活动无时无刻不在提醒我，他们已经在我们的土地上堂而皇之地待了 100 年，却没有给我们任何补偿。"

在探险者到来之前，这里除了一片荒野和一些印第安人之外，不存在什么历史。正因为是荒野，所以，印第安人并没有真正有效地开发土地，也没有创造出历史（有人据此认为，印第安人不具有获得土地的正当性）。比较恰当的说法是，历史始于欧洲定居者。我们甚至没有意识到除了"民俗艺术"或"多元文化主义"外，欧洲人带来的历史和超越加拿大境内法国、英国、土著来源的分类体系实际上隐含着一种政治色彩。加拿大人发现将土著或欧洲的历史纳入到加拿大的整体图景中是非常困难的。实际上，加拿大始于一片没有过去的开辟之地，因而，它将未来视为历史。在 1986 年世界博览会上，加拿大西北领地和育空的场馆（Northwest Territories and Yukon Pavilions）决心将土著民族及其历史整合到他们地方的历史叙事中。育空场馆内幻灯片的幕后解说员说："3 万年前，印第安人为交通运输的发展奠定了基础。"新世界电讯公司场馆引用了斯宾塞・巴伊・伊努（Spence Bay Inuk）的说法："白人来到这里，发现了我们的土地。但是对于因纽特人来说，是我们发现了他们。"作为 1986 年世界博览会最受欢迎的活动之一，通用汽车公司的"灵魂小屋（spirit lodge）"展览也是一个例外，因为，整个展览是由设计师与第一民族组织合作完成的（Roger et al. 1986）。加拿大联邦政府的场馆也承认"我国的土著民族的传统"对现代社会做出的贡献。除此之外，它还坚决避免以进化或年代序列的方式展示历史（与纳塔利・麦克法兰的私人交流，1986 年 5 月）：

> 在展览中，历史、艺术和技术紧挨在一起，旨在避免出现任何随时间推移而进步和发展的观念。因此，海达独木舟是作为未来主义的海斯特（Hystar）而展出的。具有历史价值的物件被置于斜面镜后面的高科技展品的序列中。这么做的目的是为观众提供加拿大历史的来龙去脉，以此来理解当代技术的发展。

与此相反，亚洲国家通常会将连续的历史追溯到几千年前，并将土著民族和众多移民群体共同纳入其中。在这种情况下，他们都成为历史综合体的组成部分，相应的，他们的成就也是当今生活着的人们的共同遗产。

加拿大和亚洲国家在对待过去的态度上存在一些差异，这突出体现在加拿大和印度在伦敦英联邦学院举办的1985～1986年展览中。在此，我将比较这两个展览的开场白：

加拿大在英联邦学院举办的展览

（1）第一个展板：

故事的开始

印第安人和因纽特人是加拿大的第一批民族……有证据表明，他们在75000～80000年前跨越白令海峡来到这里。

如今，登记在册的印第安社区有575个，人数达30万。还有150万梅蒂人、23000名因纽特人。

（2）第二个展板：

人民

在今天的加拿大，45%是英裔、28%是法裔、1%是土著、其他的占26%。

印度在英联邦学院举办的展览

（1）第一个展板：

自身即是一个完整的世界

“印度……一个与西方文明同等重要的社会……自身即是一个完整的世界。”

——汤因比

印度是一片兼具连续性与变动性的土地。

古老，她有五千年的文化和文明。

年轻，儿童占其总人口的一半。

一个传统的国家，深深根植于过去。

一个现代的国家，跻身世界工业强国的行列。

印度是一个富裕的国家，具有丰富的传统与技能、资源与人力。

但也被过去遗留下来的贫困问题所困扰。

今天，印度正努力将科学和技术的益处惠及6亿人口。

印度是世界上的人口大国之一，自由和世俗的社会容纳并尊重多种信仰、思想和意识形态。

永恒的印度总是处在变化之中。

在五千年的历史沃土上建设美好的未来。

（2）第二个展板：

印度人的盛会

印度的生活跨越几个世纪。这里有牛车和超音速喷气式飞机，有古代的吠陀学修行和太空时代的技术，有莎丽服和牛仔裤，有传统手工艺和精密机器。新与旧、传统与现代在一种温和的流动状态中并存。

加拿大展览中的第一个展板率先抛出了"第一民族"这一标准提法，但是第二个展板显示，它们在统计学意义上是微不足道的，仅占总人口的1%。剩下的展览基本上都在处理当代议题，比如政府、工业、资源、气候、技术、艺术、文化、体育、休闲、教育，以及普遍意义上的加拿大家庭（爸爸是工程师、妈妈是牙医助理、儿子和女儿都在上学）。在最初的短暂露面后，"第一民族"就彻底从展览故事中消失了。该展览虽然注意到75000～80000年前的土著历史，遗憾的是，既没有深入讨论，也没有从中吸取任何教训。相比之下，印度是一个"传统丰富"且"被过去遗留下的诸多问题所困扰"的国家。实际上，印度从其复杂的历史中汲取力量："印度的生活跨越几个世纪……新与旧、传统与现代在一种温和的流动状态中并存。"印度正"在五千年的历史沃土上建设美好的未来"，从这个意义上来说，加拿大大概已经超越了它的过去，过去变得无关紧要。

非西方国家更加原意承认它们的过去，并将其与现在、未来联系起来。如前所述，日本尊重"祖先的勇气和智慧"。1986年世界博览会上的巴基斯坦场馆和英联邦的印度展览一样，都在展览的开始提到了5000年前的摩亨朱达罗文明和1000年前的伊斯兰教，以此来展示为现代国家提供根基的历史与宗教。1986年世界博览会上的肯尼亚场馆的第一个标签就是："肯尼亚既是一个现代国家，也是一个重视多种传统的生活方式且拥有广阔的未被破坏的自然景观的国家。"另一个标签写道："在肯尼亚，过去是有生命力的，而且是现在生活的一部分。丰富的传统与包括交通和通信内在的当代技术的完美融合共同造就了令人着迷的肯尼亚。"

在1986年世界博览会上，沙特阿拉伯场馆不仅描绘了阿拉伯社会的历史根源，而且还展示了伊斯兰教是如何在其演变过程中发挥作用的。场馆中，率先映入眼帘的物件分别是从公元前1300年的城址中发掘出来的雕像复制品和公元8世纪从麦地那到麦加的早期伊斯兰教朝圣之路上的路标复制品。旁边的一个标签写道："沙特的很多现代城市都认为它们起源于古代阿拉伯半岛上的商业活动……在某些地方，人们仍然可以觅得2000年多前贸易商队的踪迹。"接下来开始强调伊斯兰教的影响力："公元7世纪，伊斯兰教的传入复兴了阿拉伯宗教，并促使阿拉伯地区在经济、商业、社会和知识上取得长足进步。换句话说，新的宗教导致了整个已知世界的文明转型。"下一个展厅展出了部分转型的例证，包括高速公路、电信网络、工业城市、能源工业、民用航空、大众交通、太空探索、农业、水资源。这些内容引导观众进入专门讨论伊斯兰教的第三个展厅，在那里，伊斯兰教的历史起源被再次提及：

> 伊斯兰教的起源牢牢根植于现在的沙特阿拉伯。公元570年左右，先知穆罕默德诞生于麦加地区。他成长于那个时代的传统中，既体验了城市生活，也体验了牧民和贝都因人的游牧生活。作为一名商人，他在该地区广泛游历，并广泛学习该地区的传统、文化和信仰。

该展厅以"当今世界的伊斯兰教"作为结语，具体探讨了伊斯兰教的快速发展（如今增长最快的宗教，同时也是世界第二大宗教），伊斯兰教与基督教、犹太教的并存，以及伊斯兰教是如何为穆斯林提供一个"完满的生活系统"的、又是如何继续成为人类创造力、福祉、和平的主要来源的。沙特阿拉伯场馆是1986年世界博览会最大的外国场馆之一，其他的非西方国家的场馆也表达了类似的情感。例如，印度尼西亚场馆的最后一个展厅展示了古代印度教神猴哈努曼（Hanuman）的形象，它在太空中飞翔，伸出的手臂怀抱着一颗印度尼西亚的卫星。标签写道："在印度教神话中，哈努曼可以用尾巴捕捉月亮，同时稳稳地站在地上。哈努曼的一个跳跃就能跨过千山万水，这象征着昨天、今天和明天之间的联系。现在，它怀抱着印度尼西亚的帕拉帕卫星，将印度尼西亚的过去、现在与未来联系在一起。"

对待自然的态度

大自然在加拿大和亚洲国家的场馆中扮演的角色迥然不同。如今，所有国家都在努力适应自身环境、尽可能地从自然资源中攫取更大利益，其中，工业国家在开发自然资源上更是肆无忌惮。尽管如此，这些国家也表达了对待自然的不同态度。对加拿大人来说，自然不仅是可供利用和开发的美丽而富饶的资源库，而且也是一种需要控制和支配的粗犷、敌对和危险力量。比如，在1986年世界博览会上的加拿大联邦政府的场馆大厅中有这样一则介绍“微环境（micro environment）”展品的文字：

> 生存。加拿大的多重环境——极端的北方气候和多样的地形结构——无时无刻不在考验着人类身体的耐力。
>
> 只要为皮肤、眼睛、耳朵、手脚配备上先进的技术设备，我们就可以去往之前从未涉足的地方。

相较之下，亚洲国家的场馆更倾向于将自然视为一个平等的伙伴或力量，即便在开发自然时，也时刻保持应有的尊重。让我们来看一下 1985 年筑波世界博览会上的日本历史场馆，其入口处同时用英语和日语简练地陈述：

> 河流从山上而来
> 稻米从河流中来
> 收获的工具由铁铸造而来
> 我们的文化从周遭环境中生根发芽

即便是在 1985 年世界博览会的尖端高科技氛围中，自然的独立性也没有被忽视。三井水上剧院（Mitsui Water Theatre）据此推出了题为“人类与科学、人类与自然——一种奇妙关系”（人、机器和自然必须相互合作、和谐共处）的展览。其中的一部电影讲述了代表人类的年轻人和代表科学的机器人是如何从汹涌奔腾的河流中拯救代表自然的小臭鼬的（Japan Association for International Exposition 1985：62-63）。当把小臭鼬还给他的家人之后，小臭鼬抬起尾巴并向他们喷射出很臭的液体。在 1986 年世界博览会上，日本场馆有一个专门展示其交通运输先进技术的展览，该展览的中心位置有一个小房间可供人通过，观众可以看到墙壁上排列着与实物一样大小的壁画，上面美丽的樱花树盛开，还伴随着鸟儿的歌声。在 1985 年世界博览会上，加拿大场馆展出了三段视听影片，它们包含着相同的信息：加拿大是一个拥有美丽而欢快的人民，丰富的、可供开发和销售的超自然资源（supernatural resources）的国家。在三段影片结束后，服务人员向观众分发来自英属哥伦比亚省的杉木幼苗。

在 1986 年世界博览会上，加拿大联邦政府和英属哥伦比亚省两个场馆都重复了同样的主题：加拿大是一片逐渐被驯服、控制与开发的超自然荒野。自然，要么作为一种商品被开发和加工，要么被视为一种“超自然”的休闲。在 1986 年世界博览会上，英属哥伦比亚省的“发现展”入口处建造了一片有溪流穿过的小型森林。较之于日本的壁画式照片，这种向自然致敬的做法更加优雅。然而，这片森林区域的任何一个出口都通向另外一个场地：强壮的男人在那里演示伐木工作、伐木比赛（logging sports）、吊放艇芭蕾（boom boat ballet）（吊放艇用来将木材聚集成木浮栅）。其中，一件展品的介绍性标签写道："英属哥伦比亚省创新与发明的起源：该省的交通和通信系统的演变源自对恶劣的自然环境的创造性回应。"相同的态度也被投射到未来上："从恶劣的自然环境中发展出现代而完备的经济，如今，这种英属哥伦比亚省的创新精神被广泛应用到卫星传感、科学和医药等领域。"

为 1986 年世界博览会加拿大联邦政府的场馆准备的展览指南也表达了一种类似的态度，即控制具有潜在敌意的自然："从破冰船到雪地摩托、从快速列车到城市公交、从无形的通信网络到光纤电缆，我们可以识别出加拿大景观的独特模式和基本特征，其与人类对自然景观的利用模式完全吻合。"此外，"人类在恶劣的自然环境中工作能力的日益提升导致了尖端远程操作设备的发展，这就是最新一代的机器人技术。"这些试图控制和支配恶劣、敌对自然力量的观念与 1986 年世界博览会上印度尼西亚场馆中一个标签所提出的共生态度是非常不同的："交通和通信系统是根据需要和周遭环境而发展起来的。印度尼西亚的热带环境孕育出独特的交通和通信技术形式，比如竹桥和骑马。"

1986 年世界博览会的关键符号或意象

过去伟大的世界博览会通常因其建筑特征、展览或技术创新而被铭记（Wachtel 1986：29-31；Alaton 1984；Fulford 1984；Wilson 1985）。1851 年的伦敦世界博览会向世界推出了水晶宫、麦考密克收割机、柯尔特左轮手枪、硫化胶靴、阿道夫·萨克斯（Adolphe Sax）的蛇纹石铜管乐器、假牙、咀嚼烟草；1854 年纽约世界博览会向世界推出了奥的斯电梯；亚历山大·格雷厄姆·贝尔（Alexander Graham Bell）的电话、洗碗机出现在 1876 年费城世界博览会上；为了庆祝法国大革命一百周年，1889 年的世界博览会建造了埃菲尔铁塔；1893 年芝加哥世界博览会展出了电灯泡、交流电和乔治·法利士（George Ferris）的摩天轮；1894 年圣路易斯世界博览会推出了无线电报、蛋筒冰淇淋、热狗和冰茶；1937 年巴黎世界博览会的西班牙场馆展出了毕加索的名作《格尔尼卡》（Guernica）；电视、家用空调、尼龙袜、火箭原型出现在 1939 年纽约世界博览会上；1958 年布鲁塞尔世界博览会推出了核反应堆和原子钟；世界上第一个单轨运输系统、太空塔、可以转变为沉降避难所的家庭游戏室出现在 1962 年西雅图博览会上；1967 年蒙特利尔世界博览会专门推出了全新电影技术和宜居住宅复合体；超大索尼特丽珑电视屏幕和机器人演示出现在 1985 年筑波世界博览会上。

关于 1986 年世界博览会，人们记住了些什么？此次博览会有许多著名的建筑物，比如世界博览会中心的圆顶建筑结构、英属哥伦比亚省发现展区的玻璃幕墙与屋顶、象征着北美草原谷仓的萨斯喀彻温省场馆；为了给主场馆之外的加拿大联邦政府的场馆指路而安装的路标，一个 6 米长的曲棍球杆斜靠在 71 米长的旗杆上的装置；苏联场馆中升入外太空的宇航员看起来好像是由他腿上长出来的火箭发射上去的；加拿大场馆的“鹅与海狸展（Goose and Beaver show）”显然表征了法裔加拿大人和英裔加拿大人之间迥然有别的个性（Dykk 1986）；还有为世界博览会专门建造的 McBarge 麦当劳漂浮餐厅。1986 年世界博览会举办了拉美西斯二世的展览，并将其打造成为一个具有广泛影响力的明星景点，这对该博览会的缘起来说是一个巨大的讽刺。1986 年世界博览会是由英属哥伦比亚省省长比尔·本内特（Bill Bennett）及其政府倡议发起的，有人说这是一个政治工具，如同埃及暴君拉美西斯二世为自己建造纪念碑。1986 年世界博览会并不是为了纪念专制暴君而设的纪念碑，而是反映了两个关键符号或意象——吉米·帕蒂森（Jimmy Pattison）和商界的批量销售——所折射出来的不同形式的意识形态表达。

1986 年世界博览会最重要的意象就是“博览会先生本人（Mr. Expo' himself）”——帕蒂森，此次世界博览会的会长、董事会主席。“作为一种个体与地方之间亲密关系的回馈”（Kelly 1986：18），也可能是因为其与当时执政的社会信贷政府的亲密友谊，他每年象征性领取一美元薪水。毫无疑问，他在 1986 年成为英属哥伦比亚省最受欢迎的人物。为什么会这样呢？当美国主题公园专家迈克尔·巴特利特（Michael Bartlett）负责主持 1986 年世界博览会时，他因其美国人的身份和对主题公园的偏好而备受质疑，博览会的未来充满了不确定性。帕蒂森的接管将 1986 年世界博览会从这个困境中拯救了出来，并取得了巨大成功。帕蒂森是自由企业制度的典范，他是霍瑞修·爱尔杰（Horatio Alger）（自 8 岁起就挨家挨户地卖幼苗）和《大地惊雷》（*True Grit*）[①] 的合体。引用政治科学家保

---

① 《大地惊雷》是根据同名小说改编的电影，讲述了一位倔强、刚烈的姑娘在没有秩序的美国西部闯荡与复仇的故事，凸显了小姑娘身上勇敢、倔强、机智、冷静、无所畏惧的性情，译者注。

罗·坦南特（Paul Tennant）的话（Anon 1985d），他就像边境上的“独行侠”，对城镇进行彻底的清理（解雇那些不工作的人），有效率地完成每件事情。当一位公民领袖在英属哥伦比亚镇举办的一次会议上介绍帕蒂森时，他认为其“非常勤奋地工作，是一位集所有我们所珍视的价值于一体的人”（Kettner 1986a）。

帕蒂森也是一位“硬核资本主义”企业家（Kelly 1986），他当时拥有的公司和收入比任何加拿大人都要多——大约 30 家公司、每年销售额约为 13 亿。据说（Kelly 1986：16）：“如果你不把钱放进帕蒂森的口袋，那么你无法在英属哥伦比亚省生活 1 周。”帕蒂森拥有该省最大的私营公司，其销售渠道遍及杂货店、汽车、杂志和广播。他的商业帝国曾一度拥有 91 艘船组成的捕鱼公司、英属哥伦比亚航空公司、温哥华 CJOR 广播电台、《雷普利的全球大惊奇》频道、连环画、连锁博物馆、房地产和一家瑞士银行。据说，他随身携带两块手表（每块手表显示两个时间），夹克里还揣着一只怀表，分别显示温哥华、纽约、伦敦和日内瓦的时间（Hamilton 1985b）。帕蒂森曾说过（Bill 1986）：“做生意非常有趣，金钱只是一种计分方式而已。”

帕蒂森之所以如此具有影响力，其主要原因在于他将自己作为一名成功的开疆拓土的企业家的天赋与才能运用到公共事务中。他的风格是统治型意识形态的典范。在提及帕蒂森时，坦南特指出（Anon 1985a）：“在英属哥伦比亚省，他的行事方式、私营企业成功的故事可以被视为公共事务的典范。”坦南特继续说：“尽管东部的加拿大人可能觉得帕蒂森略显浮夸，但不可否认的是，他在这里创造了巨大的财富，同时也是一位值得尊重的地方人物。”

1986 年世界博览会的第二个重要意象是商界的批量销售。大量的快餐店——波士顿披萨、麦当劳、墨西哥鸡肉卷店、热狗摊——和纪念品商店星星点点地缀满在 4 千米长的博览会道路上，宛如一系列昭示友谊的灯塔。实际上，它们代表着一种基本的平民主义的观点。

作为一届人民的博览会，1986 年世界博览会奉行为每个人而展示的原则，其成功举办离不开省级政府、联邦政府、私营企业、全国劳动力之间的通力合作、积极倡议和财政支持。在 1986 年世界博览会开幕后不久，温哥华太阳报专栏作家彼得·麦克马丁（Peter McMartin）观察到（1986），这是“世界博览会世界的宜家，为了吸引人们而打造品位上的共识：因为人们喜欢，所以麦当劳、波士顿比萨和拙劣的博览会摇奖机（机器人吉祥物）才会出现在这里”。评论家艾伦·特维格（Alan Twigg）宣称（1986）：“冒充美国航空航天局的五花八门的墨西哥玉米片小摊、充斥着人类学痕迹的洞穴式场馆和企业大厦拥有一种户外购物中心集聚的光环，里面还有电子游戏厅和麦当劳汉堡。”

世界博览会的企业目标绝不是像知识分子有时认为的那样粗鲁，而是通过“物超所值”的理念来获得人们的青睐。毫无疑问，这一目标实现了。一份报纸调查了参加 1986 年世界博览会的 1000 名观众，调查显示只有 7% 的观众表达了失望的情绪，92% 的观众表示他们会向其他人推荐该博览会（Hartline 1986）。马沃尔 · 摩尔（Mavor Moore）在一篇文章中写道（1986）：“在温哥华等待你前去的与其说是可以预料到的包括国家巨像、先进技术、高雅艺术和廉价食物在内的盛宴，不如说是依靠单纯的想象力设计而成的有机体验。”任何熟悉世界博览会历史的人都知道，科学和技术不足以吸引和娱乐大批观众。每个北美的大型城市都有自己的科学博物馆，相关媒体也会定期报道世界各地的最新技术成就。博览会能够展示哪些崭新的或令人兴奋的内容？展示的科学技术包括卫星、火箭、轮船、汽车、卡车、火车、飞机，这些是远远不够的。正如本尼迪克特（1983）和其他学者所说的那样，在过去 100 年间，“严肃而轻浮”的内容日益整合到世界博览会中（Wachtel 1986：36）。据 1986 年世界博览会的创意总监罗恩 · 伍德尔（Ron Woodall）所说，1984 年 8 月做出了一个“关键的设计决定（key design decision）”，即把博览会的重点“从技术转向奇思妙想，从建造博物馆转向庆祝活动”（Hamilton 1986a）。在这里，轻浮（frivolity）与奇思妙想（whimsy）大概指的是同样的现象，不过，与奇思妙想相比，轻浮表达的是知识分子对大众娱乐的蔑视。在世界博览会上，国家和企业都会设计各自的场馆，并以某种方式凸显技术特色。在伍德尔的指导下，世界博览会的企业主要负责所有场地、户外广场、外部图案、食品摊铺和街头艺术等涉及奇思妙想的内容。

1986 年世界博览会的营销活动旨在提升其对大众的吸引力。一个耗资 1200 万美元的“巴祖卡火箭筒方法”（Godfrey 1985）曾经被使用了 25 次，在加拿大电视台吸引了 93% 的观众。另外，花费 1500 万美元而打造的“广告浪潮”全面覆盖了美国市场（Hamilton 1985a），据说仅加利福尼亚州的广告策划费就达到 2000 万美元（Anderson and Wachtel 1986：8）。

1986 年世界博览会的举办充分显示了加拿大国家资本主义的运作模式。加拿大省级和联邦政府通过让渡权力的方式为充满竞争力的私营部门创造了一个商业机会，并将成功的荣耀让与企业家。在省政府的资助下，世界博览会的企业为场地内的许多食品和商品销售制定了优惠政策，最终，经营权转交给私营部门。帕蒂森（Ann Rees 1986a）宣布：“世界博览会的企业政策秉持的基本信念是私营系统的工作效率更高，这在一定程度上降低了博览会的企业风险。”管理着自己帝国和 1986 年世界博览会的帕蒂森成为这一哲学的至高典范，他的管理风格也是公共事务的服务典范。此次世界博览会向一家公司出售独家经营权以允许其在现场出售新奇商品的同时，又向另一家在场馆门外销售的公司出售了同样的独家经营权。当此事被一位记者指出（Hamilton 1985e）时，卑诗体育馆的馆长郭敦礼（Stanley Kwok）指出："1986 年世界博览会的主题就是竞争。"事实上，此次博览会上的所有东西——不仅包括纪念品和食品，而且还包括展品、设备和建筑材料——都是在博览会结束之后出售的。这被称为温哥华"最大的旧货出售"（Hamilton 1986b）。"对什么东西感兴趣吗？""给我写信"或"给我个报价"是那段时间经常出现的回复，交易意向甚至早在博览会结束前就开始了。郭敦礼说（Hamilton 1986c：A2）："我们不想浪费任何东西。"

英属哥伦比亚省的一本官方小册子写道，1986 年世界博览会是"一次公共事务和私营企业之间的完美融合"。这意味着利用公共资金和资源为私营企业获利提供便利是服务于共同利益的最佳途径。因此，为了科学进步而成功征服恶劣荒野的英雄个体成为世界博览会的隐喻，这充分说明竞争性个人主义在国家支持的自由市场社会中的胜利。

文化活动的观念

流行文化机构和展演的极端活动通过简化和重复的手段让深刻的思想看起来普通而平凡，以至于被认为是理所当然的（Fisher 1985）。正因为这些流行意象已融入感知与道德分析的通用语言中，所以，我们尚未意识到它们在改变现实分类上所起的作用。通过让某些思想变得为人所熟知，不可思议的最终成为显而易见的。菲利普·费舍尔（Philip Fisher）指出（1985：3）："在这个意义上，文化活动一旦完成，就会变得显而易见且不可恢复，因为如此一来，它就已经成为日常认知和习惯结构的一部分。"

帕蒂森的平民主义哲学就是上述提及的文化活动的一个例证。知识分子很可能会嘲笑麦当劳连锁店的哲学，甚至会拒绝在其专营店就餐的想法，然而，当评判知识或艺术作品时，他们又会不假思索地使用相同的道德假设：它们受欢迎程度如何？它们能够影响人们吗？它们具有沟通能力吗？这种巨无霸（Big Mac）哲学（因麦当劳的大号汉堡而得名）已经悄然进入到我们对社会的共同理解中。因此，我们认为通过普遍性或大众吸引力来判断所有事物的价值、并认为功绩是个体经由竞争而实现的是再自然不过的事情。"流行文化机构和展演的极端活动就是让思想变得熟悉或平凡”（Fisher 1985：19）。1986 年世界博览会在具体的常识层面再生产了现代资本主义社会的基本特征。

本章的开头曾提到将博物馆、美术馆视为“活跃的意识形态环境”的分析视野，我认为，这同样适用于世界博览会。这可能也同样适用于百货公司、市集和购物中心这些真正的日常生活的博物馆。在社会市场中，重要的文化活动已经开展。文化成为一种可以买卖的商品，幸福被定义为有组织的娱乐和大众消费主义，所有这些都可以通过商业链条而推销给每位消费者。人们来挑选他们能够消费的东西。哥伦比亚大学艺术专家琼·杰弗瑞（Joan Jeffri）曾经告诉一位温哥华的观众（Wyman 1986）：“我购买的东西定义了我是谁。”因此，在利润管理原则的驱使下，个人消费、资本主义生产、企业集团分配的价值被加工成为日常的购物行为。作为现代社会寻求满足的一般或共同的感觉方式，这些购物行为被普遍接受，并成为决定真、善、美的普遍标准。

第十二章

巨无霸的侵袭和日常生活的人类学[①]

考古学家追踪史前时代重要遗物的地理分布，并将其作为贸易和社会—政治区分的重要指标（Frankenstein and Rowlands 1978）。民族学研究揭示了非西方社会是如何使用物件来传达有关社会组织、地位和角色以及规范和价值的信息。在现代工业社会，消费品是威望分配和社会沟通的最重要载体。因此，人类学家和其他社会科学家将研究焦点转向消费材料及其与生活方式之间的关系也就不足为奇了。一位评论家曾直言不讳地谈到（第十一章）："我购买的东西定义了我是谁。"此外，1984 年雷诺汽车的一则电视广告简明扼要地指出："你是谁决定了你驾驶什么"，拥有图腾祖先的土著民族肯定会对这句话大加赞赏。当广告中的演员说出这句话时，他似乎把自己变成了他口中那令人赞不绝口、性能优越的汽车（Leiss，Kline，and Jhally 1986：23）。

鉴于最受欢迎的消费品往往是大规模生产且被广泛消费的事实，人们可以通过它们来研究现代社会的符号学（McCracken 1988）。我选择最普通的汉堡——巨无霸作为我的研究对象，它既遭到知识分子的诽谤，又被普通民众所消费。我的研究目的在于考察它与泡菜、调味品、酱汁、奶酪等广受欢迎的消费品是如何传递意识形态信息的，又是如何影响我们对周遭世界的常识性理解的。因此，我的研究是一项关于常识的人类学（anthropology of common sense）尝试，其目的在于解构所谓的常识，并再次重申上一章所勾勒的思考过程，即从一个流行机构

---

① 本章的早期版本曾经提交给 1987 年 5 月 16 日在魁北克市举办的加拿大民族学学会年会——"流行文化的人类学（The Anthropology of Popular Culture）"。一个更早的、较长的、略有不同的版本曾在 1987 年 4 月 25 日提交给里贾纳的西加拿大艺术协会，随后在 1987 年 10 月 7 日提交给在金伯利举行的英属哥伦比亚省博物馆协会年会，之后发表在《降落伞》[*Parachute*，1987-1988（49）] 上，再次发表已经获得许可。

的日常工作中识别其背后隐含的文化活动及其意识形式。

我之所以会对巨无霸产生兴趣，其原因在于它不仅是一种美味的食物，而且还是一种值得思考的东西。长久以来，汉堡在我眼中仅是一种食物。几年前，一位在新斯科舍博物馆（Nova Scotian Museum）工作的同事给我发了一篇博物馆教育学家约翰·亨尼加尔·舒赫（John Hennigar Shuh）所写的文章。在这篇题为《如何学会以物授业》（Teaching Yourself to Teach with Objects）的文章中，舒赫为我们呈现了一个麦当劳巨无霸的包装盒和一张"观看该包装盒的50种方式"的清单。闻一闻、尝一尝、摸一摸：它会发出噪音吗？尺寸是多少？高度、重量和直径分别是多少？麦当劳的所有盒子都一样大吗？盒子的形状在多大程度上是由使用的材料、制造方法和盒子功能决定的？这种材质的盒子是用什么原材料制成的？它是可再生资源吗？它能传递出我们社会的环保态度吗？这个盒子设计的精美吗？如何改进其设计？如果50年前有人准备设计一个汉堡的包装盒，他们会有哪些不同的做法？未来的汉堡包装盒会是什么样的？就使用它的人、我们的社会来说，包装盒能够告诉我们些什么？如果在十分钟的时间内向尽可能多的人们展示包装盒，那么有多少人会认不出来？这说明了什么？……（Shuh 1982）。舒赫提出的这些问题又衍生出其他问题：巨无霸是艺术品还是民族志意义上的人工制品？它是如何成为一件考古学标本的？

我被从不同视角看待巨无霸包装盒的想法迷住了，并将舒赫的文章发给了几个在博物馆工作的学生。1983年，他们制作了一个名为"展示与诉说：巨无霸包装盒的故事（Show and Tell: The Story of the Big Mac Box）"的巡回展览。他们用巨无霸包装盒—— 一件每个人都认识的普通之物——来阐释我们应该如何认真地观看一件人工制品，其方式包括审视其视觉特征、观察其所在的情境、比较其前世与今生、探究其使用和误用。众所周知，只要研究够深入、够长久，学者可以把任何事情复杂化。

如果没有1986年在温哥华举办的世界博览会，除了偶尔多吃几个汉堡外，我与麦当劳的关系也就到此为止了。与1986年世界博览会相关的两个不起眼的事件再次引发了有关巨无霸更广泛影响力的讨论。第一个事件是1985年召开的新闻发布会，世界博览会主席帕蒂森宣布世界博览会与麦当劳签订了一份合同，麦当劳可以在世界博览会上开设5家专营店。帕蒂森告诉记者（Anon 1985b）："麦当劳主张的一切都是世界博览会所主张的——品质、服务和清洁。"帕蒂森将其代表的政府组织与世界博览会企业相提并论的商业经营哲学给我留下了深刻的印象。

第二个事件是麦当劳的 5 家专营店在整个世界博览会举办期间取得了巨大的成功。它们很快就接待了三分之一的世博会观众，曾一度在盛夏时节成为全球 9500 家麦当劳专营店中最繁忙的门店，每天大约提供 3 万份食物（Rees 1986b）。生意如此之好，以至于其中一个专营店开始提供世界上第一个“不排队的直通服务（walk through service）”，允许顾客进入主场区后直接订餐，并在到达收银台时直接取餐。在世界博览会结束后，这家专营店仍然在此经营了一段时间。然而，这一行内所取得的任何名声都是短暂的。到 1990 年 8 月，“世界上最大、最繁忙”的麦当劳连锁店当属位于莫斯科克里姆林宫附近的专营店（Canadian Press 1990c），每天的排队人数在 5 万～5.5 万。

所有这一切究竟意味着什么？我们对麦当劳现象的关注究竟是因为它是流行的、批量生产的、一次性的美国文化的另一种表达，还是它的广泛普及性？我认为是后者。麦当劳的广泛吸引力背后存在着一个相当重要的观念或原则：市场也可以为非商业的生活领域提供一种恰当的模式。这个观念的力量是具有欺诈性的。在经济学意义上，市场的价值似乎是不言而喻的，而且是无处不在的，因此，我们很难注意到它们是如何渗透到我们对周遭世界常识性理解的建构中来的。

当一家国营公司的总裁说一个成功的大众市场消费行业与政府组织共享一套价值时，这意味着什么？这种经营理念和意识形态的相提并论对于作为教师和研究人员的我来说有何意义？接下来，我将从描述性和理论性两个路径来探讨这些问题。

首先是描述性路径。我选择的描述对象是世界上的规模最大的企业之一——麦当劳，它几乎与北美地区每位民众的生活息息相关。据估算，1986 年在麦当劳就餐的美国消费者就达到总人口的 96%（Koepp 1987：58）；超过三分之一的美国人居住在距离麦当劳餐馆 3 分钟车程的范围内（Love 1986：3）。如今，象征未来的“金拱门（Golden Arches）”已经成为美国发明的标准特色，这种在标准化环境中基于共享的消费和体验模式的共同体随处可见（Helphand 1983：40-41）。我们可以用假日酒店的标语和口号来概括这种随处可见的共同体：“最好的惊喜是没有惊喜”（Helphand 1983：40-41）。每位顾客平均每年要光顾麦当劳 20 次（Koepp 1987：58）。据说，麦当劳每分钟大约会卖出 8000 个汉堡，如果有人把麦当劳卖出的汉堡排成一行，那么其长度会环绕地球 19 圈（Chalmers and Glaser 1986：86），会在世界范围内形成一个汉堡光环。麦当劳是北美大陆最大的雇主之一，其雇佣人员甚至比美国军方还要多，其专营店每年的营业额高达

100%。较之于其他北美组织，麦当劳为更多的年轻劳动力提供了工作。截止到1982年，麦当劳也成为世界上最大的房地产所有者之一（Love 1986）。

麦当劳就这样或多或少地触及到了我们的生活。以小丑形象出现的麦当劳叔叔（Ronald McDonald）与圣诞老人（Santa Claus）一样获得了大众的广泛认可，其知名度或许只有米老鼠（Mickey Mouse）才能超越。除此之外，麦当劳的其他角色也获得了大众的广泛认可，比如汉堡神偷（Hamburglar）和汉堡警察（hamburger police）（还是吉士汉堡市长？）。其中，后者的象征意义相当复杂，汉堡的形状就像一名承载着法律和秩序的警察。那么，我们究竟是处于汉堡的霸权控制之下？还是当我们无论什么时候看到警察，都会不自觉地想到汉堡呢？无论如何，我们都可以合乎情理地认为，麦当劳的汉堡是北美文化中最被广泛认可的意象之一。

其次是理论性路径。这部分来源于新艺术史、批判理论、符号学和流行文化领域的最新研究（第四、十章；Bernstein 1978；Bocock 1986；Chambers 1986；Duncan 1985；Fay 1975；Hall 1981；Jameson 1990，1991；Leiss，Kline，and Jhally 1986；Lohof 1982；Rees and Borzello 1986；Schroeder 1977；Singer 1984）。我特别想提请大家注意文学史家菲利普·费舍尔描述的流行观念和形象的极端展演（Fisher 1985）。流行文化的理论源自这样一个事实，即它非常认真的对待非常简单的观念，并通过不断地重复将其转化为常识。通过重复与频繁的分配，这些流行形式进入我们的日常生活，并影响我们观察与理解周遭世界的方式（Chambers 1986：69）。在表征现实的过程中，这些形象逐渐地成为现实中理所当然的一部分（Chambers 1986：69）。因此，一系列源自某个社会阶层的观念和形象，也就是所谓的"意识形态"，可以通过重复或普及而逐渐地被其他社会阶层所接纳。然后，源自某个群体的意识形态就会获得对其他群体行使霸权的特权，进而成为一种总括性的世界观，并被接受为一种超越来源群体边界的"常识"（Bocock 1986）。

当帕蒂森将私营企业的哲学和公共事务的管理相提并论时，我在英属哥伦比亚省未听到任何表示惊讶的声音，也没有人站出来公开反对他一再重复的断言——私营部门可以比政府组织做得更好。大多数人似乎接受了这样一种常识性观点。人们也日益接受这样一种观点，即企业界也能够为文化和教育事务的管理提供恰当的模式。在此，我解释一下流行的汉堡与诸如教育和其他文化事务等不太流行的社会生活领域之间的关系：汉堡的意识形态正准备涵盖或行使对教育和文化的霸权。让我们重新考虑我们的研究案例——麦当劳的商业帝国。

1954 年，流动食品设备销售商雷 • 克洛克（Ray Kroc）参观了由理查德 • 麦当劳（Richard McDonald）和莫理士 • 麦当劳（Maurice McDonald）兄弟管理的一家位于帕萨迪纳（Pasadena）的小型餐厅，他非常想知道他们为什么要订购这么多的奶昔机。鉴于其经营效率、经济收益和受欢迎程度，克洛克决定向他们出让特许经营权。在 6 年时间里，克洛克建立了一个由 228 家商店组成的网络，每年的销售额约为 3800 万美元。1961 年，他花费 270 万美元买下了麦当劳兄弟的全部股份及其冠名权。1987 年，麦当劳在世界范围内有 9500 多家专营店，其中 7000 家在美国，其余的分散在世界上的其他国家。在美国之外，日本拥有最多的麦当劳专营店（1986 年约 550 家），其次是加拿大（503 家）。平均每 17 个小时就会有一家新的麦当劳专营店开张，每年销售额超过 120 亿（Koepp 1987：58）。

较之于其他连锁店（其中一些始于雷 • 克洛克），麦当劳成功的要诀之一是高水平的操作效率和可预测性。其中，流水线程序、标准化产品和地方在广告和产品开发上的积极主动为麦当劳的成功保驾护航。特许经营权通过区域合作的方式控制广告推销，比如，作为地方特许经营权的主动尝试，以小丑形象的麦当劳叔叔开始出现于美国华盛顿特区。与此同时，麦当劳还鼓励地方经营者试验新产品，其中，成功的产品随后会被纳入到整个系统之中。巨无霸是 1967 年由匹兹堡的地方经营者推出的。1971 年 12 月，圣巴巴拉（Santa Barbara）的一家专营店首次开发研制出了烟肉蛋汉堡（Egg McMuffin）。烟肉蛋汉堡非常成功，改变了美国人的饮食习惯，松饼的销售增长速度是整个烘焙行业的 2 倍（Love 1986：4）。麦乐鸡（Chicken McNuggets）出现在 1983 年，麦克德尔特三明治（McDLT）出现在 1986 年，其他特许经营者尝试销售麦比萨（McPizza）和预包装的新鲜沙拉（Koepp 1987：59）。巡回检查小组严格控制生产与服务标准，并根据 QSC 标准——品质、服务、清洁（Quality，Service and Cleaniness）对各专营店进行评级。等级低意味着更频繁的检查。一些麦当劳专营店配备有夜间工作人员，午夜之后，他们会在每家店周围的街道上巡视，回收麦当劳产生的所有垃圾。由于麦当劳本身拥有或租赁了特许经营店所在的大部分地块，所以，它们有执行其标准的经济实力。

麦当劳对社会的影响绝不止于行业的服务端。麦当劳将制作汉堡、薯条和奶昔作为一门科学来认真对待。它彻底改变了法式薯条的制作方法，并通过研究和实验创造了一种万无一失的方法，由此，世界各地的每家麦当劳专营店都可以制作出口感一样的薯条。它不断推动设备制造商生产更有效率的烹饪设备，开拓食品包装和分销的新方法，比如上文提及的巨无霸包装盒。在寻求改进的过程中，麦当劳甚至把食品和设备链转移到消费端（Love 1986：119-130）。通过巨大的购买力，麦当劳已经改变了农场种植土豆、奶牛场加工牛奶和牧场育牛的方式。

如前所述，麦当劳也是劳动力的主要培育基地。在那里，年轻人要了解标准化产品的重要性、日常工作轮班的纪律、顾客服务的伦理、个别工作从属于自动流水线复杂机制的必要性（Lohof 1982：80）。

再次回到理论性路径，我的汉堡理论体系如下：麦当劳的成功不仅为其他消费行业提供了典范，而且也加深了我们对“有付出就有收获”的常识性理解。麦当劳哲学的本质是如果卖得好就是好的、卖得不好就是坏的，这是典型的市场逻辑（Schroeder 1977：2）。其衡量标准是数量：越多意味着越好（Gablik 1985：121）。这种流行文化形式的激进做法是，一方面以自己的形象来塑造不流行的文化；另一方面则诉诸常识的力量，将流行的标准应用到其他领域。正是通过这种方式，流行形式“殖民”了我们的常识。

麦当劳用机械化生产、统一标准、同类产品广泛销售和个人零售的大众消费来定义成功。该系统助长了这样一种观念，即社会是自由个体的集合，每个人都可以通过消费来表明各自的身份认同。我们每个人都可以根据标准的食物清单来搭配我们的饭菜：是巨无霸还是吉士汉堡？

成功或优质是由市场数量决定的：特许经营者的数量、服务的人数、满意的顾客数量。在这种情况下，完美性变成盈利性，盈利性是基于人头数和底线核算而得出的。纽约艺术史学家卡罗尔·邓肯（Carol Duncan）指出（1985：10）：市场的潜在信息“是这样一种观念，即作为一种最好的感觉，幸福不是来自工作，也不是来自公共生活，而是来自个人对批量化商品的消费”。有人可能会说，唯有商品和服务才能通往幸福的天堂（Leiss，Kline，and Jhally 1986：66）。

汉堡的霸权角色源自这样一个事实，即商业成功是其他领域得以成功的典范。帕蒂森告诉我们，麦当劳所倡导的一切都是政府组织应该去追寻的。企业界的价值观念被扩展到市场之外，市场本身就成为个人价值和社会价值的试验场。

相同的思路也被用来评估非经济的生活领域，比如学者和艺术家的作品及其制度，这种思考方式拉近了其与家庭之间的距离。一种方法和量化的修辞进入到问题和答案、理论和方法的定义中（DiMaggio 1985：34）。数量、知名度、大众吸引力、顾客满意度、主流意见成为评判成功与优质、事实和价值、艺术和手工艺的标准。因此，我们看到竞争个体主义和商品消费主义的意识形态是如何冲破市场领域的围墙，从而在日常生活的街道上胜利前进。麦当劳叔叔和他的汉堡只不过是“人人都将商品化（commodification of everyone）”的运动先锋。

第十三章

食人族之旅、玻璃展柜和阐释的政治学①

电影《食人族之旅》（Cannibal Tours）（O'Rourke 1987）描绘了一群在巴布亚新几内亚村落旅行的欧洲游客，借此讽刺了人类学。该影片以这样一种陈述开头：“在陌生的土地上，最奇怪的就是来此造访的陌生人。”这种讽刺口吻同样适用于人类学和作为专业旅行者的人类学家，因为，人类学家在试图将他者变得对我们来说不那么陌生的同时，也让他者开始对自己产生陌生之感。

维琴尼亚·多明格斯（Virginia Dominguez）曾在《论物质遗产的创造》（*On Creating a Material Heritage*）一文中指出，向自我表征他者所涉及的上述问题绝非博物馆人类学所独有的，而是广泛出现在人类学整个学科和其他学科中。因此，本章援引的案例尽管是博物馆所特有的，但是研究视野却尽可能地广泛与全面。如果有必要重建人类学，那么博物馆人类学有机会在此过程中发挥主导作用，这与博物馆嵌入当代社会的社会、经济和政治复合体的方式密切相关。由于公众的批评经常对博物馆产生直接的影响，因此，博物馆人类学家比学术人类学家更愿意积极寻求即刻的、实际的解决方案。通常情况下，博物馆人类学所遭受的诸多批评为更广泛的学科评估提供了机会，同时也为一般性重建指明了方向。南希·帕雷佐（Nancy Parezo）（1988）曾观察到，在博物馆学习人类学的人远多

---

① 1988年11月19日，美国人类学学会的年会在菲尼克斯举行。在彼得·韦尔什（Peter Welsh）和南希·帕雷佐（Nancy Parezo）主持的“文化之物（Objects of Culture）”的专题讨论会上宣读了5篇颇具影响力的文章。作者及其论文分别是 Virginia R. Dominguez. On Creating a Material Heritage; Nancy J. Parezo. A Glass Box for Everyone: Displaying Other Cultures; Ira Jacknis. Franz Boas and the Object: Artifacts, Texts, and Museums; Shelly E. Errington. Objects of Power; Peter H. Welsh. Exotic Illusions: Museum Exhibits and Cultural Interpretation。专题研讨会上的发言是5篇论文的较短版本，在此，我还要感谢帕雷佐对本章初稿提出的极富建设性的意见。

于在大学学习人类学的人。鉴于此，博物馆的所作所为将极大地影响人类学的整个学科。因此，博物馆人类学的未来很可能是整个学科未来的核心。

对博物馆的大部分批评源自这样一个简单的事实，即博物馆自认为是他者物件的保管者、他者历史的阐释者。实际上，博物馆关心的是谁有权力管理和阐释历史和文化的问题。比如，帕雷佐曾指出，博物馆在 19 世纪和 20 世纪早期的许多收藏方法如今已在道德标准上遭到质疑。此外，博物馆的展览技术继续将学术分类——“玻璃展柜”的阐释——强加给不同的文化。这些展柜的大小和形状会随着人类学理论流派的变化而变化——进步的技术展览、比较主题的展览、家庭和工作文化的展示、演示和展演的立体布景或舞台场景。然而，它们始终是人类学意义上的玻璃展柜：要么将他者“冻结”到学术分类之中，要么被置于人类学意义上的“民族志的呈现（ethnographic present）”的时间概念之中。

那些在玻璃展柜中展出的文化，尤其是作为人类学主要研究对象的土著民族，自始至终都对他们形象的博物馆化非常不满，而且经常提出反对意见。到 1980 年代，也就是博物馆经由玻璃展柜展示他者 100 多年以后，情况开始发生变化。博物馆及其学术同行开始重新考虑物件的分类，并开始聆听土著民族的心声：他们想要从玻璃展柜中走出来；想让博物馆归还他们的物件；无论表达方式是博物馆展览、课堂讨论，还是学术论文、教科书和学术著作，他们想要自己掌控本民族的历史及其阐释。众所周知，谁掌控历史，谁就会从中受益，因此，人们积极追求理解自己生活事实的权利。上述认识无疑是后现代主义意识形态的基石，同时也是阐释政治学的核心内涵之一。

那些批评的声音鼓励博物馆专业人员和对博物馆感兴趣的人重新思考、重新评估博物馆工作的根基。1988 年 11 月 19 日，美国人类学学会的年会在菲尼克斯举行。在“文化之物（Objects of Culture）”专题讨论会上宣读了 5 篇颇具影响力的文章——其中，3 篇的作者是博物馆研究员（Parezo，Jacknis，and Welsh），另外 2 篇的作者是对此感兴趣的学术人类学家（Dominguez，Errington）。从某种程度上来说，这些文章都以各自的方式对人类学进行了批判。那么，我们应当如何继续前进？批判过去是迈出的第一步，重构未来也许是接下来要去面对的。与此同时，我们也需要将批判置于特定的脉络中，并仔细考察其局限性，因为博物馆本身无法承担过去的所有负担。尽管博物馆做错或压根没做的事情不在少数，但是我们也应该看到博物馆的确做了一些正确的事情。因此，在进行批判时，我们不仅要直面消极的、丑陋的一面，而且也要承认积极的、有用的一面。换句话说，在该称赞的地方给予赞扬，在该改进的地方再接再厉。

上述提及的这些文章提出了一些可供借鉴的方法，我们可以打破玻璃展柜将土著民族从我们分类体系的霸权中解放出来。反过来看，这也是一个将我们从过分依赖他者物件的不受欢迎的立场上解脱出来的过程。艾拉·杰克尼斯（Ira Jacknis）认为如下两点是至关重要的：其一，考虑“收藏过程的历史情境化（the historical contextualization of the collecting process）”；其二，记录物件随时间推移从制作者到使用者到收藏者到保护者再到展览者的演变与积累过程，也就是所谓的“社会铜锈（social patina）”（Inglis 1989）。作为加拿大国家博物馆的首席民族学家，汤姆·麦克费特（Tom McFeat）（1967）提出一个公式：“物件 + 数据 = 标本（Objects + Data = Specimen）”。杰克尼斯指出，我们可以将这些数据看作是一种意义的演化发展，随着物件在整个生命历程中不断被重新情境化，这些意义彼此叠加在一起。杰克尼斯曾援引博厄斯的观点指出（1887：66）：“民族学现象的特质不是通过外表和存在状态而是通过其整体历史来表达的。”

物件是“具有多重意义的东西（palimpsest）”吗？弥尔顿·辛格（Milton Singer）曾援引贾瓦哈拉尔·尼赫鲁（Jawaharlal Nehru）的比喻来描述印度文明，虽然这与在此探讨的内容有很大的不同，但却具有认识论上的相通性。尼赫鲁在《印度的发现》（*The Discovery of India*）一书中描述印度文明（1947：47；Singer 1988：13）：

> 就像某种古老的再生羊皮纸卷，一层又一层上镌刻着思想和遐想，而且，随后一层的内容完全不会隐藏或抹杀之前的东西。尽管我们可能没有意识到，但是所有这些都一起存在于我们有意识或潜意识的自我之中。它们共同建构了印度复杂而神秘的特质。

辛格（电话交谈，1987 年 12 月）问道：博物馆也是这样一种“具有多重意义的东西”吗？按照多明格斯的说法，答案是肯定的，博物馆像物件一样是一种“具有多重意义的东西”。为了公平起见，我们为什么不能用“活态博物馆（living museum）”来隐喻印度文明呢？

杰克尼斯所提及的过程和再生羊皮纸卷的隐喻至少隐含了两种分析的层次：其一，从起源到目前状态的物件社会史，包括物件在生命历程中被不断重新定义而发生的意义变化；其二，博物馆本身作为物件的某个阶段和再情境化或物化（objectification）的机器（“物化”借用的是多明格斯的术语）。彼得·韦尔什在文章中描述了赫德博物馆（Heard Museum）在 1988～1989 年举办的展览——“异域的幻想（Exotic Illusions）”。该展览不仅揭示了我们是如何阐释他者文化的物件——作为艺术品、好奇之物还是商业纪念品的，而且揭示了我们的想法是如何随表征情境的不同而改变。具体阐释层次如下：首先是当收藏时，物件被再情境化的方式；其次是博物馆如何通过获取和阐释方案来积极地重新定义、引导和确认物件的意义。

杰克尼斯和多明格斯认为，人类学家无需将人类学研究限定在物件的首要或原初意义（即物件之于制作者或最初使用者的意义）上，也无需将所有精力花费在重构物件早期意义的尝试（即物件的考古学）上。人类学家还可以探究物件生命历程中意义的流变过程，以及生产和再生产这些意义的制度的历史。已故的哈佛大学人类学家克莱德·克拉克洪（Clyde Kluckhohn）喜欢对他的学生说，人类学研究他者的目的是理解自我（同样可见：Rowe 1965）。追寻物件和博物馆的语义历程以及获得的社会铜锈阐明了人们是如何随着时间推移，通过阐释或再情境化他者的诸多方式来表达自我的，这就是所谓的“博物馆人类学（anthropology of museums）”（第四章；Broyles 1988）。

另一个值得称赞的博物馆案例是土著民族经营的安大略省布兰特福特市的伍德兰印第安文化教育中心（Woodland Indian Cultural Education Centre），该中心致力于展示阐释等式（interpretive equation）的两端，即兼顾自我与他者两个面向。1988 年，该中心举办“绒毛和羽毛（Fluffs and Feathers）”展览，旨在将白人在历史书籍、文学作品、艺术和媒体表达中对土著民族的刻板印象——“野蛮人的神话（the Myth of the Savage）”——与土著民族的自我形象联系起来。研究员德博拉·多克斯泰特（Deborah Doxtator）在展览指南中写道（1988a：13-14；1988b）：“每一种文化都会创造它如何看待自我和周遭世界的形象，伴随着自我形象定义而来的就是如何定义他者的形象。该展览指出，刻板印象会将特权形式制度化，在为自我赋予权力的同时也剥夺了他者的权力。”伍德兰中心的执行馆长乔安娜·贝达德（Joanna Bedard）在展览指南的序言中问到（1988）：“如果一种文化的象征符号都是由局外人，也就是那些并不理解该文化最深层次信仰、结构和生活方式的人选择的，那么这意味什么？”多克斯泰特指出（1988a：14）：“对印第安人的刻板印象通常是一种社会控制手段，以此来证明拒绝其他族群获得权力和经济报酬的正当性。”每个社会都会创造关于自我及其与之相关的他者的形象，多克斯泰特继续谈到（1988a：67-68）：

> 印第安符号在非印第安社会的挪用是在一个基于经济和社会不平等法则的等级社会中进行的。自入学之日起，孩子们就根据学习成绩、运

> 动能力和创造才能进行评价和排名。因此，白人社会中的印第安形象始终处于等级光谱的两个极端：要么将印第安人描绘成比任何欧洲－加拿大人都要道德、敏捷、强大、善良的“高贵的野蛮人”，要么将印第安人描绘成比欧洲－加拿大文明更加低等的“野蛮人”。在加拿大社会，印第安人几乎无法得到平等对待的机会。
>
> 这一事实很可能就是理解非印第安社会创造的印第安形象所造成的破坏性影响的关键要素。任何人都不应该对其他人的归属、身份和生活方式妄下定论，如果你保持平等的心态，就不会如此这般对待其他人。

在“绒毛和羽毛”展览中，一处介绍性展板呼吁观众思考各自心目中的印第安人的形象。多克斯泰特指出，该问题的真正目的是“你是如何看待自己的？”（1988a：68）。

赫德博物馆的“异域的幻想”和伍德兰中心的“绒毛和羽毛”这两个展览揭露了那些收藏与分类他者物件的人（也就是自我）。这重申了多明格斯（1988）的观点，即博物馆是一个人们通过物化或分类手段来努力控制世界（包括异域世界）的机构，博物馆研究可以揭露博物馆内各方力量持续斗争的丰富信息。多明格斯指出：“物化过程不仅为我们提供了物件，而且也为我们提供了一些分类。经由这些分类，我们可以将一些事物视为值得收藏的物件。”因此，博物馆不仅是再情境化的机器，它们也会记录自身历史和藏品随时间推移而演变的过程本身。我们可以通过博物馆物化来研究他者的物化。多明格斯谈到，文化机构是“关于社会不同阶层连续不断地试图物化世界、争夺控制权的信息来源”。因此，博物馆是一件“由社会、意识形态、认知、经济和政治条件的特定组合所促成的文化的物件、遗产的物件、权力的物件”的人工制品。多明格斯的这些讨论不得不让人回想起米歇尔·福柯（Michel Foucault）关于19世纪人的出现的论文：

> 19世纪，人类作为行动者或行为者（主体）的观念与人类作为知识和研究客体的观念汇集到一起。既是主体也是客体的尴尬二元性在当时产生了巨大的创造性张力，进而催生了大部分的“人文科学”——既是“自然的”也是“社会的”。

这一观点将博物馆研究置于其他理论兴趣的脉络之中。阿尔君·阿帕杜莱（Arjun Appadurai）在讨论商品（具有经济价值的物品）时告诉我们，物件和人一样，都具有社会生命，其生命历程（也就是尼赫鲁所说的具有多重意义的过程）是需要去研究的（1988：5）：

> 我们必须追踪事物本身的演变轨迹，因为它们的意义被铭刻在其形式、用途和轨迹之上。只有通过分析这些演变轨迹，我们才能阐释使事物活跃起来的人类交易和算计。从理论角度来看，人类行动者对事物进行了有意义的编码，从方法论角度来看，正是流动中的事物阐明了其人类和社会情境。

将物件视为商品、人工制品、标本、艺术品、他人的传家宝、珍贵的文化遗产或神圣的象征代表着看待同一种事物的不同方式。它们代表着物件生命历程不同阶段的属性或价值。那些希望占有或挪用物件的人、那些声称具有道德管辖权的人会进一步强化物件的价值。在物件的生命历程中，意义和用途的转变可以通过博物馆阐释得到更好地呈现。需要指出的是，物件的生命历程越长，它的历史就越零碎、越矛盾、差异性越大，从而能够成为商品化（Appadurai 1988：56）和争议性讨论的素材。

多明格斯和阿帕杜莱提醒我们，物件与其他事物一样，都是权力关系的表达。重构意味着重置物件：目前占有它的那些人首先将自身的权威和特权赋予物件，然后将自身的历史强加给物件及其所代表的人们。因此，重构过程意味着物件意义的转变，也意味着在与物件相关的人的权力和地位的前后变化。朱迪思·巴尔夫（Judith Balfe）在谈及“艺术品”时指出，一旦物件被博物馆所收藏，这种情境就会吸引那些挪用艺术来达成自己目的的地位追寻者在此展开一场权力游戏（1987：4）：

> 像个人赞助者一样，企业和政府也在寻求昂贵的和超越政治范围的艺术品来展现其荣耀与光辉。与此同时，这些赞助者还试图将去情境化的艺术品重新嵌入到他们所控制（或多或少）的更广泛的意义体系中。在这种情况下，观众的审美意识越差，按照赞助者的议程进行再情境化的可能性就越大。

这里有一些亟待解决的议题：物件曲折的、商品化的、争议性的、具有多重意义的生命历程；对权力和地位的竞争；对他者的占有和挪用；观看与被观看之间的张力；混杂与矛盾的信息；不同观众对所发生之事的感知是不同的，看到的东西也不尽相同。在其文章和策划的“异域的幻想”展览中，韦尔什（Welsh 1988）为我们提供了一个相互竞争的物化案例，揭示了博物馆会为不同的被选定的文化群体建构不同的现实或幻想（鉴于物件的多层次性，现实和幻想可能是一回事）。在此，他将那些前来博物馆的观看者称为“参观观众（visiting audience）”，将那些文化正在被观看者称为“被选定的文化群体（constituents）”。[①] 雪莱·埃林顿（Shelly Errington）描述了一种博物馆物化的标准化形式（1988）——“魔幻现实主义（magic realism）”或“超现实主义（hyper-realism）”（尽管这可能是一回事，但是“神秘化”似乎更符合她的理论视野）：人为地建构一个真实世界的立体布景或舞台场景。就像皇帝的新衣一样，当超现实主义的立体布景被认为是虚构的而非现实的写照时，博物馆还会继续创造它们吗？很可能会。如果告知观众其参观的展览是人为制造出来，用以描述任何一种现实主义的，那么观众会在意吗？很可能不会。韦尔什的观众类型划分——每个人的期待都不同、每个人的先前知识各不相同——为理解这样的难题提供了一种方法。

观众问题衍生出其他议题。博物馆为不同公众而服务，包括韦尔什所说的参观观众和被选定的文化群体，其中，每个类型的公众又可以细分为非常不同的群体。许多观众对博物馆漠不关心，还有一些则对博物馆非常不友好。博物馆观众期望并经常要求博物馆进行教育和娱乐，而那些文化正在被展出的人们（也就是韦尔什所说的被选定的文化群体，相当于本书前文提到的“来源群体”）则对他们被用来娱乐其他人的方式感到担忧。韦尔什指出：“在此，谁通过展示什么来表征谁是我们关心的问题。”

1988 年，土著民族[②]和博物馆工作人员在渥太华联合举办了题为“保护我们的遗产（Preserving Our Heritage）”的会议（Blundell and Grant 1989；Canadian Museum Association 1989；Townsend-Gault and Thunder 1989）。在此次会议上，加拿大北部爱斯基摩文化中心的时任馆长汤米·欧力杰特（Tommy Owlijoot）指出，100 多年来，白人从展示因纽特文化中获益良多，现在是时候改变这种不平衡的

---

① 类似的观众类型划分还有很多，但是称谓略有不同（详见：Ames，Harrison，and Nicks 1988）。我们一般使用“constituents”或“taxpayers”来形容那些参观博物馆的观众，也就是韦尔什所说的“参观观众”；使用“originating populations”来形容那些博物馆收藏的来源文化的群体，也就是韦尔什所说的“被选定的文化群体”。

② 关于北美土著民族的任何一个术语都无法被普遍接受。在此，“美洲土著”“土著民族”“原住民”“第一民族”都被用来指称印第安人、因纽特人、梅蒂人和其他自称为第一民族的人。加拿大的土著民族和组织越来越多使用“第一民族（First Naitons/First Peoples）”而不是贴着白人标签的“印第安人”。另见第二版序言、第一章及其第 2 个注释。

关系了。正如帕雷佐所观察到的，人类学通过挪用被征服的美洲土著民族的过去而为一个全新的、不断扩张的国家提供过去。欧力杰特和许多其他美洲土著呼吁博物馆通过规模上的平衡来偿还欠下的“债务”。也是在这次会议上，加拿大土著委员会（Native Council of Canada）发言人克里斯托弗·麦考密克（Christopher McCormick）谈到（Watts 1988：16；Assembly of First Nations 1989：11）：

> 今天，土著民族正在谈论如何重新占有自己的家园……这绝非一场暴力的征服、人民的战争。我们所说的重新占有指的是掌控我们的生活、文化，最重要的是掌控我们对过去和现在文化的阐释权。
>
> 加拿大和美国的模式一样，都假定我们即将消亡，从而拿走我们的神圣物件，并将其与死去的鸟类和恐龙一起锁进陵墓里……文化专家——人类学家、考古学家和博物馆馆长——通常扮演着殖民主义和同化主义的女佣角色，这一点都不令人惊讶。

表征的政治学——谁能表征谁，如何表征，在哪里表征，用什么来表征，也就是多明格斯的“真实性、权威、挪用，以及知识和意义的经典化等问题”——已经成为博物馆和所有从事文化研究的人面临的中心议题。谁掌控历史？谁拥有掌制历史的道德权利？谁从中受益？传统的博物馆特权正受到挑战。麦考密克（Watts 1988：17）继续谈到：

> 新任务是重新占有。我曾经、现在和将来都是第一民族，我们将不再允许人们为了他们的目的而挪用或阐释我们的文化。从现在开始，我们的长辈、专家、历史学家、人类学家、科学家才是我们文化的阐释者。这就是自决的所有意涵，我们将不再缺席。

第一民族议会（Assembly of First Nations）的领袖、“保护我们的遗产”的共同赞助人乔治·伊拉斯谟（Georges Erasmus）在开幕致辞中谈到（Assembly of First Nations 1989：2）：“我们深知，很多以展示与描述他们所认可的土著民族的真实状况的人都奉献出自己的时间、事业和生命，我们感谢你们为之付出的一切。不过，现在我们要重新起航了。”

多明格斯（1988）问道，如果表征他者——也就是我们所说的“魔幻现实主义”——是一种发明，那么我们应该如何评判发明者？“我们应该将他们看作是不道德的、操纵性的、机会主义的，还是正常的、创造性的、无意识的？”博物馆研究员是后现代时期的文化帝国主义者和传教士吗？1988年，葛伦堡博物馆（Glenbow Museum）与卡尔加里冬季奥运会一起举办“灵魂之歌：加拿大第一民族的艺术传统”的展览（Harrison et al. 1987；Halpin 1989）。围绕该展览的论战揭示了文化阐释和政治利益是如何在公众、专业人员和土著社区之间交织在一起的；以及参与争论的各方（包括土著和非土著）是如何观看他者、同时又是如何被他者所观看的，即他们的角色在不道德和创造性、操纵性和正常性、受害者和侵略者之间彼此互换。阿尔伯塔省北部的卢比肯湖（Lubicon Lake）印第安人社区呼吁抵制卡尔加里奥运会和“灵魂之歌”展览，借此引起人们对其长期以来的土地要求的关注。许多个人和组织都支持该抵制活动。在这一过程中，公众争论的焦点从土地所有权的诉求转移到博物馆在面对土著民族政治抗议时举办土著工制品展览是否恰当的问题上。在展览举办的过程中，该展览的主要赞助企业仍然继续在卢比肯族印第安人的土地上进行钻探，因此，抵制与展览如影随形（14 章；Harrison，Trigger，and Ames 1988；Harrison 1988；Trigger 1989；Ames 1989）。1988 年 9 月和 11 月下旬，博物馆和土著组织的代表在渥太华举行会议，讨论展览及其抵制中所强调的遗产管理和阐释的政治影响，但是卢比肯族的土地诉求仍未得到解决。1988 年 11 月，展览结束之时，这个问题仍未解决（到 1991 年 12 月也未解决）。不过，在 1988 年 11 月的会议之后，第一民族—加拿大博物馆协会的联合工作队（A Joint First Peoples-Canadian Museums Association Task Force）成立了。在随后的几年时间里，它通过召开会议的形式就如何改善第一民族和博物馆之间的关系提出了诸多建议（Nicks and Hill 1991）。

在加拿大的两次全国性会议和 1988 年 10 月举办的与“绒毛和羽毛”展览有关的第三次会议上，我们还看到了其他争议性阐释的案例（Doxtator 1988a）。在这三次会议上，土著民族的代表明确表示，希望博物馆归还物件和历史，并允许土著民族表征自己，或者说至少分享阐释的控制权。事实上，各地的少数族群和原住民也正在提出类似的要求。举例来说，毛利学者西德尼·莫科·米德（Sidney Moko Mead）（转引自 McManus 1988：12）曾指出：“毛利人正在管理他们自己的遗产，他们不再容忍别人为其代言，也不再容忍别人谈论他们的珍贵文化遗产——塔翁加（taonga）。”

民主在人类历史中的益处是不言而喻的，我们看到世界各地顺理成章地迈向自决。至少对博物馆而言，越来越多的公众从情感上支持土著民族的行动，这当然就包括人类学的爱好者和从业者。这些运动即使不是为了实现充分的经济和政治自决，至少也为了实现自我阐释。这种呼吁是向艺术博物馆、美术馆，以及人类学博物馆、历史博物馆发出的。然而需要指出的是，在某些方面，“艺术”问题与“人工制品”问题是相反的。具体而言，人类学博物馆和历史博物馆通过将物质遗产归类为“人工制品”或“标本”并纳入到博物馆收藏和展览中来掌控土著民族的历史；艺术博物馆和美术馆更多的是通过排斥，即不收藏、不展示那些西方美学理论的霸权领域（Blundell 1989）——阿帕杜莱（1988：28）所说的“去情境化的美学（aesthetics of decontextualization）”——范畴之外的艺术品来掌控土著民族的历史。加拿大的土著艺术家（很多都是加拿大土著世系艺术家协会的代表）呼吁艺术机构接受他们的作品，与此同时，土著长辈、宗教团体和政治家则挑战博物馆提供的传统认可。实际上，这并不矛盾，只不过分别代表了两个不同的文化领域寻索控制权的尝试：前者试图融入其中，后者试图从中解放出来。

让艺术机构在别的时候再来承担它的责任吧（Phillips 1988；Balfe 1987）。尽管效果如何还有待观察，但是博物馆和人类学正在积极回应这些倡议。韦尔什谈到：“作为一种代表性机构，博物馆的短暂历史可以直接追溯至殖民扩张和统治时期。”这一认识呼应了多明格斯对挪用和支配的研究，以及麦考密克对殖民主义专业女佣角色的谴责。韦尔什继续说道：“我认为，我们中的一些人很关心博物馆的未来形态，这是可以理解的。”不仅如此，我们还能够积极形塑博物馆的未来形态。

如果博物馆真正赋予人们为自己代言的权力，那么它们会随之失去自己的机构或专业声音吗？韦尔什认为博物馆不必如此去做。他反对博物馆只允许选定的文化群体为自己代言的相对主义的论点，换句话说，自我表征并不是唯一合适的表征。博物馆和人类学家虽然不能继续为他者代言（这是一项曾经假设过但从未真正拥有的权利），但仍然可以继续谈论他者。他们可以与保存与研究的物质材料展开对话，可以继续探究文化遭遇、物件和机构的社会生命史，以及在此过程中发生的复杂的物化现象。人类学家还可以继续与他者共同探索日益复杂的世界中“文化多样性的象征性中介（symbolic mediation of cultural diversity）”（Phillips 1988：60）。他们可以更加频繁地谈论观众的多元文化，上文提及的“异域的幻想”展览在这一点上做得很好。由此看来，博物馆仍然扮演着重要的角色。克利福德·格尔茨（Clifford Geertz）（1988：147；转引自 Phillips 1988：60）在最近对人类学著作的分析中得出结论：我们有必要促进不同族群、阶级、性别、语言和种族等领域的持续对话。他继续谈到：“在这个世界中，人们之间的联系是无穷无尽的，彼此之间的关联日益紧密。人类学的任务就是扩展在兴趣、观点、财富和权力上迥然不同的人们进行可理解的对话的可能性。”

在这个纷乱而复杂的世界中，博物馆需要继续担负起服务不同观众的多重责任。韦尔什问到（Welsh 1988）：当博物馆将选定的文化群体的隐私需求置于观众对信息的渴望之上时，博物馆的教育和科学任务会发生什么？他继续追问："观众需要知道些什么？如果有些事情我们觉得不适合告诉他们，那么我们应该如何让观众前来参观？如果我们在展览和出版物中提供的信息有所保留，那么我们能服务和满足同行和学者的需求和标准吗？隐私权与知情权始终要保持平衡。"韦尔什总结说，博物馆面临的挑战不是展示关于文化的"事实"，而是要"找到让观众理解事实本质的方法。就事实而言，信息不仅是一种力量，而且也是一种值得尊重的责任"（1988）。

我们可以用韦尔什和多明格斯的观点来做一个总结，用后者的话来说，博物馆是"通过物件的概念化和再概念化而成为更广泛社会政治舞台的主要参与者"。她说，这些有意义的东西"向我们生动而清晰地揭示了表征的权力和局限性，当该说的和该做的都完成时，我们人类仍然（而且可能总是）设法去联系、象征、使用和处理我们所看到的、摸到的、闻到的、感觉到的且在我们生活中扮演一定角色的东西。"重新起航、赋予土著民族为自己代言的权力，需要指出的是，无论这样的尝试多么有价值，它都无法消除这种物化的创造性特质。当然，土著民族同样具有"发明文化"的倾向，他们在这一方面享有平等的权利。人类学的一项任务是使这一过程——事实的本质——对所有观众来说更加可见、更容易理解和更具可及性。因此，我们的目的不仅是确定物件和机构的社会生命史，比如收藏与展示如此多的蝴蝶标本，而且要利用这些信息将被支配的民族从他者的霸权阐释中解放出来，从而能够为自己代言。这是斗争的一部分，即掌控我们对世界的常识性理解的生产（Gruneau 1988：23）。就这项任务来说，博物馆的批判理论将是非常有价值的（Ames 1989）。

我们从"文化之物"（一次愉快的学术研讨会）和"保护我们的遗产"（土著民族和博物馆专业人员之间的紧张会议）中学到的是，博物馆、人类学家和观众在一个陷入困境的世界中相互联系，这种情况正在以复杂而纠缠的方式发生变化，并将继续下去。在很大程度上，博物馆都是这个宏大图景的重要的组成部分，而且在生产和再生产中发挥着至关重要的作用，因此，博物馆需要谨慎而敏感地规划自己的未来。正如伊拉斯谟在 1988 年 11 月的渥太华会议上对参会代表们所说的那样（Assembly of First Nations 1989：1）："我们正在开创一种新关系。"破旧立新的时候到了：打破旧的"玻璃展柜"从而为新的展陈观念腾出空间。

第十四章
解构时代的博物馆[①]

解构时代的“族群问题”

与族群有关的问题似乎在公共话语中占据了越来越大的比例。例如，1990年4月9日的《时代》(*Time*)杂志提及“美国褐变（Browning of America）”，并认为如果按照目前的趋势继续发展下去，到21世纪中叶，美国的普通居民将全部成为非欧洲人（Henry Ⅲ 1990）。在加州的学校里，白人学生已经成为少数。世界各地的原住民和少数族群的独立、“种族民族主义”或“文化族裔”运动经常引发媒体关注和学术争论。在这种情形下，人类学直接关注族群现象也就不足为奇了。具体而言，他们会探究仪式和审美表达、文化展演、政治活动是如何促进群体认同、经济适应和政治分裂主义的。正如布拉克特·威廉姆斯（Brackette Williams）在他族群研究中指出的那样（1989：401）：“族群的概念已经成为人类学试图重新定义其理论和方法路径的避雷针，也成为外行人试图重新定义其构建社会和道德价值感的根基的避雷针。”

---

① 本章的早期版本曾作为大会报告提交给在加拿大阿尔伯塔省卡尔加里市举行的加拿大人类学学会第17届年会——“加拿大人类学的最新发展”。1990年5月8日，西蒙·奥腾伯格（Simon Ottenberg）在华盛顿大学组织了题为“族群性、民族性与艺术”的研讨会，我感谢此次会议提供的机会。另外，我还要感谢皇家安大略博物馆的研究顾问珍妮·坎尼佐（Jeanne Cannizzo）博士、伯纳比美术馆时任馆长莉娜·贾布拉（Lina Jabra）和温哥华美术馆公共项目主任朱迪斯·马斯塔（Judith Mastai）博士，他们为本章讨论的一些案例提供了信息。本章也被收录进奥腾伯格教授主编的丛书中。本章的部分材料也曾出现在1990年11月20日召开的一次会议中，并以报告的形式被收录进由新西兰政府出版的《展览中的二元文化》(*Biculturalism in Exhibits*)中，同时也发表在《博物馆人类学》[*Museum Anthropology*，1991(2)]上。再次发表已经获得美国人类学学会的许可。

我的兴趣不是族群性本身，而是诸如博物馆和美术馆等文化机构的社会人类学和公共文化的人类学。无论是有意的还是无意的，这些机构很显然都会触及到族群性议题。我对这些公共论坛如何呈现和表征族群性的问题不感兴趣，相反，我想将这个问题颠倒过来：族群性对这些机构和人类学的公共表达究竟有何影响？人类学是否有逐渐走上褐变之路的可能？至少，可见的和其他的“少数族群”或未被充分代表的群体开始要求在主流机构中获得更多的空间和“声音”。

公众对族群性的关注似乎是目前这个争议时代——我们可以称之为“解构的时代（age of deconstruction）”——的自然产物。我不清楚这个术语是法国哲学家雅克·德里达（Jacques Derrida）发明的还是借用的，也不知道他对该术语作何理解（他不愿意定义它，该术语在短暂地席卷文学圈之后就很快过时了）。然而，用该术语来总结过去 10 年间文化领域发生的种种现象是再合适不过了：传统的文学标准因种族中心主义的偏见而受到攻击；社会科学和人文科学的传统学术模式遭到政治理念的激进和女权主义批判的夹击；文化和教育机构的权威受到质疑；传统经典因欧洲中心主义和以男性为导向的偏见而招致责难。

1990 年前后，柏林墙和苏联开始崩溃，学科与公共机构之间的壁垒也开始土崩瓦解。过去几年似乎是一个解构、重构与自我建构的时代，至少在一段时间内，一切都遭到质疑，几乎任何事情都会发生。尽管“解构”和“重构”更合适描述实际发生的事情，但是有人发明了“后现代”一词，用于指称这种冒险刺激的经历。

为自己发声和自我表征的议题是如何影响公共博物馆和美术馆的？在我看来，文化机构经常成为展演今天社会、政治和道德等争议性议题的重要舞台。人们希望，不仅需要辩论真理和审美的定义，其他棘手议题也需要辩论：比如公众的品位是如何构成的；谁有权决定公众的品位；什么样的知识被认为是有用的；真知灼见是如何构成的；谁有权控制知识的生产和传播。在这些辩论和争议的修辞背后实际上隐藏着更大的问题：我们想要生活在一个什么样的社会；我们能够容忍的社会和文化多样性究竟有多少；我们希望如何表征自我、表征他者。

在现实生活中，相较于谋生等更重要的事情而言，“艺术与文化”通常被认为是无关紧要的事项，但是，涉及“艺术与文化”的活动和机构反而与当代社会面临的重大问题牵连极深。除此之外，博物馆还深刻影响着公众对人类学的理解，这也是我们关注博物馆正在主动和被动做什么的另一个原因。公众对博物馆的反应有助于重新定义其代表的学科。

我将简要回顾一些围绕公共展览所引发的争议，借此观察是否有值得学习的更广泛经验（收集争议是我的一个爱好）。毫无疑问，文化机构扮演的角色通常是矛盾的：有时反映公众的意见、有时引导公众的意见，有时强化主流思想、有时反对主流思想。本章谈及的案例以及我所知道的其他案例都不约而同地关涉到一个不变的或重复出现的要素，即文化事务嵌入到涉及地位和权力的政治关系中。艺术和人工制品及其机构都具有政治性，当然也包括表征的政治性（再次涉及“族群问题”）。其他的共通之处可能会随着回顾的展开而陆续出现，这也是本章结语要讨论的主要内容。

公共艺术：“第一位伟大的加拿大人”

站在一座小山上可以俯瞰流淌在渥太华、安大略、赫尔和魁北克之间的渥太华河（Ottawa River），领略加拿大文明博物馆、加拿大国家美术馆、议会大厦、加拿大国家档案馆和劳里尔堡酒店五个重要的地标性建筑构成的壮丽景观。这里矗立着一座同样雄伟的青铜雕像——塞缪尔·德·尚普兰（Samuel de Champlain），青铜牌匾上镌刻着“第一位伟大的加拿大人”。

公开宣布谁是“第一位伟大的加拿大人”关乎的是谁被认为是历史的一部分。德·尚普兰脚下蜷缩着一位衣衫褴褛的印第安人，他仅有德·尚普兰三分之一大小，高举星盘的姿势仿佛在彰显着他对土地的野心。据推测，他可能是德·尚普兰所占领土地的人民代表。

具有讽刺意味的是，这位印第安人面向着新建的加拿大文明博物馆，背对着同样崭新的国家美术馆。这是一份关于土著民族和白人社会之间关系、博物馆和美术馆如何处理土著文化的无意识但充满戏剧性的声明。通过将土著的物质文化划分为艺术品和人工制品，从而将他们分别划归归到拥有各自独特理论、方法、语言的艺术史领域和人类学领域。这一划分遭到许多土著民族的质疑。从学术角度来看，这仅仅是一个如何通过分类来整理他者作品的问题。从土著观点来看，这是一个如何依照外来的概念支配体系划分和分隔整体文化模式的问题。

土著艺术家问道，他们的艺术作品为何没有被国家美术馆和其他艺术博物馆收藏与展示，而总是被人类学家置于重构的情境化中。他们要求（第八章）：“把我们从民族学的命运中解放出来。”

如何处理土著民族当代艺术日益成为一个棘手的问题（Duffek 1989；Phillips 1988）。人类学家质疑当代土著艺术是否依然具有真正的土著属性，因为其作品看起来并不总是由早期所使用的材料所构成；艺术史家怀疑当代土著艺术是否是真正的艺术，因为其总是无法与白人艺术相对应。或许，大多数艺术策展人和艺术史家仍然遵循着加拿大艺术批评家约翰·本特利·梅斯（John Bentley Mays）的倡议：以文艺复兴之后的西方经验来定义什么是艺术。梅斯在评论安大略美术馆举办的因纽特雕刻展览时提议（1990b）：

> 如果是有用的，那么“雕塑（sculpture）”这个词肯定会作为一个历史术语被限制性地用于描述某类实践作品，也就是继承于希腊，经由罗丹，再到杜尚和卡尔·安德烈和其他艺术家的对可塑性、体积和视觉意义的追寻。对于任何我们碰巧喜欢或认为美丽的东西，雕塑一词就像是一种荣誉称号：仅仅是一种认同，而不是对一类相关物件的描述。

相比之下，土著民族认为他们的创造性作品——无论是早期的还是当代的——既不是艺术品也不是人工制品，而是两者兼而有之，更有可能的是，这两种属性也无法涵盖其真正的意义。决定什么是“艺术”不仅是学术传统、语义学或个人偏好的问题，而且也是一种政治行为。物件的标签决定了其是否有资格进入文化机构和著名艺术博物馆的内部殿堂。一位写信回应梅斯对因纽特展览的报纸评论的读者（Millard 1990）写道：实际上，拒绝认真考虑土著民族的艺术，并将其排除在主流文化机构之外的做法意味着“与压制他们身份、继续将其置于国家历史之外的力量进行合作。”当然，这些议题也有“另外一个面向”。正如苏珊·桑塔格（Susan Sontag）在1986年国际笔会会议（International PEN Conference）上所说（Ozick 1989：125）：“天赋不是一个机会均等的雇主。”也就是说，可能存在跨越族群的标准。在这种情况下，作品被选择或被排斥的标准应该是其价值而非族群出身。那么，天赋又当如何定义？

北美、澳大利亚和新西兰的一些大型美术馆和博物馆已经开始承认当代土著艺术，它们正在紧跟小型机构和商业美术馆的步伐。然而，艺术品与人工制品之间的巨大鸿沟仍然存留在大学和博物馆的主流思维和机构实践中。

如果将女性作品纳入考虑范畴，那么情况会更加复杂。通常情况下，女性作品被划归为“手工艺”和“装饰艺术”等地位较低的类型中。其中一个例子就是海达艺术家多萝西·格兰特（Dorothy Grant）为特殊场合设计的“礼服（Feastwear）”。如果它非常时尚，那么它是艺术品吗？如果它不够传统，那么它怎么会是海达人的呢？需要指出的是，海达艺术一直是可以利用的、适应性强的资源。格兰特修改了罗伯特·戴维森（Robert Davidson）的海达图案，并将其运用到她优雅的服装上，这不仅是表达创造力的一种方式，而且还将海达文化纳入到一个更宽广的领域（Fried 1990：10）。

把土著民族的物件置于何处是一个问题，如何进行阐释则是另一个问题。非土著社会是否还将继续拥有阐释土著民族创造力的权利？即便真有权利，他们的阐释是否准确？他们具备足够的本土知识吗？他们与土著文化具有亲密的关系吗？

作为第一民族的作家，凯莉·查利（Kerrie Charnley）注意到（1990：16）："具有讽刺意味的是，那些声称要了解我们的人不接受如今我们自己表达的方式，而选择通过他们所制造的刻板印象来认识我们。"一旦学者们开始就他们对他者生活的社会建构展开辩论，那么，土著民族将会逐渐从视线中隐退、从学术世界中消失。

这场辩论因其对表征体系的影响而超越了文化机构和民族志权威的问题。关于金塞拉（W. P. Kinsella）的"幽默"故事的争议证实了这一点。该故事以阿尔伯塔省埃德蒙顿市以南 70 千米真实存在的霍布马社区（community of Hobbema）——四个克里人部落的家园——为底色，虚构了在此生活的居民（Lacey 1989）。一些在霍布马社区生活的居民反对金塞拉使用他们社区的名字。金塞拉回应道（Canadian Press 1989a）："作者有权利挪用另一种文化中的故事。如果少数族群在讲述自己的故事上做了充分的工作，那么他们就没有抱怨的必要了。"

奥吉韦（Ojibway）作家兼故事讲述者莱诺·凯希格－托比亚斯（Lenore Keeshig-Tobias）也批评了金塞拉的挪用。她谈到（Greer 1989：14）："当别人在讲述你的故事时，他们实际上是在向世界定义你是谁、你在做什么、别人如何看待你、别人认为你应该做些什么。"

艺术家、学者和研究员是否不再继续拥有自由进入知识世界的权利？是否应该对文化侵入多一些限制？加拿大国家美术馆的馆长雪莉·汤姆森（Shirley Thomson）曾经说过（Bennett 1990：12）："思想是超越地理边界的，为何在机构中从事思想工作的专业人员还要在意地理边界呢？"约克大学（多伦多）的文学教授特里·戈尔迪（Terry Goldier）提出了另外一种观点。他谈到，我们已经进入到一个进化的时刻，即白人作家仅靠宣称他们与原住民有精神上的亲缘关系已经不足够了（Drainie 1989）："在这个国家中，土著民族的文化是其所拥有的唯一有价值的商品。因此，对于白人作家来说，继续讲述土著民族的故事就不可避免地成为一种挪用。"根据凯希格－托比亚斯（Greer 1989：14）的观点，像金塞拉这样在现实的霍布马社区讲述虚构的印第安人故事的做法实际上是"文化偷窃、话语权偷窃"。故事不仅是娱乐，"故事就是权力"。它们反映并传递着文化价值。当非土著社会挪用土著民族的象征、垄断新闻媒介时，土著民族的声音就会被边缘化，或者必须重新定义自我来适应他者建构的模式（Vincent 1990）：“他们正在亵渎我们的神灵。”

加拿大国家美术馆：“解雇那些研究员”

加拿大国家美术馆的研究特权面临着来自被表征的土著艺术家等多重势力的挑战，尽管这些挑战可能不涉及族群或少数群体的问题，但却与表征权的争夺息息相关。例如，1989 年，国家美术馆因斥资 180 万美元购买巴尼特·纽曼（Barnett Newman）的抽象作品“火之声（Voice of Fire）”而遭到谴责（Canadian Museums Association 1990：1-2）。一位国家美术馆的发言人（Hunter 1990）将这幅画作描述为“令人兴奋的……18 英尺的冲床”。时任馆长汤姆森说道：“我们需要一些东西把我们从灾难性的日常生活中解脱出来。”正如多伦多艺术评论家梅斯所观察到的那样（1990a），艺术博物馆“是为了服务我们的心灵生活而存在的”。

然而，如此这般解释并不足以说服所有人。马尼托巴省议员费利克斯·霍尔特曼（Felix Holtmann）阁下给出的回应是（Canadian Press 1990a）：“我完全没有被这样的解释所打动。”他同时也是下议院文化委员会的主席，并承诺成立一个委员会来专门调查此次购买活动。“这幅画看起来只需要两罐油漆、两个滚筒，10 分钟左右就能完成。”其他人抱怨公共资金被用来购买外国（美国）已故艺术家的作品，而不是用来支持在世的加拿大艺术家。加拿大诗人和编辑约翰·罗伯特·科伦坡（John Robert Colombo）（1990）在多伦多一家报纸上写道，他们应该解雇“不负责任的研究员”，因为他们花费如此高昂的价格来购买一位已成“强弩之末”的外国艺术家的作品。

或许，国家美术馆需要做的事情是用普通公众能够理解和欣赏的语言来解释购买抽象作品的行为，然而，这正是文化专家所不擅长的事情。

深入非洲之心？

1989 年，皇家安大略博物馆举办了由人类学家珍妮·坎尼佐（Jeanne Cannizzo）策划的展览——“深入非洲之心（Into the Heart of Africa）”。身处多伦多的非裔加拿大人指控该展览犯下了盗窃文化或族群版权、侵犯文化的罪行（DaBreo 1989-1990；Dilie 1990）。该展览是一个好意被误会或曲解的典型案例。

坎尼佐的使命是在加拿大帝国主义历史的情境中展示皇家安大略博物馆非洲藏品的来源。该展览首次展示了19世纪加拿大人在非洲和加拿大对待非洲人的态度。对于一些人来说，这是对上一代人质疑其正当性的冒险经历的不经意评论，对于另外一些人来说，这令他们回想起了遭受压迫的痛苦历史。一些非裔加拿大人反对和抗议皇家安大略博物馆的做法，声称在应该记录非洲的伟大成就时，博物馆却选择颂扬殖民主义。我们不禁要问，如果不使用帝国主义的象征，那么一个帝国主义社会该如何谈论自己的历史呢？

因为太过微妙，展览的意图可能被抗议者误解了。无论如何，抗议者都认为展览的部分内容以一种痛苦的、冒犯性的方式重提殖民征服的历史。那些在皇家安大略博物馆门外抗议的人要求修改展览文本或关闭展览。评论家和博物馆观众普遍认为该展览提供了洞悉加拿大帝国主义过去的契机，皇家安大略博物馆并没有采纳抗议者的要求（Blizzard 1990；Freedman 1989）。人们不得不去思考，在行使言论自由和学术兴趣时，冒犯在多大程度上是可以被容许；如果谁被冒犯很重要，那么被冒犯者会在他们的抗议中发动多大的进攻；这么来看的话，研究员的好意是否还重要。该展览在皇家安大略博物馆照常进行，但是原定的北美巡回之旅的计划被取消，因为那些计划接受展览的博物馆屈服于非裔加拿大人的抗议。毕竟，博物馆并不想冒犯别人。

真实性问题：加拿大文明博物馆

当全新的加拿大文明博物馆于1989年6月开放时，它立即因为花费太多、展示太少和效果太差而招致广泛批评。根据政府法令，加拿大文明博物馆必须在施工完成前开放。它的花费的确超过了最初的预算（到目前为止，花费约2.56亿加元，超支约900万至1200万加元），目前，已经完成的展览空间还不到一半（花费3500万加元），据估算，按计划完成博物馆的全部建设还需要数百元万加元（Jennings 1990）。就算是现在还不是，它也可能很快就成为加拿大最昂贵的公共建筑和世界上最大的博物馆。但是这有什么好处？

加拿大文明博物馆因其用迪士尼乐园风格的烟火制造术替代具有教育意义的物件展示而遭到指控，其重建的当代情境闻起来像是一处木材厂。“渥太华的迪士尼乐园强调的是幻想而不是真正的人工制品”（Canadian Press 1990b）。甚至阿尔伯塔省建筑师道格拉斯·卡迪纳尔（Douglas Cardinal）的设计也没有逃脱批评，另一位建筑师将其设计描述为“巴洛克式的地鼠草场（prairie gopher baroque）”。

在《地球村博物馆：加拿大文明博物馆》（*A Museum for the Global Village: The Canadian Museum of Civilization*）（MacDonald and Alsford 1989）一书的封面照片上，作为背景而出现的灯火通明的议会大厦为梦幻世界的城堡增色不少。1987 年，就在美国时任副总统乔治·布什（George Bush）访问加拿大时任总理布莱恩·马尔罗尼（Brian Mulroney）的那一周，一位米老鼠装扮的市民拜访了众议院议长约翰·弗雷泽（John Fraser），并使他成为华特·迪士尼世界的荣誉公民。这一举措虽然是无意的，但也是恰当的。

在成本超支和加拿大文明博物馆馆长乔治·麦克唐纳（George MacDonald）所提及的迪士尼乐园与地球村（Disneyland-Global Village）的相关辩论中，麦克唐纳及其员工试图重置博物馆本质的诸多做法往往让人不知所云。譬如，他们将戏剧、艺术展厅与人类学、历史学等相关学科系统地整合到一起；与土著民族就如何表征他者文化的问题展开咨询与协商；通过电子技术的手段提高藏品及其信息的可及性；基于文化旅游的概念进行市场营销规划；借鉴主题公园的管理和展示技术；以游客体验的真实性替代真实物件的真实性。

加拿大文明博物馆重新定义真实性概念的方法尤为重要。麦克唐纳指出，长久以来，博物馆自诩为“真实事物（real thing）”“真实物件（authentic object）”的最后避难所，令人遗憾的是，博物馆并没有成功描绘出那些真实物件的来源文化的真实面貌。麦克唐纳谈到（1988：29）：

> 98% 的北美博物馆研究员是欧洲裔美国白人，他们都是通过二手材料来了解美洲印第安人、非洲、日本和中国文化。大多数研究员，甚至是人类学的研究员会在他们“专长”的文化环境投入几年的时间。事实上，他们的文化信誉和语言能力仅相当于那个文化中一个 4 岁的孩子……他们从来不是文化的参与者，也永远无法做出对“真实事物”的可信解释。

对于博物馆而言，藏品是一个花费高昂的负担，博物馆接受委托对其进行保存与展示。因为对它们所知甚少，博物馆也很难进行真实的展示（MacDonald 1987：213-214）：

> 现在，大多数博物馆馆长感觉自己就像老年护理医院的院长，他们的预算被那些依靠昂贵的高科技维生系统（support system）来维持生存的病人逐渐消耗殆尽。博物馆里的藏品保管员就像一群亲属，守护着维

生系统的墙上插座。大多数博物馆将60%的预算花在维生系统上，以此来保存藏品，与此同时，藏品保管员还在不断努力增加份额。这种困境显然没有很好的解决办法，毕竟，博物馆是“真实事物”的最终避难所。

根据麦克唐纳的说法，博物馆应当将更多的注意力放在如下两个方面：其一，在被展示的文化群体的协助下努力呈现真实的体验；其二，将博物馆保存的藏品重新分配给区域博物馆。体验的真实而非物件的真实成为博物馆追寻的目标，使用主题公园擅长的复制、模拟、展演、电子媒介和真实物件相结合等技术重建、重构或重新表征接近真实的体验（MacDonald 1988）。在这种情况下，“真实事物”即是观众的体验，而不是博物馆中的物件或研究员的阐释。

像麦克唐纳这样的提议之所以会在博物馆世界引发争议（Ames 1988b），其中一个原因就是该提议暗示着权力和地位从研究员、登记员、保管员转移到那些直接参与公共项目、绩效、推广、营销、公共服务和创收的工作人员。这些变化是为了应对博物馆自负盈亏的巨大压力而出现的。从某种意义上来说，传统的研究员正遭到全面围攻，他们的特权也日益受到侵犯。即便在过去10年间，研究员们一直积极地提升与改进工作标准和专业素养，然而一切都于事无补了。令人遗憾的是，研究员的专业工作主要是在幕后进行藏品管理，而且成本很高。与此同时，登录、编目、环境报告、安全报告、藏品的保护与照料等都是劳动密集型工作。按照目前的设想，专业化程度的提升意味着更多的劳动力。事与愿违，博物馆目前正走上财政紧缩的发展之路。研究员们希望从以物件为中心的幕后工作中获得更多的支持，然而，负责项目规划的同事则试图拓展台前的活动，希望争取更多的公众支持。可以说，关于藏品照料的传统博物馆学观念日益受到公共服务和成本效益等似乎更加“商业化”的价值的挑战。博物馆可以接受的底线日益成为其讨论的主要议程，这让许多人感到不安。

如果博物馆不走上商业化和大众化的道路，它们可能无法以任何形式生存下来。然而，人们又会继续批评诸如加拿大文明博物馆这样以牺牲完整性和真实性为代价来追求平民主义（Gray 1988；Thorsell 1989）的博物馆。那么，我们应该如何去判断完整性呢？麦克唐纳和加拿大政府的回答非常直接：如果80%左右的人们很少参观博物馆，那么就必须尝试新方法来吸引他们，其中，娱乐似乎是一个有效的方法。国家博物馆的时任秘书长约翰·爱德华兹（John Edwards）（1989）指出，在最初开放的几个月里，大约有50万人参观了加拿大文明博物馆，这一事实说明了即便存在批评的声音，但是该博物馆确实做了一些正确的事情。在加拿大文明博物馆开放一周年之际，加拿大通讯社报道说（1990b）：“本周五，加拿大文明博物馆即将迎来一周岁的生日，其馆长表示，它正朝着原定方向前进，逐渐成为受欢迎的人民博物馆（popular people’s museum）。”从这个角度来看，完整性意味着把服务公众而非物件（或专业研究）置于首位。

艺术的政治：“灵魂之歌”和卢比肯人的抵制

1988 年，葛伦堡博物馆举办“灵魂之歌：加拿大第一民族的艺术传统（The Spirit Sings：Artistic Traditions of Canada’s First Peoples）”展览，像“深入非洲之心”一样，该展览引发了人们对展览声明、暗示和推测信息的抗议。这也是善意最终演变成复杂后果的又一案例（Harrison 1988；Harrison et al. 1987；Harrison，Trigger，and Ames 1988；Trigger 1989；Ames 1989）。

葛伦堡博物馆的 6 位研究员希望通过该展览揭示土著民族与欧洲人接触的最初几年间所呈现出来的丰富性、多样性和适应性。然而，该展览却被卷入到阿尔伯塔省北部卢比肯湖克里人主张土地所有权的政治漩涡中。卢比肯人呼吁抵制 1988 年卡尔加里冬季奥运会，以此来让人们关注他们与加拿大政府之间长达 50 年的土地纠纷问题。人们的注意力逐渐从冬季奥运会（在某种程度也从土地纠纷）转移到葛伦堡博物馆及其在奥运会期间举办的土著艺术展览上，他们的问题是如果土著群体缺席某个展览且明确表达了反对意见，那么博物馆是否还有举办展览的权利。或许很多人都会同意阿尔伯塔省土著艺术家乔恩·卡迪纳尔－舒伯特（Joane Cardinal-Schubert）（Paterson 1988：8）的观点，即葛伦堡博物馆的展览“非常具有冒犯性”：“该展览展示的是 300 年前的东西，这只会加剧人们对卢比肯人等部落的当代问题的忽视。不仅如此，全部取自印第安人的展品脱离了真正的印第安人生活。”

有人从博物馆学的角度进行辩护：他们认为，一些展品是土著民族赠予或出售的，而不是“拿来的”；人们一直期望博物馆能够保存与表征过去（否则，谁还会担此重任？）；如果不从“生活参与”中抽离出来，那么 300 年前的大多数物件也就无法保存下来。与那些土地被剥夺、生活方式几近被摧毁的土著民族的贫困生活相比，这听起来有些自私。事实上，不管他们喜欢与否，博物馆已经成为关于濒危人群的话语体系的一部分。问题在于他们对于博物馆的做法是否有切实可行的意见和行动？博物馆原则能否屈就于世俗的考量？

那些提议抵制葛伦堡博物馆的人的基本策略是尽可能散布对博物馆及其展

览的批评，进而将一场关于土地所有权的纷争转变成对博物馆学特权的道德声讨。在谈及其他的土著民族抗议时，罗伯特·佩因（Robert Paine）指出（1985：190）："第四世界的大多数政治运动都是关于如何将身体上的无力转化为道德上的力量，然后再将其用于政治目的。"在这种情况下，"道德的政治"就变成了"尴尬的政治"（1985：214），其矛头直指当权者和有时略显不幸的被监护人。抵制"灵魂之歌"的运动最终得到了广泛的关注与同情，其中就包括许多加拿大人类学家（虽然最终也没有解决土地所有权的纷争）。由此，我们再次看到文化专家和文化机构的权威是如何遭到质疑的。葛伦堡博物馆在一些更具广泛意义的问题上受到挑战，其中就包括它是否有权利：

1. 在未经允许的情况下借用或展出土著民族的人工制品，即便这些人工制品是其他博物馆合法拥有的；

2. 接受涉及公共争端的企业的资助（该展览由壳牌石油公司赞助，展览举办之时，该公司正在卢比肯人声称所有权的土地上进行钻探）；

3. 无视当代政治议题，比如，在展示土著民族历史时无视土地纠纷；

4. 雇佣非土著社会的人来策划关于土著文化的展览；

5. 在公共争端中保持中立。

在这些挑战背后，更广泛的议题影响不仅仅是人类学特权。谁有权决定一个民族的历史知识的构成，是学者还是该民族的后代？道德与政治诉求在何种情况下应当凌驾于法律义务（比如葛伦堡博物馆与赞助者和出借方的协议）？与那些被指控者建立公共关系的成本应该是多少？由于葛伦堡博物馆的研究员没有更改展览文本、该展览是由壳牌石油公司和联邦政府合作赞助等原因，一些卢比肯人的支持者希望关闭"灵魂之歌"展览。有趣的是，没有人试图抵制壳牌石油公司的产品或政府机构。葛伦堡博物馆从道德角度来定义这些问题，这或许提供了一个很好的机会。在批判之后再进行惩罚，"解雇研究员"综合征再次出现。通过将一场博物馆的学术展览重新定义为善与恶的道德游戏，卢比肯人的支持者抢占了先机。一旦发现邪恶，善良若要胜利就必须将其驱除。

公共品位的大讨论

1989年，北美的艺术世界爆发了一次可能是最大规模的辩论，这次辩论一直延续到20世纪90年代，辩论的主题是谁有权决定公众的品位。引起这场辩论的是两个争议性展览：一个是摄影家罗伯特·梅普索普（Robert Mapplethorpe）的作品展，其中一些照片被认为具有色情和歧视意味；另一个是摄影师安德里斯·塞拉诺（Andres Serrano）的作品展，他的照片，尤其是《尿浸基督》（Piss Christ）被认为是亵渎宗教的垃圾之作。

《新闻周刊》（*Newsweek*）的封面文章（Mathews 1990：46）标题这样写道："精美艺术还是污秽之物？"由于国家艺术基金会以"艺术"的名义资助这种"令人震惊""令人憎恶"的作品，美国国会的众议员和参议员威胁消减预算拨款、拒绝为那些展示"淫秽"作品的美术馆提供资助（Alaton 1990；American Association for State and Local History 1990：1）。参议员杰西·赫尔姆斯（Jesse Helms）告诉美国参议院（Vance 1989：39）："我不认识塞拉诺，我希望永远都不要见到他，因为他不是一位艺术家，而是一个混蛋。让他沉浸在自己的时间和资源中做个混蛋吧。千万不要玷污我们的主。"梅普索普的展览继续在美国各大美术馆进行巡回展出，1990年3月，该展览在俄亥俄州辛辛那提市再次惹上麻烦，当代艺术中心的馆长因展出该展览而被指控犯下了淫秽罪。

1990年早些时候，位于萨斯喀彻温省萨斯卡通市的孟德尔美术馆（Mendel Gallery）也曾因举办国家摄影画廊（National Photography Gallery）的巡回展览"艾佛冈（Evergon）"而被市议会和其他人围攻，因为该展览包括一些露骨的照片（Lacey and Vincent 1990；Milrod 1990）。一位市议员谈道："我们有清理河流中污染物的法律，那么，我们也应该有禁止此类污染的法律。"他或许重复了《华盛顿时报》（*Washington Times*）专栏作家帕特里克·布坎南（Patrick Buchanan）的隐喻（Vance 1989：41）："我们需要像清理我们的河流和湖泊一样来清理我们的文化：因为我们的文化是我们赖以生存的源泉。被污染的土地会结出有毒的果实，同理，被污染的文化，任其发酵发臭，也会摧毁一个民族的灵魂。"

人们呼吁解雇孟德尔美术馆的馆长琳达·米洛德（Linda Milrod），削减该美术馆的预算。经历了数周风波之后，市议会通过会议商讨和当地媒体投票的方式决定继续正常资助该美术馆。米洛德随后辞职，但与此次风波无关。1990年3月31日，在塞拉诺参加温尼伯美术馆（Winnipeg Art Gallery）举办的关于艺术和审查制度的会议——"艺术与暴行（Art and Outrage）"时，一位温尼伯议员将他描述为"一个应该被关进精神病院而不是出现在温尼伯美术馆的疯子"。人类学家卡罗尔·万斯（Carol Vance）在此次会议上表示，萨斯卡通和温尼伯的人们正在经历一场“性别恐慌（sex panic）”，并将他们关于家庭和性别关系变动、堕胎、虐待儿童等焦虑投射到塞拉诺、艾佛冈和梅普索普这样的人身上（Enright 1990；Vance 1989，1990；Wallis 1990）。

值得注意的是，无论是出于何种原因，最初围绕艺术自由和审查制度而展开的争论逐渐开始涵盖更广泛的问题（Robertson 1990），比如什么是艺术，艺术为谁服务，谁为艺术买单，谁有权发号施令？我们再次回到表征的政治和话语权的问题上来：

> 1. 什么是艺术？关于艺术（展览、甚至是人类学）的目的有两种相互抗衡的观点：一种是鼓励和支持主流价值观；另一种是批判、反对，有时甚至是攻击主流价值观。
>
> 2. 艺术为谁服务？精英还是大众？
>
> 3. 谁为艺术买单？此处争论的焦点是政府在多大程度上应该资助那些不支持国家或不受公众待见的艺术或展览？
>
> 4. 谁有权发号施令？谁应该决定如何使用纳税人的钱——立法者、专家小组、同行评议还是进行公共抗议的特殊利益集团？

英国作家萨尔曼·拉什迪（Salman Rushdie）曾说过（Findley 1990），没有冒犯的自由就没有表达的自由（Rushdie 1990：6）：“没有挑战的自由，甚至没有讽刺所有正统（包括宗教正统）的自由，那么正统也就不复存在。语言和想象力不能被禁锢，否则艺术就会消亡，正是艺术使我们成为人类。”

美国作家约翰·厄普代克（John Updike）在回应梅普索普的争议时写道（1989：12）：“现代艺术的本质或许就是令人反感，它希望达成让我们大吃一惊的效果，并鼓励我们修正既有的偏见。”更重要的是（1989：13）：“如果不愿意冒险得罪别人，我们就没有权利获得艺术家头衔；如果我们不愿意面对自己被艺术品改变、冒犯和挑战的可能性，那么我们应该不读书、不看画、不听交响乐。”（人们会对人类学家作出与艺术家相同的声明吗？）

通常情况下，这些事情还会有另外一个或几个面向，其中一个就是出于对社区标准或他者敏感性的尊重而设定限制性的问题。在某些情况下，我们有必要静下心来想想那些可能被冒犯的人。美国参议员赫尔姆斯经常公开反对将纳税人的钱用于资助他认为具有冒犯性的艺术的做法。他指出，要让那些具有冒犯性的人付出代价。《纽约观察家》（*New York Observer*）的艺术评论家希尔顿·克莱默（Hilton Kramer）问到（1989：1）：“在决定政府资助哪些艺术或艺术活动时，是否应当遵守公共礼节和文明标准？”或者换一种方式来陈述这个问题：“只要打着艺术的旗号，一切东西、任何东西都是被允许的吗？换句话说，艺术如今被认为具有这样一种绝对价值，因此，其他标准——品位、社会或道德标准——则无法介入其中，也无法决定政府资助的恰当的艺术究竟是什么样的？”

加拿大税务部长奥托·耶利内克（Otto Jelinek）在谈到加拿大艺术委员会（Canada Council）资助一家制作同性恋戏剧的剧院时指出（Dafoe 1989），“一些荒谬的资助足以让我反胃”，政府应当审查艺术委员会相对独立的地位。

让我们再次回到作为公共品位仲裁者的市场（第12章）。公众的呼声是检验美德的标准。正如赫尔姆斯在谈及梅普索普和塞拉诺争论（Parachini 1989：3）时所说的那样：“我对联邦政府为何要支持那些在市场中不受纳税人待见的艺术家一直存在疑问。”因此，有关艺术目的的争论就成为一种语言，用于探究什么构成了一个正当社会这个宽泛的问题，其中就包括保守派和自由派在道德观上的较量（Alaton 1990；Vance 1990）。万斯认为：“必须予以澄清的是，原教旨主义对图像和艺术世界的攻击并不是粗鲁而野蛮的发泄，而是试图恢复传统社会秩序、减少多样性的右翼政治计划的一个系统组成部分。”

结语：差异之中的共通之处

如果详细研究每一个案例，我们就会发现彼此之间的差异之处和共通之处。在此，我想着重谈谈差异之中的共通之处，尤其是那些隐藏在差异背后的共通之处。

所有这些案例存在一个共通的模式，即普遍倾向于质疑博物馆、大学等文化机构和专家学者的权威性，公众认为，博物馆等机构做出的决定违背了公共利益或边缘群体所关注与标榜的道德标准。

质疑权威并不是什么新鲜事。社会学家艾尔文·古德纳（Alvin Gouldner）在1970年出版的《西方社会学面临的危机》（*The Coming Crisis of Western Sociology*）（1970：115-116）注意到，对于应用实证主义方法研究社会及其表现形式的观点引发了一系列、长期的、连续性的“反叛”。莱斯利·怀特（Leslie White）在其1947年的经典论文《科学范畴的拓展》（The Expansion of the Scope of Science）中指出，科学或自然主义的视野出现的最晚、成熟的最慢，且日益受到关注体验的心理学、社会和文化领域的挑战，“我们可以在心理学、社会和文化领域中寻得决定人类行为的最亲密、最有力的决定要素”。过去几十年间，对社会进行科学研究的观念受到学科内外的联合攻击，揭示了自然主义路径中固有的局限、谬误和以男性为中心的倾向。或许是受到后现代主义热情的鼓舞，有些人拒绝客观认识社会的可能性，强调局内人观点的重要性。在这种情况下，每个人都是自己的权威，就像顾客永远是对的一样。如此看来，消费主义和后现代主义似乎共享着相似的意识形态基础。然而，无论那些声称占领道德高地的人多么频繁地质疑和攻击，客观知识的存在都不可能完全消失。

对自然主义或经验主义阐释的抵制和反叛在知识史上不断重复上演，尽管它们的标签会随时代更迭而发生变化。后现代主义是最近出现的一个标签，但是知识话语从未完全屈服于这些攻击。在我们的案例中，一些特征似乎更像是新近出现的而非重复出现的。

一个新近出现的特征涉及当代社会正在占据上风——或者用另一个时髦的术语来说就是正在获得“霸权”——的道德类型。这就是前面所提到的平民主义、后现代主义或消费主义的意识形态取向，它以某种方式包含了在观念、习俗和道德市场中的激进民主思想，就像顾客在商品市场中永远是正确的一样。正如加拿大国会议员霍尔特曼阁下在一次访谈中谈到的那样（Godfrey 1990）：“总的来说，我相信人们永远是正确的，顾客就是上帝。”

加拿大经济学家史蒂文·格罗博曼（Steven Globerman）的论点进一步印证了上述观点。他认为，文化部门会基于某些品位比其他品位更好的假设来要求政府提供资助，“对于民主社会所采取的政府行动来说，这种假设的基础是不可接受的”（1983：37）好的品位就是流行的品位。或者让我们回味下英属哥伦比亚省时任省长比尔·范德·扎尔姆（Bill Vander Zalm）对那些担心与美国的自由贸易会影响加拿大文化的人的回应（Moore 1987）：“什么是文化？我不确定加拿大人是否真正关心文化交易中的一切……我也不认为将人们对文化的需求交予市场来决定有何不妥。”

当然，我们还可以列举其他案例，但是就目前而言，这些就足够了（第十一、十二章）。在这些个人表达的更广泛的哲学层面（Marchak 1988；第一、八章）存在着一种普遍的趋势，即将公民视为消费者，将文化重新定义为商品，通过民意调查、投票表决、人口数量、销售收入来衡量价值，相信正义最好由所谓的自由市场力量来决定。事实上，市场通常被视为经济关系和社会组织的理想范式。

第二个新近出现的特征是公众日益意识到社会与文化的多样性，这与第一个特征之间的关系并不明确。当代社会不是由一大群匿名的消费者组成，借用消费主义的语言来说，当代社会是由各种各样“市场细分（market segment）”组成的，其中，每个市场细分都有其独特的品位和既定的利益。社会的多元化或品位细分的意义不在于它的存在（这并不新鲜），而在于其可见性和接受度的增长，即使这种增长是缓慢的，经常是任性的、令人痛苦的、不均衡的。其对博物馆和大学等文化机构的影响是，人们期望这些文化机构能够日益满足多样化族群和多元化公众的需求。在这种新的世界秩序中，少数族群希望获得与主流人群相同的权利和特权。对于人类学家来说，这意味着要特别考虑第三世界和可见的少数族群的利益。将第三和第四世界的声音引入人类学的传统研究议题让人类学家感到不安，因为他们发现，他们试图书写与呈现的那些少数族群正在对其进行公开地批评与抵制。

作为有史以来最具革命性的理念之一，平等理念助长了少数族群对自己的权利的主张。除了平等理念之外，我们很难想象还有哪个原则曾对社会秩序和人格形成产生过如此大的影响。在整个历史进程中，平等理念既能够反对、对抗或破坏传统关系，又能够转变、释放或解放个体和群体。相信人人拥有平等的自然权利的信念无疑是最强大的信念之一。该信念最激进的版本或许是主张族群的集体权利高于个体权利，因此，可以保持个体差异的权利在某种程度上相当于每个人都有平等的权利。

在一个消费导向、后现代主义和解构主义的社会中，文化与族群多样性、群体和个体平等观念的增长提出了几个事关人类学何去何从的问题。

首先是发言权（voice）的问题。在有多种声音的情境中，学术性演说将会发生什么变化？从传统意义上来说，根植于经验主义的自然主义阐释声称比那些基于道德、集体或大众立场的阐释更具认知优势。但是，在一个平等主义的社会中，谁又能宣称自身的优越性？难道人类学只能被视为众多声音之一，甚至有可能都不如那些边缘群体的自我阐释吗？人类学的殖民和性别歧视的渊源已经彻底暴露出来，这是否意味着人类学已经变成另一个故事、另一个神话般的“话语”？需要指出的是，我们在这里批评的不仅是博物馆的展览，真正受到挑战的是研究他者的观念，更不用说表征他者了。由此看来，争论是围绕着人类学的本质而展开的。那么，在这个平民主义的解构时代，人类学又该如何重建呢？

其次是行动（action）的问题。人类学家和其他文化从业者将如何帮助人们适应当代社会多元文化、多重声音日益增长的现实——甚至有人称之为失调的现实？博物馆内外的人类学家是否还拥有勇气、权威和公众的尊重？还是说，他们会迷失在嘈杂的声音中，其畅所欲言的能力最终会在公众批评、平民主义情绪、资金限制和市场力量的影响下沦为乏味的声明和纠结的言辞？

参考文献

Adams, Marie Joanne

1981 Mediating our Knowledge. In A.E. Cantwell, J.B. Griffin, and N. A. Rothschild, eds., *The Research Potential of Anthropological Museum Collections.* Annals of the New York Academy of Sciences 376: 289-300

Alaton, Salem

1984 Too Long at the Fair. *Globe and Mail,* 10 August, 13

1990 Liberals and Conservatives in Row over U.S. Arts Body. *Globe and Mail,* 9 June, D3

Alexander, Edward P.

1979 *Museums in Action: An Introduction to the History and Functions of Museums.* Nashville: American Association for State and Local History

Alexander, Robin

1981 The Evaluation of Naturalistic, Qualitative, Contextualist, Constructivist Inquiry in Art Education. *Review of Research in Visual Arts Education* 13: 34-43

American Anthropological Association

1983 Award for Highest 22 of Unemployed PhD's Goes to-Anthropology. *Anthropology Newsletter* 24 (6): 6-7

American Association for State and Local History

1990 Reauthorization Critical for NEH. *History News Dispatch* 5 (6): 1

Ames, Michael M.

1977 Visible Storage and Public Documentation. *Curator* 20 (1): 65-79

1979 Applied Anthropology in Our Backyards. *Practicing Anthropology* 2(1): 7, 23-4

1981a Preservation and Access: A Report on an Experiment in Visible Storage. *Gazette*, Journal of the Canadian Museums Association(Summer-Fall): 22-33

1981b Museum Anthropologists and the Arts of Acculturation on the Northwest

Coast. *BC Studies* 49: 3-14

1983a Canaries and Court Jesters: Some Practical Implications of Practicing Anthropology in Museums and Academic Institutions. In Kathryn T. Molohon, ed., panel discussion on the Present State of the Art of Applied Social Science in Canada. *Occasional Papers of the Society of Applied Anthropology in Canada/Société d'anthropologie appliquée du Canada* 1: 3-11

1983b De-Schooling the Museum: A Report on Accessible Storage for the International Committee of Architecture and Museum Techniques, thirteenth general conference of the International Council of Museums, London, July-August, 1983

1983c How Should We Think About What We See in a Museum of Anthropology? *Transactions of the Royal Society of Canada* 21 (4): 93-101

1984-5 Bill Holm, Willie Seaweed and the Problem of Northwest Coast Indian "Art" : A Review Article. *BC Studies* 64: 74-81

1986a *Museums, the Public and Anthropology.* New Delhi: Concept Publishing and Vancouver: University of British Columbia Press

1986b Report from the Field: The Democratization of Anthropology and Museums. *Culture,* Journal of the Canadian Anthropology Society, 6 (1): 61-4

1987 "Free Indians from Their Ethnological Fate" : The Emergence of the Indian Point of View in Exhibitions of Indians. *Muse,* Journal of the Canadian Museums Association, 5 (2): 14-25

1987-8 Is the McDonald's Hamburger a Work of Art? A Discourse on Popular Aesthetics and Unpopular Curators. *Parachute* 49: 22-7

1988a Proposals for Improving Relations between Museums and the Indigenous Peoples of Canada. *Museum Anthropology* 12 (3): 15-19

1988b Daring to be Different: An Alternative. *Muse,* Journal of the Canadian Museums Association, 6 (1): 38-47

1988c Cannibal Tours and Glass Boxes: A Discussion of "The Objects of Culture" and the Politics of Interpretation. Paper presented to the special symposium, The "Objects of Culture" , chaired by Peter H.Welsh and Nancy J. Parezo, annual meeting of the American Anthropological Association, Phoenix, 19 November

1988d The Canadianization of an American Fair: The Case of Expo'86. Paper presented to the Conference on American Popular Culture: Mass Communications and Public Performances, London, Ontario: University of Western Ontario, 4-6 May

1989 The Liberation of Anthropology: A Rejoinder to Professor Trigger's "A Present of Their Past" ? *Culture,* Journal of the Canadian Anthropology Society, 8 (1): 81-5

1990 Cultural Empowerment and Museums: Opening Up Anthropology Through Collaboration. In Susan Pearce, ed., *New Research In Museum Studies, Vol. 1, Objects of Knowledge*. London: Athlone, 158-73

1991 Are Museums Becoming Irrelevant? *Round Up*, Newsletter of the British Columbia Museums Association, 164: 11

Ames, Michael M. and Claudia EJ. Haagen

1988 A New Native Peoples' History for Museums. *Native Studies Review* 4 (1-2): 119-27

Ames, Michael M., Julia Harrison, and Trudy Nicks

1988 Proposed Museum Policies for Ethnological Collections and the Peoples They Represent, *Muse*, Journal of the Canadian Museums Association, 6 (3):47-52.

Anderson, Robert and Eleanor Wachtel, eds.

1986 *The Expo Story.* Madeira Park, BC: Harbour Publishing

Anonymous

1985a Frontier Outlook Leans to "Loan Gun." *Province*, 6 October, 29

1985b Planner has Beef with Floating McDonald's. *Vancouver Sun*, 25 July, Al-2

1985c The Object and the Museum: Indian and Inuit Art Curators Report. *Museogramme,* Newsletter of the Canadian Museums Association, 13 (5): 4

Appadurai, Arjun

1988 Introduction: Commodities and the Politics of Value. In Arjun Appadurai, ed., *The Social Life of Things: Commodities in Cultural Perspective.* Cambridge: Cambridge University Press, 3-63

Appell, George

1977 The Plight of Indigenous Peoples: Issues and Dilemmas. *Survival International Review* 2 (3): 11-16

1980　The Social Separation Syndrome. *Survival International Review* 5 (1): 13-15

Arnell, Ulla, Inger Hammer, and Goran Nylof

1976　Going to Exhibitions. Stockholm: Riksutstallningar

Assembly of First Nations

1989　Minutes of "Preserving Our Heritage" Conference, Ottawa, 3-5 November, 1988. Dated 18 January 1989

Atwood, Margaret

1972　*Survival: A Thematic Guide to Canadian Literature.* Toronto: Anansi

Balfe, Judith H.

1987　Affinities of Art and Politics: Gilt by Association. *Controversies in Art and Culture* 1 (1): 1-17

Bandara, H.H.

1972　*Cultural Policy in Sri Lanka.* Paris: UNESCO Studies and Documents on Cultural Policies

Baxi, Smita J.

1973　Museum Exhibitions and Display Techniques. In S.J. Baxi and V.P. Dwivedi, eds., *Modern Museum Organization and Practice in India.* New Delhi: Abhinav Publications, 57-84

Bedard, Joanna

1988　Foreword to Doxtator 1988a, 5

Bell, David

1982　Walk in Beauty. *Four Winds: The International Forum for Native American Art, Literature, and History* 2 (4): 28-31

Bell, Ken

1986　False Creek McFeast. *Province*, 8 June, 29

Benedict, Burton

1983　*The Anthropology of World's Fairs. San Francisco's Panama Pacific International Exposition of 1915*. London and Berkeley: Lowie Museum of Anthropology and Scolar

1986　The Competition of Nations at World's Fairs. Paper presented to "Making Exhibitions of Ourselves: The Limits of Objectivity in Representations of Other Cultures." Conference at the British Museum, London, 13-14 February, 1986

Bennett, Diane L.

1986 The Culturally Conditioned World of Expo'86: Gender Splitting at a World's Fair. Vancouver: University of British Columbia Museum of Anthropology manuscript

Bennett, Julia

1990 High Flyers: National Gallery's Shirley Thomson Masters the Modern Art World. *Privilege* 2 (1): 11-12

Berger, Thomas R.

1985 *Village Journey: The Report of the Alaska Native Review Commission*. New York: Hill & Wang

Berkhofer, Robert, Jr.

1979 *The White Man's Indian: Images of the American Indian From Columbus to the Present*. New York: Vintage Books

Bernstein, Richard J.

1978 *The Restructuring of Social and Political Theory.* Philadelphia: University of Pennsylvania Press

Bewley, Les

1983 Cancelling the Penalty for Failure. *Vancouver Sun*, 25 October, 5

Blackwood, Beatrice

1970 Classification of Artefacts in the Pitt Rivers Museum, Oxford. *Occasional Papers on Technology 2.* Oxford: Pitt Rivers Museum

Blizzard, Christina

1990 Exhibit Mirrors History. *Toronto Sun*, 8 May, 29

Blundell, Valda

1989 Speaking the Art of Canada's Native Peoples. *Australian and Canadian Studies* 7 (1): 23-43

Blundell, Valda and Laurence Grant

1989 Preserving Our Heritage: Getting Beyond Boycotts and Demonstrations. *Inuit Art Quarterly* 4 (1): 12-16

Boas, Franz

1887 Museums of Ethnology and Their Classification. *Science* 9: 587-9

1907 Some Principles of Museum Administration. *Science*, n.s., 25 (650): 921-33

1927 *Primitive Art. Series* B., vol. 8. Oslo: Instittutet for Sammenlignende Kulturforskning. Reprint: Dover, 1955

1955 *Primitive Art*. New York: Dover

Bocock, Robert

1986 *Hegemony*. London: Tavistock Publications

Bogaart, N.C.R.

1978 Reality in Motion: Audio-Visuals as a Means of Transmitting Information in Museums. In Grace Morley, ed., *Visualization of Theoretical Concepts in Anthropology in Museums of Ethnography*. New Delhi: National Museum of Natural History, 43-7

Bonner, Alice

1981 Smithsonian Counts its Treasures-78 Million or So. *Vancouver Sun*, 17 October, 3

Boucher, Pierre

1977 A Museums Policy for Quebec. *Gazette*, Journal of the Canadian Museums Association, 10 (3): 54-56

Britan, Gerald M.

1978a The Place of Anthropology in Programme Evaluation. *Anthropological Quarterly* 51 (2): 119-28

1978b Experimental and Contextual Models of Program Evaluation. *Evaluation and Program Planning* 1: 229-34

British Columbia Place

1984 False Creek: Rescued from Obscurity Almost as an Afterthought. *Update,* Spring issue, 3-4

Brown, Walter S.

1978 The Museum Visitor: Demography and Behavior. Unpublished Paper, University of Washington, Seattle, Washington

Broyles, Julie

1988 Defining an Anthropology of Museums: Native American Museums as "Artifacts of Society." Paper presented to the eighty-seventh annual meeting of the American Anthropological Association, Phoenix, 19 November

Bruce, Jean

1976 Reclaiming the History of Canada. *Saturday Night*, June, 29-34

Bruman, Carol

1982 A 21st Century Walk Through Time. *Maclean's*, 27 September, 48

Burns, William A.

1971 The Curator-as-Canary. *Curator* 14 (3): 213-20

Burridge, Kenelm

1983 An Ethnology of Canadian Ethnology. In Manning 1983a, 306-20

Butler, Barbara H., and Adrienne L. Horn

1983 A Natural Partnership. *Museum News*, August, 42-3

Cameron, Duncan F.

1971 The Museum, a Temple or the Forum. *Curator* 14 (1): 11-24

1982 Museums and Public Access: The Glenbow. *International Journal of Museum Management and Curatorship* 1: 177-96

1983 Museums and Public Access. In Barry Lord and Gail Dexter Lord, eds., *Planning Our Museums*. Ottawa: National Museums of Canada, 84-102

Canada Pavilion

1985 Design Brief-Main Hall. *Canadian Pavilion Expo'86*. 4 February

Canadian Museums Association

1989 Preserving Our Heritage: Talks to Continue Between Native Peoples and Museum, *Museogramme*, Newsletter of the Canadian Museums Association, 16 (8): 1-2

1990 MP'S Try to Intervene on Gallery's Purchase. *Museogramme*, Newsletter of the Canadian Museums Association, 18 (3): 1-2

Canadian Press

1987 Goodwill Ambassador [Photograph]. *Globe and Mail*, 22 January, A5

1989a Kinsella "Ripping Off" Indians. *Globe and Mail*, 8 December, C10

1989b Past Being Mined for Future. *Vancouver Sun*, 23 June, A16

1990a Gallery Purchase Raises Questions. *Globe and Mail*, 10 March, C6

1990b Civilization Museum Seeks Popularity: A Million Visitors Logged in First Year. *Vancouver Sun*, 2 July, B3

1990c Moscow Maks "Beeg" Success Under Arches. *Vancouver Sun*, 1 August, A1

Cannizzo, Jeanne

1979　Historical Myths and Mythical Histories: The View From The Small Museum. Paper presented to the annual conference of the Canadian Ethnology Society, Banff, Alberta

1982　*Old Images/New Metaphors: The Museum in the Modern World, Parts 1-3* [Transcripts Ideas program]. Canadian Broadcasting Corporation, 21-5 February

1989　*Into the Heart of Africa*. Toronto: Royal Ontario Museum

Chalmers, Irene and Milton Glaser

1986　*Great American Food Almanac*. New York: Hsrper & Row

Chambers, Iain

1986　*Popular Culture: The Metropolitan Experience*. London and New York: Methuen

Charnley, Kerrie

1990　Neo-Nativists: Days Without Singing. *Front*, Newsletter of the Western Front Society, Vancouver (January): 15-17

Clavir, Miriam

1982-3　Notes on Changing Case Lighting. *Round Up*, Newsletter of the British Columbia Museums, 88: 22-3

Clifford, James

1989　The Global Issue: A Symposium. *Art in America*. July, 86-7, 152-3

1991　Four Northwest Coast Museums: Travel Reflections. In Karp and Lavine 1991: 212-54

Codere, Helen

1966　Introduction, Franz Boas, *Kwakiutl Ethnography*. Chicago: University of Chicago Press

Cole, Douglas

1985　*Captured Heritage: The Scramble for Northwest Coast Artifacts*. Vancouver and Toronto: Douglas & Mclntyre

Collier, Donald and Harry Tschopik, Jr.

1954　The Role of Museums in American Anthropology. *American Anthropologist* 56: 768-79

Colombo, John Robert

1990 Fire the Curators. Letter to *Globe and Mail*, 17 March, 07

Cruickshank, John

1986a Expo's Space Race: Three Superpowers Use Fair to Build Up Their Prestige with Showcase Technology. *Globe and Mail*, 29 March, A1

1986b Vancouver Hits 100: Hard-bitten Timber Town Evolves into Sophisticated City. *Globe and Mail*, 5 April, A1-2

Da Breo, Hazel A.

1989-90 Royal Spoils: The Museum Confronts its Colonial Past. *Fuse*, Winter, 28-37

Dafoe, Chris

1989 Jelinek Angers Arts Groups with Remarks on Grants. *Globe and Mail*, 21 December, C2

Dahrendorf, Ralf

1970 The Intellectual and Society: The Social Function of the "Fool" in the Twentieth Century. In Philip Rieff, ed., *On Intellectuals: Case Studies*. New York: Anchor Books, 53-6

Danzker, Jo-Anne Birnie

1984 Reviews of The Box of Daylight: Northwest Coast Indian Art, Seattle Art Museum, and Smoky-Top: The Art and Times of Willie Seaweed, Seattle Science Centre. *Vanguard* 13 (1): 38

Darnell, Regna

1976 The Sapir Years at the National Museum, Ottawa. In J. Freedman, ed., *The History of Canadian Anthropology*. Canadian Ethnology Society, 98-121

Day, Lois

1985 Canadian Northwest Coast Cultural Revival. *Anthropology Today* 1 (4): 16-17

Dharamsi, Nazir

1986 Pakistan Pavilion Zooms Through Ages. *Rainbow World*, Vancouver, 2 May, 1

Dickson, David

1983 France's Monumental Science Museum. *Science* 221: 836-8

DiMaggio, Paul J.

1985 When the "Profit" is Quality: Cultural Institutions in the Market Place. *Museum News* 63 (5): 28-35

Dominguez, Virginia R.

1988 On Creating a Material Heritage. Paper presented to the symposium "The Objects of Culture," chaired by Peter H. Welsh and Nancy J. Pavezo, annual meeting of the American Anthropological Association, Phoenix, AZ, 19 November

Doxtator, Deborah

1985 The Idea of the Indian and the Development of Iroquoian Museums. *Museum Quarterly* 14 (2): 20-6

1988a *Fluffs and Feathers: An Exhibition on the Symbols of Indianness. A Resource Guide.* Brantford, Ontario: Woodland Indian Cultural Education Centre

1988b The Home of Indian Culture and Other Stories in the Museum: Erasing the Stereotypes. *Muse*, Journal of the Canadian Museums Association, 6 (3): 26-31

Drainie, Bronwyn

1989 Minorities Go Toe to Toe with Majority. *Globe and Mail*, 30 September, Cl-2

1990 Black Groups Protest African Show at "Racist Ontario Museum." *Globe and Mail*, 24 March, C1

Duff, Wilson

1975 *Images: Stone: BC: Thirty Centuries of Northwest Coast Indian Sculpture.* Saanichton, BC: Hancock House

Duffek, Karen

1982 "Authenticity" and the Marketing of Contemporary Northwest Coast Indian Art. Paper presented to the ninth annual meeting of the Canadian Ethnology Society, Vancouver, BC, 11 May

1983a *A Guide to Buying Contemporary Northwest Coast Indian Arts*. Vancouver: University of British Columbia Museum of Anthropology Note No. 10

1983b Authenticity and the Contemporary Northwest Coast Indian Art Market. *BC Studies* 57: 99-111

1983c Contemporary Northwest Coast Indian Art: The Market Context. Unpublished MA thesis. Vancouver, University of British Columbia

1983d The Revival of Northwest Coast Indian Art. In Luke Rombout et al., *Vancouver: Art and Artists 1931-1983*. Vancouver: Vancouver Art Gallery, 312-17

1989 Exhibitions of Contemporary Native Art. *Muse*, Journal of the Canadian Museums Association, 7 (3): 26-8

1991 The End of Indian Art. *Step*, Jan/Feb, 18-22

Duncan, Carol

1983 Who Rules the Art World? *Socialist Review* 13 (4): 99-119

1985 Public Displays in a Privatizing World. Paper presented to "Making Exhibitions of Ourselves: The Limits of Objectivity in Representations of Other Cultures." Conference at the British Museum, London, 13-14 February, 1986

Duncan, Carol and Alan Wallach

1978 Museum of Modern Art as Late Capitalist Ritual: An Iconographic Analysis. *Marxist Perspectives* (Winter): 28-51

1980 The Universal Survey Museum. *Art History* 3 (4): 448-73

Dyck, Noel

1985 Aboriginal Peoples and Nation-States: An Introduction to the Analytical Issues. In Noel Dyck, ed., *Indigenous Peoples and the Nation State: Fourth World Politics in Canada, Australia and Norway*. Social and Economic Papers No. 14. St. John's, Newfoundland: Institute of Social and Economic Research, Memorial University of Newfoundland

Dykk, Lloyd

1986 Goose Laid Egg, But Still on Loose. *Vancouver Sun*, 31 May, E1

Edwards, John

1989 Novel Approaches. Letter to *Globe and Mail*, 21 October, D7

Enright, Robert

1990 Notes on "The Arts Tonight." Canadian Broadcasting Corporation FM program, 2 and 5 April

Errington, Shelly E.

1988 Objects of Power. Paper presented to the special symposium, "The Objects of Culture," chaired by Peter H. Welsh and Nancy J. Parezo, annual meeting of the American Anthropological Association, Phoenix, AZ, 19 November

Farber, Carole and Joan Ryan

1983 *Report: National Native Indian Artists Symposium*. 25-30 August, Hazelton, BC

Farrow, Moira

1985 Umbrellas to Spacecraft Will Adorn World Pavilions. *Vancouver Sun*, 27 June, F6

Fay, Brian

1975　*Social Theory and Political Practice.* London: George Allen and Unwin

1987　*Critical Social Science: Liberation and its Limits.* Ithaca, NY: Cornell University Press

Fenton, William N.

1960　The Museum and Anthropological Research. *Curator* 3 (4): 327-35

Findley, Timothy

1990　The Man Who Kissed Books and Bread Out of Respect. *Globe and Mail*, 16 June, C1

Fisher, Lizanne and Elizabeth L. Johnson

1988　Bridging the Gaps: A Museum-Based Heritage Awareness Programme. *Museum Anthropology* 12 (4): 1-8

Fisher, Philip

1985　*Hard Facts: Setting and Form in the American Novel.* New York: Oxford University Press

Fishwick, Marshall, ed.

1983　*Ronald Revisited: The World of Ronald McDonald.* Bowling Green, KY: Bowling Green University Popular Press

Fleming, Marnie

1982　Patrimony and Patronage: The Legacy Reviewed. *Vanguard* 11 (5-6): 18-21

Frankenstein, Susan and M. J. Rowlands

1978　The Internal Structure and Regional Context Of Early Iron Age Society in South-Western Germany. *Bulletin of the Institute of Archaeology* 15: 73-112

Freedman, Adele

1980　The Fellini of Fibreglass Thinks Big. *Globe and Mail*, 28 June, Enter tainment Section, 3

1989　A Revealing Journey through Time and Space. *Globe and Mail*, 17 November, C11

Freedman, Maurice

1979　*Main Trends in Social and Cultural Anthropology.* New York: Holmes & Meier

Frese, H.H.

1960　*Anthropology and the Public: The Role of Museums*. Leiden, Netherlands: E.J. Brill

Fried, Nicky

1990 Fashion by Dorothy Grant. *Design Vancouver*, 9-10

Fulford, Robert

1984 Notebook: The Spirit of '86. *Saturday Night* 99 (11): 5-7

Gablik, Suzi

1985 *Has Modernism Failed?* New York: Thames & Hudson

Gardner, Helen

1959 *Art through the Ages*. 4th ed. New York: Harcourt Brace

Geertz, Clifford

1988 *Works and Lifes: The Anthropologist as Author.* Stanford: Stanford University Press

Gibbons, Paul "Garbanzo"

1983 Summation ... A Fool's Ransom-A Play in One Act. In Manning 1983a: 321-31

Gill, Ian

1986 Pattison: The Other Side to Gentleman Jim. *Vancouver Sun*, 3 May, C10

Globerman, Steven

1983 *Cultural Regulation in Canada.* Montreal: Institute of Public Policy

Goddard, Peter

1990 The Best and the Worst of 1990: The Arts. *Toronto Star*, 29 December, H1

Godfrey, Stephen

1985 "Bazooka" Approach used in Expo'86 Ad Campaign. *Globe and Mail*, 26 October, C4

1986 How Expo Rates as a Work of Art. *Globe and Mail*, 9 August, C5

1990 Foe of Elitism Has Had His Say on Arts. *Globe and Mail*, 9 April, A17

Gordon, Allan M.

1981 Confluences: An Essay. *Confluences of Tradition and Change: 24 American Indian Artists*. (Exhibition Catalogue) University of California, Davis: Regents of the University of California

Gould, Richard A. and Michael B. Schiffer, eds.

1981 *Modern Material Culture: The Archaeology of Us.* New York: Academic Press

Gouldner, Alvin A.

1970 *The Coming Crisis of Western Sociology.* New York: Avon Books

Graburn, Nelson H.H.

1968 Art and Acculturative Process. *International Social Science Journal* 21 (3): 457-68

1976 *Ethnic and Tourist Arts: Cultural Expressions from the Fourth World.* Berkeley and Los Angeles: University of California Press

1977 The Museum and the Visitor Experience. In Linda Draper, ed., *The Visitor and the Museum*. Prepared for the American Association of Museums annual conference. Seattle, 29 May-2 June 1977 by the 1977 Program Planning Committee, Museum Educators of the American Association of Museums, and Lowie Museum of Anthropology 5-26

1981 1, 2, 3, 4 ... Anthropology and the Fourth World. *Culture* 1 (1): 66-70

Gray, Charlotte

1988 Museum Pieces. *Saturday Night* 103 (9): 11-17

Green, Bryan R.

1977 On the Evaluation of Sociological Theory. *Philosophy of Social Sciences* 7: 33-50

Greer, Sandy

1989 Ojibway Storyteller Speaks Out Against Film. *Kainai News*, 9 November, 14-15

Gruneau, Richard

1988 Introduction: Notes on Popular Culture and Political Practice. In Richard Gruneau, ed., *Popular Cultures and Political Practices.* Toronto: Garamond, 11-32

Guba, Egon G. and Y.S. Lincoln

1983 *Effective Evaluation*, San Francisco: Jossey-Bass

Guédon, Marie-Françoise

1983 A Case of Mistaken Identity: The Education of a Native Museum Ethnologist. In Manning 1983a, 253-61

Haacke, Hans

1986 Museums, Managers of Consciousness. In Brian Wallis, ed., *Hans Haacke: Unfinished Business*. Cambridge, MA: MIT Press and New York: The New Museum of Contemporary Art, 60-73

Haagan, Claudia E.J.

1989 Strategies for Cultural Maintenance: Aboriginal Cultural Education Programs and Centres in Canada. MA thesis, Vancouver: University of British Columbia

Hall, Stuart

1981 Notes on Deconstructing "the Popular." In R. Samuel, ed., *People's History and Socialist Theory*. London: Routledge & Kegan Paul, 227-39

Hallowell, Christopher

1983 The Proper Study of Mankind. *Nova: Anthropology on Trial*, 1 November. *The Dial* [publication of KCTS 9]. Seattle, WA, 4 (11): 46-7

Halpin, Marjorie M.

1978 Review of "The 12,000 Year Gap: Archaeology in British Columbia, " and "First Peoples: Indian Cultures in British Columbia" at the British Columbia Provincial Museum. *Gazette* 11 (1): 40-8

1979 *Cycles: The Graphic Art of Robert Davidson, Haida.* Vancouver: University of British Columbia Museum of Anthropology Note No. 7

1983 Anthropology as Artefact. In Manning 1983a, 262-75

1988 Museum Review: "The Spirit Sings: Artistic Traditions of Canada's First Peoples." *Culture* 8 (1): 89-93

Hamilton, Gordon

1985a Expo Prepares "Tidal Wave" Ad Campaign. *Vancouver Sun*, 12 February, C11

1985b The Life and Time of Mr. Expo. *Vancouver Sun*, 23 March, C5

1985c Canada Place Begs More Money. *Vancouver Sun*, 26 October, A3

1985d Pavilion Seeking Sponsors. *Vancouver Sun*, 15 November, A18

1985e Souvenir Firm Finds a Crack in Trade Outside Expo Gates. *Vancouver Sun*, 18 December, B6

1986a Woodall: Compass of Expo. *Vancouver Sun*, 15 May, B1

1986b Fair Seen 35 the Site of Huge "Garage Sale." *Vancouver Sun*, 30 June, B1

1986c Smaller Expo to Remain. *Vancouver Sun*, 8 August, A1-2

Handler, Richard

1988 Review of *Museums, the Public and Anthropology: A Study in the Anthropology of Anthropology. American Anthropologist* 90 (4): 1,035-6

Hanson, James A.

1980 The Reappearing Vanishing American. *Museum News* 59 (2): 44-51

Hargreaves, Jennifer

1985 Theorising Sport: An Introduction. In Jennifer Hargreaves, ed., *Sport, Culture and Ideology*. London: Routledge & Kegan Paul, 1-29

Harjo, Suzan Shown

1991 I Won't be Celebrating Columbus Day: When Worlds Collide. *Newsweek*, Columbus Special Issue, Fall/Winter, 32

Harris, Marvin

1979 *Cultural Materialism: The Struggle for a Science of Culture*. New York: Random House

Harris, Neil

1978 Museums, Merchandising, and Popular Taste: The Struggle for Influence. In M. Quimby, ed., *Material Culture and the Study of American Life*. New York: Norton, 140-74

1981a *Humbug, The Art of P.T. Barnum*. Chicago: University of Chicago Press

1981b Cultural Institutions and American Modernization. *Journal of Library History* 16 (1): 28-47

1990 *Cultural Excursions: Marketing Appetites and Cultural Tastes in Modern America*. Chicago and London: University of Chicago Press

Harrison, Julia D.

1988 "The Spirit Sings" and the Future of Anthropology. *Anthropology Today* 4 (6): 6-9

Harrison, Julia D., et al.

1987 *The Spirit Sings: Artistic Traditions of Canada's First Peoples*. Toronto: McClelland & Stewart and Glenbow Museum

Harrison, Julia D., Bruce Trigger, and Michael M. Ames

1988 Point/Counterpoint: "The Spirit Sings" and the Lubicon Boycott. *Muse*, Journal of the Canadian Museums Association, 6 (3): 12-25

Hartline, David

1986 Expo: You Rate It ... Tops! *Province Magazine*, 15 June, 4-5

Hawthorn, Audrey

1956 *People of the Potlatch: Native Arts and Culture of the Pacific Northwest Coast*. Vancouver: Evergreen

Helphand, Kenneth I.

1983 The Landscape of McDonald's. In Fishwick 1983: 39-44

Henry Ⅲ, William A.

1990 Cover Stories: Beyond the Melting Pot. *Time* 135 (15): 38-41

Hill, Tom

1984 Indian Art in Canada: An Historical Perspective. In Elizabeth McLuhan and Tom Hill, *Norval Morrisseau and the Emergence of the Image Makers*. Toronto: Art Gallery of Ontario and Methuen, 11-27

Hoebel, E. Adamson, Richard Currier, and Susan Kaiser, eds.

1982 *Crisis in Anthropology: View from Spring Hill*, 1980. New York: Garland

Holecek, Barbara G.

1983 Papua New Guinea: Anthropology on Trial [Transcripts]. Boston: WGBH

Holm, Bill

1965 *Northwest Coast Indian Art: An Analysis of Form*. Seattle and London: University of Washington Press

1983 *Smoky-Top: The Art and Times of Willie Seaweed*. Seattle: University of Washington Press and Vancouver: Douglas & Mclntyre

Holm, Margaret

1986 Molding the Image of the American Indian: A History of Ethnology Exhibits at World's Fairs. Paper presented to "Making Exhibitions of Ourselves: the Limits of Objectivity in Representations of Other Cultures." Conference at the British Museum, London, 13-14 February, 1986

Home, Donald

1986 *The Public Culture: The Triumph of Industrialism*. London: Pluto

Houle, Robert

1982 The Emergence of a New Aesthetic Tradition. In *New Work by a New Generation*. Exhibition catalogue, Mackenzie Art Gallery. Regina, Saskatchewan: University of Regina, 2-5

Hume, R.M.

1958 *One Hundred Years of BC Art: An Exhibition Held at the Vancouver Art Gallery to Commemorate the British Columbia Centennial Year*. Vancouver: Keystone

Hunter, Don

1990 The $1.8-Million Stripe. *Province*, 18 March, 37

Hymes, Dell

1969 The Use of Anthropology: Critical, Political, Personal. In Dell Hymes, ed., *Reinventing Anthropology*. New York: Pantheon Books, 3-82

Illich, Ivan

1971 The De-Schooling of Society. In Bruce Rusk, ed., *Alternatives on Education*. Toronto: General Publishing, 103-26

Inglis, Stephen

1979 Cultural Readjustment: A Canadian Case Study. *Gazette*, Journal of the Canadian Museums Association, 12 (3): 26-31

1982 "Good Lord Man, This Stuff is Crude" : Beneath the Patina of Canadian Folk Art. Paper presented to the ninth annual conference of the Canadian Ethnology Society, Vancouver, BC, 9 May. See Inglis 1989

1990 "Good Lord Man, This Stuff is Crude" : Beneath the Patina of Canadian Folk Art. In Boyd White and Lynn M. Hart, eds., *Living Traditions in Art: First International Symposium*. Montreal: McGill University Press, 92-100

Jameson, Fredric

1990 *Signatures of the Visible*. New York and London: Routledge

1991 *Postmodernism or, The Cultural Logic of Late Capitalism*. Durham, NC: Duke University Press

Japan Association for International Exposition, Tsukuba

1985 *Tsukuba Expo'85 Official Guide Book*. Kodansha International

Jennings, Sarah

1990 Museum's Costs Questioned. *Globe and Mail*, 16 May, A14

Jensen, Doreen and Polly Sargent

1986 *Robes of Power: Totem Poles on Cloth*. Vancouver: University of British Columbia Press

Johnson, Eve

1983 A Celebration of Art and Elegance. *Vancouver Sun*, 13 October, D1

Karp, Ivan and Steven D. Lavine, eds.

1991 *Exhibiting Cultures: The Poetics and Politics of Museum Display*. Washington and London: Smithsonian Institution

Kelly, Robert F.

1982 Museums as Status Symbols: A Cynic's View of Museum-Public Interface. Paper presented to the ninth annual conference of the Canadian Ethnology Society, Vancouver, BC, 10 May. See Kelly 1987

1983 The Socio-Symbolic Role of Museums. Paper presented to the eleventh International Congress of Anthropological and Ethnological Sciences, Vancouver, BC, 20-24 August

1987 Museums as Status Symbols n: Attaining a State of Having Been. *Advances in Nonprofit Marketing* 2: 1-38

Kelly, Russell

1986 Pattison: Portrait of a Capitalist Superstar. Vancouver: New Star Books

Kettner, Bonni Raines

1985 Supers Battle. *Province*, 12 July, 3

1986a It's the Jimmy Pattison Show! *Province Magazine*, 30 March, 2

1986b Ontario "the Best." *Province*, 6 April, 19

Key, Archie F.

1973 *Beyond Four Walls: The Origin and Development of Canadian Museums.* Toronto: McClelland & Stewart

Koepp, Stephen

1987 Big Mac Strikes Back. *Time* 129 (15): 58-61

Kopper, Philip

1982 *The National Museum of Natural History.* New York: Harry N. Abrams

Kramer, Hilton

1989 Is Art Above the Laws of Decency? *New York Times*, 2 July, Section 2, 1, 7

Lacey, Liam

1989 Colleague's Attack Only Serves to Motivate Iconoclastic Author. *Globe and Mail*, 21 December, A14

Lacey, Liam and Isabel Vincent

1990 Saskatoon Gallery under Fire for "Offensive" Exhibition. *Globe and Mail*, 23 March, A13

Lambert, Anne M.

1983 *Storage of Textiles and Costumes: Guidelines for Decision Making.* Vancouver:

University of British Columbia Museum of Anthropology
Lawless, Benjamin and Marilyn S. Cohen
1977 The Smithsonian Style. In *The Smithsonian Institutions, the Smithsonian Experience. Science-History-The Arts...The Treasures of the Nation.* New York: W.W. Norton, 52-9
Leiss, William, Stephen Kline, and Sut Jhally
1986 *Social Communication in Advertising: Persons, Products, and Images of Well-Being.* Toronto: Methuen
Levine, Louis D. and Henry Sears
1982 The ROM: No Disneyland. Letter to the Editor, *Maclean's*, 8 November, 10
Lévi-Strauss, C.
1943 The Art of the Northwest Coast at the American Museum of Natural History. *Gazette des Beaux Arts* 24: 175-82
Lewis, Brian N.
1980 The Museum as an Educational Facility. *Museum Journal* 80 (3): 151-5
Lohof, Bruce A.
1982 *American Commonplace: Essays on the Popular Culture of the United States.* Bowling Green, KY: Bowling Green University Popular Press
Longfish, George C. and Joan Randall
1983 Contradictions in Indian Territory. *Contemporary Native American Art.* Exhibition Catalogue, Gardiner Art Gallery, Oklahoma State University, Stillwater, Oklahoma City, OK: Metro
Loubser, Jan J.
1983 Consciousness, Inquiry, Imagination and Action. In Manning 1983a, 2-21
Love, John F.
1986 *McDonald's: Behind the Arches.* Toronto: Bantam Books
1987 McDonald's goes Global. *Report on Business* 3 (7): 54-9
Lowenthal, David
1985 *The Past is a Foreign Country.* Cambridge: Cambridge University Press
Lurie, Nancy Oestreich
1966 The Enduring Indian. *Natural History* 75: 10-22
1971 The Contemporary American Indian Scene. In Eleanor B. Leacock and Nancy

O. Lurie, eds., *North American Indians in Historical Perspective*. New York: Random House, 418-80

1981 Museum Land Revisited. *Human Organization* 40 (2): 180-7

MacCannell, Dean

1976 *The Tourist: A New Theory of the Leisure Class*. New York: Schocken Books

MacDonald, George F.

1987 The Future of Museums in the Global Village. *Museum* 39 (3): 209-16

1988 Epcot Centre in Museological Perspective. *Muse*, Journal of the Canadian Museums Association, 6 (1): 27-37

MacDonald, George F., et al.

1977 *Northwest Coast Indian Artists Guild: 1977 Graphics Collection*. Ottawa: Canadian Indian Marketing Services

MacDonald, George F. and Stephen Alsford

1989 *A Museum for the Global Village: The Canadian Museum of Civilization*. Hull, Quebec: Canadian Museum of Civilization

Macfarlane, Nathalie

1978 *Joe David*. Vancouver: University of British Columbia Museum of Anthropology Note No. 2

Macfarlane, Nathalie and Stephen Inglis

1977 *Norman Tait, Nishga Carver*. Vancouver: University of British Columbia Museum of Anthropology Note No. 1

MacGregor, Arthur

1983a Collectors and Collections of Rarities in the Sixteenth and Seventeenth Centuries. In MacGregor 1983b, 70-97

MacGregor, Arthur, ed.

1983b *Tradescant's Rarities. Essays on the Foundations of the Ashmolean Museum, 1683, with a Catalogue of the Surviving Early Collections*. Oxford: Clarendon

MacNair, Peter L., Alan L. Hoover, and Kevin Neary

1980 *The Legacy: Continuing Traditions of Canadian Northwest Coast Indian Art*. Victoria, BC: British Columbia Provincial Museum

Malinowski, Bronislaw

1929 Practical Anthropology. *Africa* 2: 22-38

Manning, Frank

1983a *Consciousness and Inquiry: Ethnology and Canadian Realities*. Ottawa: National Museums of Canada

1983b Confusion and Creative Engagement: A Comment on Canadian Ethnology. In Manning 1983a, 2-11

Marchak, Patricia M.

1988 *Ideological Perspectives on Canada.* 3rd ed. Toronto: McGraw-Hill Ryerson

Mathews, Tom

1990 Fine Art or Foul? *Newsweek* 116 (1): 46-52

Mays, John Bentley

1990a National Gallery Should Tune Out Static over Painting. *Globe and Mail*, 14 March, A11

1990b Carving or Sculpture? *Globe and Mail*, 16 June, C4

McCracken, Grant

1986 Culture and Consumption: A Theoretical Account of the Structure and Movement of the Cultural Meaning of Consumer Goods. *Journal of Consumer Research* 13 (1): 71-84

1988 *Culture and Consumption: New Approaches to the Symbolic Character of Consumer Goods and Activities*. Bloomington and Indianapolis, IN: Indiana University Press

McFeat, Tom F.S.

1962 Museum Ethnology and the Algonkian Project. *Anthropology Papers.* National Museums of Canada No. 2

1967 The Object of Research in Museums, *Contributions to Ethnology* 5. Bulletin 204, Ottawa, National Museums of Canada, 91-9

McManus, Greg

1988 The Question of Significance and the Interpretation of Maori Culture in New Zealand Museums, *AGMANZ Journal*, Art Galleries and Museums Association of New Zealand, 19 (4): 8-12

McMartin, Pete

1983 A Gallery You Must See for Yourself. *Vancouver Sun*, 12 October, 5

1986 Rare Treats or Not, McDonald's You Have with You Always. *Vancouver Sun*, 5

May, B5

Mead, Margaret and R.L. Bunzel, eds.

1960 *The Golden Age of American Anthropology.* New York: George Braziller

Merton, Robert K.

1972 Insiders and Outsiders: A Chapter in the Sociology of Knowledge. *American Journal of Sociology* 78 (1): 9-47

Meyer, Karl E.

1979 *The Art Museum: Power, Money, Ethics.* New York: Morrow

Millard, Peter

1990 Art of the Inuit. Letter to *Globe and Mail*, 26 June, A18

Milrod, Linda

1990 Message from the Director. *Folio*, Newsletter of the Mendel Art Gallery, February/March, 4

Mitchell, John

1983 News Release: Briefing Notes on a Western Vancouver Island Cultural Enterprise. City of Port Alberni, BC, 5 March

Moore, Mavor

1986 Expo'86: A World's Fair for People Who Hate World's Fairs. *Connoisseur*, June, 98-103

1987 Canada's Cultural Road Takes a Disturbing Turn. *Globe and Mail*, 27 June, C2

Morris, Brian

1983 The Special Demands Placed upon Museums by Their Users. Paper presented to the thirteenth general conference of the International Council of Museums, London, 23 July

Muratorio, Blanca

1984 Dominant and Subordinate Ideologies in South America: Old Traditions and New Faiths. *Culture* 4 (1): 3-18

Nader, Laura

1969 Up the Anthropologist-Perspectives Gained from Studying Up. In Dell Hymes, ed., *Reinventing Anthropology*. New York: Pantheon, 284-311

1980a *No Access to Law.* New York: Academic Press

1980b The Vertical Slice: Hierarchies 3nd Children. In Gerald M. Britan and

Ronald Cohen, eds., *Hierarchy and Society: Anthropological Perspectives on Bureaucracy*. Philadelphia: Institute for the Study of Human Issues, 31-44

1983 Who Reviews the Reviewers? *American Anthropologist* 85: 660-2

Nason, James D.

1981 A Question of Patrimony: Ethical Issues in the Collecting of Cultural Objects. *Round Up*, Newsletter of the British Columbia Museums Association, 83: 13-20

1987 The Determination of Significance: Cultural Research and Private Collections. In B. Reynolds and M. Stott, eds., *Material Anthropology: Contemporary Approaches to Material Culture.* New York and London: University Press of America, 31-68

National Museums of Canada

1982 Exhibitions Assistance Programmes and Museums of Human and Natural History, Science and Technology. Unpublished Note, 2pp.

Nehru, Jawaharlal

1946 *The Discovery of India*. New York: John Day

Newton, Douglas

1981 The Art of Africa, the Pacific Islands, and the Americas: A New Perspective. *The Metropolitan Museum of Art Bulletin,* Fall, 9-10

Nicks, Trudy and Tom Hill

1991 *Turning the Page: Forging New Partnerships between Museums and First Peoples.* Ottawa: Canadian Museums Association

Nietzsche, Friedrich

1975 *Beyond Good and Evil.* Harmondsworth, England: Penguin O'Rourke, Dennis (director)

1987 *Cannibal Tours* [film]. Los Angeles: Direct Cinema

Ozick, Cynthia

1989 A Critic at Large (T.S. Eliot). *New Yorker* 65 (4): 119-54

Paine, Robert

1985 Ethnodrama and the "Fourth World" : The Saami Action Group in Norway, 1979-1981. In Noel Dyck, ed., *Indigenous Peoples and the Nation-State: "Fourth World" Politics in Canada, Australia and Norway.* Social and Economic Papers No. 14. St. John's, Newfoundland: Institute of Social and

Economic Research, Memorial University of Newfoundland

Parachini, Allan

1989 The National Endowment for the Arts: Arts Agency-Living Up to its Billing? *Western Museums Conference Newsletter*, Fall, 1, 3-5

Parezo, Nancy J.

1986 Now is the Time to Collect. *Anthropology of the Americas Masterkey* 59 (4): 11-18

1988 A Glass Box for Everyone: Displaying Other Cultures. Paper presented to the special symposium, "The Objects of Culture," chaired by Peter H. Welsh and Nancy J. Parezo, annual meeting of the American Anthropological Association, Phoenix, 19 November

Parsons, T., and Gerald M. Platt

1973 *The American University*. Cambridge, MA: Harvard University Press

Patterson, Pam

1988 Doreen Jensen and Joane Cardinal-Schubert: Two Native Women Artists Tackle Issues Through Their Art. *Gallerie: Women's Art* 1 (2): 4-8

Philip, Marlene Nourbese

1990 The 6% Solution. *Fuse*, Fall, 28-9

Phillips, Carol A.

1982 New Work by a New Generation: Foreword. In *New Work By A New Generation*. Exhibition Catalogue, Mackenzie Art Gallery. Regina, Saskatchewan, University of Regina, 1

Phillips, Ruth

1988 Indian Art: Where Do You Put It? *Muse*, Journal of the Canadian Museums Association, 6 (3): 64-71

Preston, Richard J.

1983 The Social Structure of an Unorganized Society: Beyond Intentions and Peripheral Boasians. In Manning 1983a, 286-305

Price, John A.

1984 Native American Studies: The Development of a New Discipline. Unpublished paper, York University, North York, Ontario

Price, Sally

1989　*Primitive Art in Civilized Places.* Chicago and London: University of Chicago Press

Rees, A.L. and F. Borzello, eds.

1986　*The New Art History.* London: Camden

Rees, Ann

1986a　Layoffs Hit Expo. *Province*, 22 June, 13

1986b　This Mac's the Biggest. *Province*, 17 August, 70

Reid, Bill

1982　The Legacy Review Reviewed. *Vanguard* 11 (8-9): 34

Richardson, Michael

1990　Enough Said: Reflections on Orientalism. *Anthropology Today* 6 (4): 16-19

Ridington, Robin

1979　Mirrors and Masks. *Parabola* 4 (4): 84-90

1986　Texts That Harm: Racist Journalism in British Columbia. *Currents: Readings in Race Relations* 3 (4): 6-11

Risatti, Howard

1991　Guest Editor's Comments. *New Art Examiner* 18 (6): 9

Rivard, René

1984　*Opening up the Museum-Toward a New Muscology: Ecomuseums and "Open" Museums.* Quebec City: published by the author

Robertson, Art

1990　Art Gets Much-Needed Publicity. *Saskatoon Sun*, 31 March

Rogers, Bob, et al.

1986　*"Spirit Lodge": The Story Behind the Haunting Show Presented by General Motors at the 1986 World's Fair.* Vancouver: Mitchell

Rowan, Madeline B.

1978　The Museum-School and Theatre. *Round Up*, Newsletter of the British Columbia Museums Association, 72: 32-3

Rowe, John Howland

1965　The Renaissance Foundations of Anthropology. *American Anthropologist* 67 (1): 1-20

Rydell, Robert W.

1984 *All the World's a Fair.* Chicago: Chicago University Press

Ryan, Alan

1991 *The Cowboy/Indian Show: Recent Works by Gerald McMaster.* Kleinburg, Ontario: McMichael Canadian Art Collection

Rushdie, Salman

1990 *In Good Faith*. London: Granta

Salisbury, Richard F.

1983 Applied Anthropology in Canada-Problems and Prospects. In Manning 1983a, 192-200

Scholte, Bob

1969 Toward a Reflexive and Critical Anthropology. In Dell Hymes, ed., *Reinventing Anthropology*. New York: Pantheon, 430-58

Schroeder, Fred E.H.

1977 *Outlaw Aesthetics: Arts and the Public Mind.* Bowling Green KY: Bowling Green University Popular Press

Scott, Andrew

1978 BC's Great Art Bonanza. *Vancouver Sun*, 21 July

Shadbolt, Doris

1974 *Bill Reid: A Retrospective Exhibition*. Vancouver: Vancouver Art Gallery

Shadbolt, Doris, et al.

1967 *Arts of the Raven: Master Works by the Northwest Coast Indians*. Vancouver: Vancouver Art Gallery

Shadbolt, Jack

1954 Has BC Betrayed Its Heritage of Art? *Province*, 6 November, 10-11

Shelly, Henry C.

1911 *The British Museum: Its History and Treasures.* Boston: L.C. Page

Shils, Edward

1972 *The Constitution of Society*. Chicago: Chicago University Press

1981 *Tradition*. Chicago: University of Chicago Press

Shuh, John Hennigar

1982 Teaching Yourself to Teach with Objects. *Nova Scotia Journal of Education* 7 (4): 8-15 Siminovitch, Louis

1979 *University Research in Jeopardy: The Threat of Declining Enrollment*. Hull, Quebec: Canadian Government Publishing Centre

Singer, Milton

1959 Preface. *Traditional India: Structure and Change*, ix-xxii

1972 *When a Great Tradition Modernizes: An Anthropological Approach to Indian Civilization*. New York: Praeger

1977 On the Symbolic and Historic Structure of an American Identity. *Ethos* 5 (4): 431-54

1984 *Man's Glassy Essence: Exploration in Semiotic Anthropology*. Bloomington, IN: Indiana University Press

1988 A Changing American Image of India: The Palimpsest of a Civilization. Foreword to Carla M. Borden, ed., *Contemporary Indian Tradition: Voices on Culture, Nature and the Challenge of Change*. Washington: Smithsonian Institution, 1-17

Sinha, Surajit

1981 Tribes and Indian Civilization: Transformation Processes in Modern India. *Man in India* 61 (2): 105-42

Smithsonian Institution

1977 *The Smithsonian Experience: Science-History-The Arts ... The Treasures of the Nation*. New York: Norton

Special Committee on Antiquities

1959 *Final Report of the Special Committee of Antiquities*. Colombo, Ceylon: Government of Ceylon Sessional Papers 7

Squires, Donald P.

1969 Schizophrenia: The Plight of the Natural History Curator. *Museum News* 48 (2): 18-21

Srivastava, Anila and Michael M. Ames

1990 South Asian Women's Experience of Gender, Race and Class. In Milton Israel, ed., *Ethnicity, Identity, Migration: The South Asian Experience*. Toronto: Centre for South Asian Studies, University of Toronto (in press)

Stevenson, Sheila

1987 Balancing the Scales: Old Views and New Muse. *Muse*, Journal of the Canadian

Museums Association, 5 (2): 30-3

Stocking, George W., Jr.

1971 *Race, Culture, and Evolution: Essays in the History of Anthropology.* New York: Free Press and Macmillan

Stocking, George W., Jr., ed.

1985 *Objects and Others: Essays on Museums and Material Culture. History of Anthropology Volume 3.* Madison, WI: University of Wisconsin Press

Sturtevant, William C.

1969 Does Anthropology Need Museums? *Proceedings of the Biological Society of Washington* 182: 619-50

Taylor, William E., Jr., et al.

1978 *Northwest Coast Indian Artists Guild 1978 Graphics Collection.* Ottawa: Canadian Indian Marketing Services

1982 *Sharing the Challenge: An Invitation to Comment on New Public Facilities for the National Museum of Man.* Ottawa: National Museum of Man

Terrell, John

1991 Disneyland and the Future of Museum Anthropology. *American Anthropology* 93: 149-53

Thorsell, William

1989 A Spectacular Disregard for Cultural Integrity. *Globe and Mail*, 21 October, D6

Todorov, Tzvetan

1982 *La conquête de l'Amérique: La question de l'autre.* Paris: Seuil

Tompkins, Jane

1990 At the Buffalo Bill Museum-June 1988. *South Atlantic Quarterly* 89 (3): 525-45

Townsend-Gault, Charlotte and Elizabeth J. Thunder

1989 Two Reports from the Fall 1988 Conference "Preserving Our Heritage." *Native Art Studies Association of Canada* 3 (1): 4-5

Tremblay, Marc-Adélard

1983 Anthropology in Question: What Knowledge and Knowledge for What? In Manning 1983a, 332-47

Trigger, Bruce

1989 A Present of Their Past? Anthropologists, Native People, and Their Heritage.

Culture, Journal of the Canadian Anthropology Society, 8 (1): 71-9

Twigg, Alan

1986　At Large: World's Fair Is a Wrong Turn. *Georgia Straight*, 20 (962), 30 May-6 June

Updike, John

1989　Modern Art: Always Offensive to Orthodoxy. *Western Museums Conference Newsletter*, Fall, 12-13

Vallance, Julie

1981　The Internal Dynamics of the Community Museum. Unpublished MA thesis, Vancouver: University of British Columbia

Vance, Carol

1989　The War on Culture. *Art in America*, September, 39-43

1990　Misunderstanding Obscenity. *Art in America*, May, 49-55

Vastokas, Joan M.

1975　Bill Reid and the Native Renaissance. *Artscanada*, June, 198/199: 12-21

Vincent, Isabel

1990　Minority Artists Assail the Mainstream: Delegates to Conference Accuse Arts Councils of Racism. *Globe and Mail*, 25 June, A9

Wachtel, Eleanor

1986　Expo'86 and the World's Fairs. In Robert Anderson and Eleanor Wachtel, eds., *The Expo Story.* Madeira Park, BC: Harbour Publishing, 19-44

Wade, Edwin L. and Rennard Strickland

1982　Magic Images. *Four Winds: The International Forum for Native American Art, Literature, and History* 2 (4): 22-7

Wallace, Irving

1959　*The Fabulous Showman. The Life and Times of P.T. Barnum*. New York: Signet Books from New American Library and Alfred A. Knopf

Wallace, Mike

1985　Mickey Mouse History: Portraying the Past at Disney World. *Radical History Review* 32: 33-57

Wallis, Brian

1986　The Art of Big Business. *Art in America*, June, 28-33

1990 Vice Cops Bust Mapplethorpe Show for Obscenity. *Art in America*, May, 41-2

Washburn, Wilcomb E.

1961 Scholarship and the Museum. *Museum News*, October, 16-19

1968 Are Museums Necessary? *Museum News* 47 (2): 9-10

Watts, Dolly

1988 Cultural Empowerment Within Museums and Anthropology. Unpublished paper, Vancouver, University of British Columbia Museum of Anthropology

Weaver, Sally M.

1981 *Making Canadian Indian Policy. The Hidden Agenda 1968-1979.* Toronto: University of Toronto Press

Weil, Stephen E.

1990 *Rethinking The Museum.* Washington and London: Smithsonian Institution

Welch, Martin

1983 The Ashmolean as Described by Its Earliest Visitors. In MacGregor 1983b, 59-69

Welsh, Peter H.

1988 Exotic Illusions: Museum Exhibits and Cultural Interpretation. Paper presented to the special symposium "Objects of Culture, " chaired by Peter H. Welsh and Nancy J. Parezo, annual meeting of the American Anthropological Association, Phoenix, AZ, 19 November

1989 Whose Afterlife Is It Anyway? Paper presented to the panel "Native American Collections: Legal and Ethical Concerns," chaired by Carey Caldwell, the 1989 annual meeting of the American Association for State and Local History, Seattle, WA, 9 September

Wentinck, Charles

1978 *Modern and Primitive Art.* Oxford: Phaidon

White, Leslie A.

1947 The Expansion of the Scope of Science. *Journal of the Washington Academy of Sciences 37: 181-210*. Reprinted in L.A. White, The Science of Culture. New York: Grove, 1949, Chapter 5

Williams, B.

1989 A Class Act: Enthropology and the Race to Nation across Ethnic Terrain. In

Bernard J. Siegel, ed., Annual Review of Anthropology 18: 401-44

Williamson, Judith

1978　*Decoding Advertisements: Ideology and Meaning in Advertising*. London: Marion Boyars.

Wilson, David J.

1985　A Real Expo Never Ends. *Province Magazine*, 3 February, 4, 11

Wilson, Thomas

1891　Anthropology at the Paris Exposition in 1889. *Annual Report of the Smithsonian Institution for 1890*. Washington, 654-80

Winner, Langdon

1980　Do Artifacts Have Politics? *Daedalus* 109: 121-36

Wolf, Eric

1982　*Europe and the People Without History*. Berkeley, Los Angeles, and London: University of California Press

Wolf, Robert L.

1980　A Naturalistic View of Evaluation. *Museum News*, July/August, 39-45

Wyman, Max

1986　Wooing the Yuppies. *Vancouver Sun*, 27 July, B1

Young, David R.

1980　*Northwest Renaissance*. Burnaby, BC: Burnaby Art Gallery

Younger, Erin

1983　Contemporary Native American Art-Historical Background. *Contemporary Native American Art*. Exhibition Catalogue, Gardiner Art Gallery, Oklahoma State University, Stillwater, Oklahoma City, OK: Metro

www.sciencep.com

(K-3550.31)

ISBN 978-7-03-070074-2

9 787030 700742 >

定 价：98.00 元

科学出版社　　中国民族博物馆　　《博物院》

部门电话：010-64033878
部门 E-mail：scimuseum@mail.sciencep.com